RUEDIGER SCHACHE
Winston Flash
und der Sinn des Lebens

arkana

Ruediger Schache

———

Winston Flash
und der Sinn
des Lebens

arkana

MIX
Papier aus verantwor-
tungsvollen Quellen
FSC® C014496

Verlagsgruppe Random House FSC® N001967

1. Auflage
Originalausgabe
© 2016 Arkana, München
in der Verlagsgruppe Random House GmbH,
Neumarkter Straße 28, 81673 München
Lektorat und Satz: Felicitas Holdau
Umschlaggestaltung: Uno Werbeagentur, München
Umschlagmotiv: Mauritius Images/Ikon Images
Bildnachweis (Auto-Illu): Shutterstock
Druck und Bindung: GGP Media GmbH, Pößneck
Printed in Germany
ISBN 978-3-442-34208-2

www.arkana-verlag.de

Für Nicole Diana

Acht Minuten

Ich habe mal gelesen, dass es nach dem letzten Atemzug etwa acht Minuten dauert, bis das Gehirn endgültig abschaltet. Ich kann das nicht bestätigen, weil ich nicht auf die Uhr gesehen habe. Für mich verging ein ganzes Leben. Und es lief rückwärts ab, beginnend in diesem alten Peugeot im Wasser eines schottischen Sees – bis hin zum Anfang von allem und noch ein Stück darüber hinaus. Rasend schnell und dennoch wie in Zeitlupe durchlebte ich die gefährlichsten, schönsten, aufregendsten und geheimnisvollsten Momente meines Lebens. Und als das vorbei war, erfuhr ich, wie es hinter allem weiterging.

Bis dahin dachte ich, solche Dinge gehören in die Zeitung oder in einen Film, weil sie nicht mir, sondern irgendwem irgendwo widerfahren. Doch das ist nicht wahr. Es kann jeden von uns in jedem Moment treffen.

Und wenn es passiert, geschieht etwas Unerwartetes, etwas Grandioses. Etwas, das man niemals für möglich gehalten hätte. Davon möchte ich Ihnen erzählen.

Die blaue Stunde

Ich wurde blau geboren, und damit begann mein Leben genauso, wie es endete. Die Komplikation während meiner Entbindung im Londoner Kreiskrankenhaus von Notting Hill dauerte etwa eine Stunde. Das ist ziemlich viel, wenn man mit einer Nabelschnur um den Hals feststeckt und keiner es merkt. Die Schnur hatte die Blutzufuhr zu meinem Kopf so lange abgedrückt, bis der Sauerstoffmangel mein Gesicht blau wie ein Schlumpf werden ließ. Als ich dann endlich draußen war, rief meine Mutter: »Oh Gott, Herr Doktor, bleibt der so?«

Zumindest hat es mir mein Vater so erzählt und dann zusammen mit meiner Mutter gelacht, als wäre das ein Spaß. Aber ich sah in ihre Augen und glaube nicht, dass es für sie damals lustig war. Meine Mutter muss meinen Blick bemerkt haben, denn sie schob sofort nach: »Aber wir haben dich trotzdem geliebt.«

Weil kein Klaps der Welt den blauen Winston zum Schreien bringen konnte, wurde ich an eine Maschine angeschlossen, die mir in meinen ersten Stunden den Atem in die Lunge pumpte. Natürlich kann ich mich nicht daran erinnern, aber unser Unterbewusstsein speichert absolut alles.

Das könnte der Grund sein, warum das Thema Luft mich mein Leben lang verfolgte. Oder der Grund für meine ewige Frage, wie man erkennt, ob man wirklich so geliebt wird, wie man gerade ist. Der sauerstoffarme Start ins Leben könnte auch die Ursache dafür sein, dass sich mein Gehirn anders entwickelte als bei normalen Menschen. Eine Kuriosität, die wiederum zur Folge hatte, dass ich Ihnen bis zu meinem neunzehnten Geburtstag keinen Moment nennen könnte, an dem es mir richtig gut ging.

Was ist schon gut?

In der Zeit kurz vor dem Ereignis, von dem ich Ihnen berichten möchte, ging es mir nicht besonders gut. Ich weiß, gut ist relativ. Es gibt Menschen, die einem etwas über ihr Leben vorjammern, während sie im Hawaiihemd an der Bar sitzen und ihren dritten Piña Colada durch den Strohhalm saugen. Es gibt auch solche, denen es schlecht geht, weil sie geerbt haben und nun ein Haus renovieren müssen. Oder die Stress am Arbeitsplatz haben, weil ein Kollege nervt oder weil zu viel zu tun ist oder weil gerade die Beziehung mal wieder schwierig wird ...

Diese Arten von »nicht besonders gut« meine ich nicht. Mein Erlebnis hatte mit folgendem Satz zu tun: »Mr. Flash, Sie haben noch sechs bis acht Wochen – am besten regeln Sie Ihre Angelegenheiten.«

Ich war immer Optimist und fand es lustig, als Erster die Worte »Freue dich und sei dankbar ...« in den Raum zu werfen, damit sie jemand auffangen und ergänzen konnte und wir dann gemeinsam nickend und lachend ein unangenehmes Thema abhaken. Kein Problem, wirklich, ich finde das prima. Unter normalen Umständen. Ich würde Ihnen das alles auch nicht erzählen, wenn es nicht so dringend wäre. Denn am Grund eines Sees in Schottland habe ich etwas gefunden, das Sie, wie ich glaube, brauchen können. Vielleicht sagen Sie jetzt: »Was soll denn da schon sein?« Aber warten Sie noch ein wenig ab, denn das dachte ich auch erst.

Aufrecht laufen lernen

Alles, was jetzt gerade geschieht, ist das Ergebnis von etwas, das davor geschehen ist. Und das ist das Ergebnis von etwas noch weiter davor. Jedes Ereignis in unserem Leben hat also seine Geschichte, und während es gerade stattfindet, erschafft es bereits eine weitere Geschichte. Um zu verstehen, wie es zu der Situation am Grund des Sees kam, müssen wir ein wenig zurückreisen.

Erschrecken Sie bitte nicht, wenn Sie hören, was ich vor dem Ereignis beruflich gemacht habe. Heute ist alles anders. Aber zu Beginn meiner Karriere studierte ich Psychologie in Oxford, weil mein Vater Psychologe war und dessen Vater Pfarrer. Sich irgendwie mit der Seele zu beschäftigen liegt mir sozusagen in den Genen. Zudem glaubte ich damals, ich müsste meinem Vater zuliebe eines Tages seine Praxis übernehmen. Doch am Tag nach meinem sechzehnten Geburtstag starb Pa mitten in einer Sitzung still und leise an einem Hirnschlag. Der Patient behauptete, noch bis zum Ende der Stunde weitergeredet zu haben, weil er es nicht bemerkt hatte.

Vielleicht bekam mein Vater den Schlag wegen der vielen verrückten Gedanken, die er sich den ganzen Tag anhören musste. Er bot die Art von Psychotherapie an, bei der einer auf dem Sofa liegt und gegen die Wand starrt, während der andere hinter seinem Kopf sitzt und sich Notizen macht. Oder auch nicht. Auf jeden Fall hatte ich das zur Genüge beobachtet und frühzeitig beschlossen, dass ich auf keinen Fall jeden Tag herumsitzen und mir stundenlang fremder Leute Geschichten und Gedanken anhören wollte.

Gleichzeitig konnte ich mein Interesse an den Menschen mit ihren Merkwürdigkeiten nie aus meinem Kopf bekommen. Eigentlich dachte ich sogar fast ständig darüber nach, warum jemand sagte und tat, was er eben sagte und tat. Um zu verstehen, warum das für mich praktisch lebensnotwendig war, blicken Sie bitte einmal dort hinüber.

Sehen Sie den großen Kerl mit den langen Haaren und der schwarzen Lederjacke, dort hinten in der Ecke des Pausenhofs? Nicht den netten Jungen rechts am Busch, das ist Garry in seiner Mofajacke. Ich meine den anderen, ungefähr vierzehn, der mit dem Hintern auf der Lehne sitzt und mit den Sohlen seiner Cowboystiefel Kratzer in die Sitzfläche der Bank schabt. Das ist Charlie Richardson, und die zwei Brotschränke rechts und links von ihm sind seine Lakaien. Der eine heißt Ben Brower und der andere Asgard Finley. An denen müssen wir jetzt vorbei, weil die Pause aus ist und wir ins Gebäude zurückwollen. Folgen Sie mir einfach.

»Hey, Gestell! Stopp!«

Sehen Sie? Genau das wollte ich Ihnen vorführen. So war meine Kindheit.

Die drei hatten ein halbes Dutzend Begriffe erfunden, die sie abwechselnd benutzten. Sie nannten mich nicht einmal Brillenschlange oder Streber oder Bleichgesicht, das wären zumindest Lebewesen gewesen. Aber ein Gestell war einfach nur ein Ding aus Draht. Manchmal verknüpften sie es auch mit meinem Familiennamen.

»Hey, Blitzgestell! Ich sagte: stehen bleiben!«

Das Wort Blitzgestell ergab natürlich überhaupt keinen Sinn, aber auf Dummheit darf man in gefährlichen Situationen nicht mit Logik reagieren. Ich ging weiter auf den Eingang des Schulgebäudes zu. Charlie Richardson stand auf und versperrte mir den Weg.

»Hast es wohl nicht nur mit den Augen, sondern auch auf den Ohren? Warum bleibst du nicht stehen, wenn ich es sage, Blitzgestell?«

»Das bin ich nicht«, sagte ich, während mein Herz bis zum Hals pochte und meine Stimme vibrieren ließ wie eine Gitarrensaite. »Und außerdem ist die Pause zu Ende, und ich muss jetzt rein.«

Eine wichtige Regel zu erwähnen, die gerade für alle eingehalten werden musste, war mein Trick Nummer eins. Ein Teil von mir hoffte, dass die Regel »Wir müssen jetzt alle in unsere Klassenzimmer zurück« mich beschützen würde. Diese Hoffnung wurde von der Idee genährt, dass es auch in einem Charlie Richardson einen Teil geben müsse, der Respekt vor wichtigen Regeln hatte. Manchmal half es ein wenig.

»Ich sage, wann du reindarfst«, sagte Charlie Richardson.

»Frau Williams wartet auf mich«, sagte ich.

Zu behaupten, ein Erwachsener würde um die Ecke auf mich warten, war mein zweiter Trick. Einer, der leider niemals klappte. Ich stellte mir immer vor, dass der Zufall eines Tages die erwähnte Person auch wirklich auftauchen ließ und mein Spruch ab dann endlich eine geladene Waffe wäre. Aber dieses Glück trat nie ein.

Man steht also eine Weile herum und wartet, dass die Zeit knapp wird und die Situation sich durch diesen Druck von selbst erledigt – was im Schulhof oft klappt, denn wenn die meisten Schüler schon drin sind, kommt am Ende noch die Pausenaufsicht und treibt den Rest zusammen. Das war auch jetzt meine Rettung.

»Wir sehen uns!«, sagte Charlie Richardson, und alle drei grinsten in meine Richtung.

Herauszufinden, wie jemand denkt – ob er gefährlich ist, was er als Nächstes plant, was er anstrebt, was ihn besänftigt, welche

Antworten gerade gut sind und welche nicht –, all das war kein Hobby für mich. Es war eine frühe Überlebensstrategie. Ich musste unbedingt lernen, wie die Gehirne der Menschen um mich herum funktionieren, denn ich selbst war derart anders, dass sich von allein überhaupt keine normalen Beziehungen ergaben. Ich war ein Bewohner des Deltaquadranten im Körper eines bleichen Jungen mit Brille, der die Welt durch seinen silbernen Raumanzug erlebt. Mit eingebautem Sprechfunk zu einer Basis, die außer ihm niemand hört. Ich flüsterte meine Erlebnisse in den Helm und funkte alles nach Hause in der Hoffnung, die Zentrale würde es durchrechnen und mir die beste Verhaltensweise durchgeben.

Seit ich zurückdenken kann, war etwas ganz Seltsames in meinem Kopf. Ich wusste das, weil die Menschen darauf reagierten. Aber ich wusste nicht, was es war und wie ich es wegmachen konnte.

Also studierte ich nach meinem Schulabschluss Psychologie und damit genau das, was mein dahingeschiedener Vater gewollt hätte. Es war zwar der gleiche Abschluss, aber ich hatte etwas anderes damit vor – was dafür sorgte, dass ich mich fühlte wie jemand, der sich Papas Bibel klaut und aus den Seiten Joints dreht. Ich wollte das komplette Gegenteil dessen tun, was mein Vater gemacht hatte, und mit keinem einzigen Erwachsenen arbeiten. Niemals. Mein Vorsatz war, Kindern zu helfen, denn als Kinderpsychologe bekam ich die Möglichkeit, genau die Situationen zu verbessern, unter denen ich damals gelitten hatte. Ich fand das erfüllender, als mir vierzig Jahre später die Ergebnisse anzuhören und dann an den vermurksten Details herumzukorrigieren.

Mein zweites großes Interesse war das Zeichnen. Ich denke, ich habe da ein wenig Talent mitbekommen. Ohne es je gelernt zu haben, kann ich mit wenigen Strichen Landschaften skizzie-

ren, Tiere zeichnen oder Menschen karikieren. In der Schule brachte mir das ein wenig Sympathie bei den Mitschülern ein – sowie im Laufe der Jahre ein gutes Dutzend Verweise, wenn meine Porträts diverser Lehrer entdeckt wurden.

Ehe Sie einen falschen Eindruck bekommen: Ich habe das nicht gemacht, um die Lehrer zu provozieren, sondern um in der Meute zu überleben. Ich denke, ohne meine Zeichnungen wäre ich der typische Vertreter eines Außenseiters gewesen, den sich der Klassenbully aussucht, um ihm bis zum letzten Tag der Schulzeit Abreibungen zu verpassen. Diese Typen mobben einen ja, weil sie denken, jeder halbwegs gute und stille Schüler stünde auf Seiten der Lehrer und sei damit ein Gegner der geistigen Schlusslichter. Obwohl das insgeheim sogar die Wahrheit war, holte ich mich mit meinen Karikaturen zumindest einigermaßen aus dieser Ecke heraus.

Dass man etwas zu bieten haben muss, damit man für andere einen Wert hat und nicht unterdrückt wird, war eine meiner ersten bedeutsamen Vermutungen über das Leben. Im Laufe der Zeit kamen immer mehr dazu, und mich überkam das Bedürfnis, sie festzuhalten, weil ich dachte, die Puzzleteile könnten eines Tages eine sinnvolle Gesamtgeschichte ergeben.

Ich kaufte mir ein schwarzes, in Leder gebundenes Notizbuch, das von einem Gummiband geschlossen gehalten wurde. Es war genau so groß, dass es zusammen mit einem dünnen silbernen Kugelschreiber in die Gesäßtasche meiner Jeans passte. Ich konnte mir nur wenige Berufe vorstellen, in denen man wichtige Dinge in schwarze Notizbücher schreiben musste: Polizisten, Agenten und Privatdetektive. Schatzjäger, Forscher und Genies. Restauranttester und Psychotherapeuten. Die letzten beiden nahm ich aus der Wertung. Den Rest fand ich toll.

Das schwarze Notizbuch war meine Rettung. Es half mir, meinen Kopf ruhig und klar zu halten, und war gleichzeitig Teil

meiner Geheimidentität. In verschiedenen Polizeifilmen hatte ich gelernt, dass man sich immer nur drei Dinge in ein Notizbuch schreibt: Beobachtungen. Fragen. Und Erkenntnisse. Meine allererste große Erkenntnis über das Leben notierte ich unter der Überschrift »Winstons Flash Nummer 1«.

 Winstons Flash #1 | Aufrecht laufen lernen

Es ist wichtig, etwas zu haben oder zu wissen oder zu können, das einen aufrecht durchs Leben gehen lässt, ganz gleich, was andere tun, sagen oder denken. Ein entscheidender Schlüssel dazu ist, sich bewusst zu machen, auf welche Weise man ein besonderer Mensch ist, und dieses Wissen nicht als Mangel, sondern als Schatz anzusehen.

Annie

Es ist ja eine bekannte Weisheit, dass man sich nicht abmühen soll, in Dingen gut zu werden, die man weder liebt noch gut kann, sondern dass man möglichst viel von dem tun soll, was man eben liebt und gut kann, weil dort das meiste Potenzial liegt. Also baute ich das Zeichnen auch später immer irgendwie in mein Leben ein.

Mit neunzehn als Psychologiestudent an der Universität von Oxford Karikaturen von Professoren zu erstellen, war natürlich keine gute Idee und zum Glück auch nicht mehr nötig. Stattdessen zeichnete ich kleine Cartoons, mit denen ich mir psychologisches Wissen besser merken konnte. Ich erdachte mir einen Helden namens Winston Delta 3, der – Sie ahnen es –, aus dem Startrek-Deltaquadranten kommend, quer durch Raum und Zeit auf die Erde geschleudert worden war. WD3 versuchte, aus seiner Situation das Beste zu machen. Er tarnte sich als normaler Mensch, wurde von einer großherzigen Studentin in ihrer Wohnung aufgenommen und erforschte fortan die Geheimnisse des Menschseins. Für mich war das die Art, wie ich mir die Dinge am besten merken konnte.

Obwohl ich darauf achtete, die Skizzen nicht herumzuzeigen, sahen meine Unterlagen schon im Vorbeigehen anders aus und fielen manchen Kommilitonen ins Auge.

Die erste Person, die mich daraufhin ansprach, war ein Mädchen in einem geblümten Sommerkleid, so hübsch, dass ich mich nicht einmal traute, sie genauer anzusehen. Sie saß mit einem Platz Abstand links neben mir, in der letzten Reihe des halbrunden Auditoriums. Ich starrte so konzentriert nach vorn,

als wären an der leeren Tafel unsichtbare Prüfungsaufgaben zu entziffern, während ich die herüberwehenden Partikel ihres wundervollen Dufts in meine Nase saugte. Plötzlich spürte ich, wie sie mich ansah. Das ist wie eine Art Druck, der sich von der Seite aufbaut, und dann kribbelt es, und man weiß einfach, dass man gemustert wird, ohne dass man es überprüfen muss.

»Bist du sicher, dass du im richtigen Kurs sitzt?«, fragte sie ohne Einleitung.

Das war der erste Satz, den ein Mensch in meinem Alter an diesem Ort zu mir gesagt hatte. Und ich war bereits eine Woche lang in Vorlesungen gewesen. Ich zuckte zusammen und starrte sie an wie ein Reh den Kegel eines Autoscheinwerfers.

»Was?«

Und das war mein erstes Wort in einem Vorlesungssaal. Ich hatte es nicht einfach gesagt, sondern erschrocken hinausgeschnappt, weil ich nicht erwartet hatte, angesprochen zu werden. Ich sah in ihr Gesicht, und im selben Moment gab es dieses Ziehen in meiner Brust, das ich kannte, wenn ich traurig wurde. Sie war wunderschön, und ich war ein völlig uncooler Typ, der keine Ahnung hatte, wie man einen angemessenen Eröffnungssatz produziert.

Der Schreck war mir so sehr in den Leib gefahren, dass mein Herz bis in die Kehle hämmerte und etwas mir die Stimme abschnürte. Statt nach einer vernünftigen Antwort zu suchen, dachte ich darüber nach, dass ich bitte hoffentlich niemals als Beziehungstherapeut würde arbeiten müssen.

»Du zeichnest Cartoons«, sagte sie. »Aber das hier ist der Kurs für kognitive experimentelle Psychologie.«

»Ja«, sagte ich.

»Darf ich mal sehen?«, fragte sie und rutschte auf den freien Platz neben mir. Sie beugte sich in meine Richtung, und ich spürte, dass ein winziges Stück Stoff von ihrem Kleid meine

linke Schulter berührte und wie Wärme von ihrem Arm zu meinem Arm strömte. Ihre Haare dufteten nach einer Art Orangenblütenmischung, aber nicht nur. Da war etwas, das ich noch nie zuvor gerochen hatte und das mich hilflos machte, weil ich es nicht analysieren konnte. Es hypnotisierte mich irgendwie, was meinen rhetorischen Fähigkeiten in diesem Moment leider keinen Anschub gab.

»Okay«, sagte ich und zog meine Hände von dem Heft zurück. Sie blätterte interessiert darin herum. Manchmal schüttelte sie dabei den Kopf, und mein Hals schnürte sich noch enger zusammen, weil ich dachte, dass sie mich gleich auslachen und mir meine dilettantischen Kritzeleien zurückgeben würde. Aber sie lachte nicht, weil sie es dumm fand. Sie lächelte irgendwie ungläubig und schüttelte deshalb immer wieder ein wenig den Kopf, weil sie fasziniert war.

»Das ist gut«, sagte sie.

»Ja?«, fragte ich.

»Ja«, sagte sie.

Ich nickte ein paarmal, weil ich hoffte, dass sich dabei der Krampf in meinem Hals lösen würde und ich irgendetwas Cooles sagen konnte. Aber außer dem stummen Nicken kam nichts dabei heraus.

»Wie heißt du eigentlich?«

»Winston«, sagte ich mit einer Zunge, die so trocken am Gaumen klebte wie ein Spüllappen von gestern am Wasserhahn.

»Ich bin Annie«, sagte sie.

Ich starrte sie entgeistert an und nickte.

»Magst du nachher einen Kaffee trinken gehen?«

Sie lächelte mich an.

»Geht auch Tee?«, fragte ich.

Ein verdammter Idiot, das war ich damals, und sie stand nicht auf und ging. Zum Glück. Ich selbst hätte mich wahrscheinlich

sitzen gelassen und mir jemand anderen gesucht, jemanden, der weniger seltsam drauf war. Aber sie tat es nicht. Das hat mich später zu einer wesentlichen Erkenntnis geführt.

Winstons Flash #2 | Die wundersame Liebesbrille

Wenn zwei Menschen füreinander vorgesehen sind, gibt es nichts, was sie tun können, um zu verhindern, dass sie zueinander finden. Zusätzlich zu einer unwiderstehlichen Anziehungskraft sorgt eine unsichtbare Fehlerlöschmaschine dafür, dass man sich vielleicht mangelhaft fühlt, es beim anderen aber nicht so ankommt.

Sommersprossen

Annie Charlton kam aus Newcastle upon Tyne, was etwa fünfhundert Kilometer nördlich von Oxford und nur eine halbe Stunde südlich der Grenze zu Schottland liegt. Sie hatte schulterlange, lockige Haare mit einem rötlichen Schimmer und Sommersprossen auf Nase und Wangen, die aussahen wie Lichtsprenkel aus dem Orionnebel. Wenn sie etwas sagte, wurde ich von ihrem wundervollen Geordie-Akzent verzaubert, der typisch für den Nordosten Englands ist und laut dem *Daily Telegraph* »Der sexieste Akzent im Königreich«. Soweit es mich betrifft, konnte ich das nur bestätigen, denn ich verliebte mich auf Anhieb in alles, was sie sagte.

Eigentlich war es ein Zufall, dass sie in meinem Kurs saß, denn sie studierte Geschichte und englische Literatur, zwei Fächer, die von meinen Interessen etwa so weit entfernt lagen wie die Quantenphysik von der Möbelschreinerei. Annie wollte später Lehrerin werden, und der Wunsch, mit Kindern zu arbeiten, einte uns im Geiste, auch wenn wir von verschiedenen Seiten darauf zugingen.

Ihre Einladung zum Kaffee war mein Glück. Eigentlich lädt der clevere Junge das schöne Mädchen ein und nicht umgekehrt. Doch ich war nicht clever, was die Beziehungen zu anderen betraf, und diese Lebensweiche hätte ich garantiert verpasst, wenn Annie sie nicht für mich gestellt hätte. Sie musste später noch einige andere stellen, aber das machte ihr nichts aus, auch wenn es mir immer peinlich war.

Wissen Sie, bis Annie in mein Leben trat, hatte ich noch nie einen Menschen kennengelernt, der mich einfach nur mochte,

weil er mich mochte. Ich hatte keine Ahnung, dass man mich überhaupt mögen kann, selbst dann, wenn ich nichts Besonderes anstelle oder sage. Ein Teil von mir wartete ständig darauf, dass der Haken kam – in Form einer Forderung, etwas zu tun, oder eines plötzlichen Rückzugs, sobald jemand anderer interessanter war als ich.

Aber Annie hielt keinen Haken für mich parat. Sie forderte mich nie auf, ihr etwas vorzuzeichnen oder ihr zu helfen, ein Problem zu lösen. Sie sagte nie etwas Kritisches oder gar Abwertendes und führte mich nie bei anderen vor. Sie erzählte über keinen anderen Jungen an der Uni jemals etwas Besseres als über mich, obwohl es bestimmt genügend Anlässe für versteckte Vergleiche gegeben hätte.

Wenn sie mit mir zusammen am Tisch saß und ein Kerl kam dazu – sportlicher, besser aussehend, redegewandter, jederzeit imstande, mir im Wettbewerb um die schönsten Mädchen im Saal mit einem Satz alle Lichter auszuknipsen –, dann wendete sich Annie mir demonstrativ zu und führte das Gespräch auf eine Art weiter, die jedem ihre Verbundenheit mit mir zeigte.

Sie baute mich auf so geschickte Weise in Beziehungen ein, dass ich wie in einem von ihr beschützten Raum üben durfte. Ich konnte gefahrlos lernen, wie es war, etwas zu sagen, ohne in einem darauf folgenden Wortgefecht zu unterliegen. Ich erlebte, wie es sich anfühlte, als Mitglied der Gruppe einfach so akzeptiert zu werden, ohne dafür Bilder oder eine andere Leistung abzuliefern.

»Hi, Leute!«, sagte Annie zum Beispiel. »Kennt ihr Winston?«

Sie sagte es nicht wie ein Therapeut, der einen Klienten in eine Gruppe Anonymer Alkoholiker einführt. Annie sagte es wie eine junge Frau, die ihren besten und längsten Freund vorstellt, in einem Tonfall, der es anderen fast unmöglich machte, mir nicht wohlgesinnt zu sein.

»Hallo, Leute«, sagte ich dann und hob eine Hand. Alle lächelten und nickten freundlich, und damit war ich drin. So einfach war das.

Ich lernte viel über das richtige Verhalten in Gruppen. Zum Beispiel ist es gut, ein paar humorvolle Sätze auf Lager zu haben, die jeder versteht, die nicht anzüglich sind und nicht zu ausführlich. Idealerweise nur ein Satz. Es sollte mit der Situation zu tun haben und nichts Negatives über andere sagen. Annie hatte mir erklärt, dass man daraufhin als sympathischer Mensch wahrgenommen und zügig integriert wird.

Man sollte auch nicht jede Behauptung hinterfragen, die einem seltsam oder unrichtig vorkommt, weil das den allgemeinen Redefluss stört und Unbehagen verbreitet. Gar nichts zu sagen ist aber auch nicht gut, weil die anderen dann glauben, man würde sie nicht mögen oder seltsame Dinge über sie denken.

Ich dachte eine Weile, Annie sei schon damals der bessere Psychologe von uns beiden gewesen, obwohl sie es nur im Nebenfach studierte. Aber bald erkannte ich, dass sie die Dinge nicht so machte, weil sie es so gelernt hatte. Sie handelte so, weil es ihrem Wesen entsprach.

Annie war von unserer ersten Begegnung an der leuchtende Stern an meiner Seite. Wir hatten uns nie geküsst, nie ein Wort über die Art unserer Freundschaft gesprochen, schon gar nicht über Liebe, und doch wurde mir, kurz bevor es in die ersten Sommerferien ging, klar, dass ich sie über alles liebte. Ich wollte nicht, dass sie den Sommer über nach Newcastle zurückfuhr und ich nach London in die Gegenrichtung, hunderte von Kilometern entfernt.

Ich hatte keine Ahnung, was mit mir geschehen war, aber es war das Unglaublichste und Schönste, das ich bis dahin erfahren hatte. Und gleichzeitig mit den schönen Gefühlen bekam ich eine Art von Angst, die ich noch nie zuvor gefühlt hatte.

Winstons Flash #3 | Die sich selbst erfüllende Verlustangst

Wenn etwas so schön ist, wie man es noch nie erlebt hat, entsteht im Herzen manchmal die Angst, es zu verlieren. Diese Angst kann so stark werden, dass man tatsächlich glaubt, es würde dazu kommen. Es kann sogar so weit gehen, dass jeder Gedanke an das Schöne gleichzeitig einen Gedanken an das Ende des Schönen beinhaltet. Man muss darauf achten, dass so ein Gedanke das befürchtete Ende nicht letztlich von selbst herbeiführt.

So viel Neues

Als der Tag vor dem letzten Tag gekommen war, saßen wir in unserem Lieblingscafé in der Mansfield Road gegenüber dem Freizeitgelände des Balliol Colleges. Ich spürte, dass wir uns beide um das Thema Sommerferien herumdrückten. Man hätte sagen müssen, dass man es blöd fand, sich nun nicht mehr zu sehen, und das hätte bedeutet, zugeben zu müssen, dass man den anderen vermissen würde. Und das hätte bedeutet zu sagen, dass man den anderen sehr mag. Dann hätte man sich vielleicht angesehen, und irgendwie hätte man vor der Wahl gestanden, sich zum anderen bekennen zu müssen und auszusprechen, dass man ihn liebt – oder es wäre, falls das nicht gut geklappt hätte, alles vorbei gewesen.

Deshalb war die Situation ziemlich verfahren. So hatte ich es zumindest für mich analysiert.

»Was für ein Semester!«, sagte ich und seufzte absichtlich.

»Wie meinst du das?«, fragte Annie.

Sie hatte ihre Haare mit einer Art Perlenkettenring zu einem Pferdeschwanz gebunden, und wenn sie den Kopf ein wenig zu schnell bewegte, stießen einige der Perlen gegeneinander und machten klickende Geräusche. Ich mochte das.

»So viel Neues«, sagte ich.

»Das stimmt«, sagte sie. »Was möchtest du mir denn sagen, Winston?«

»Mein Herz tut weh«, sagte ich.

Sie lächelte mich an, nicht nur mit dem Mund, sondern mit ihren wundervollen grünen Augen. Sie tat sonst nichts, sah mich nur so an, aber ich konnte es kaum aushalten. Es war, als

würde ihr Blick bis in mein Herz reichen, und das tat unendlich weh und war gleichzeitig das schönste Erlebnis, das ich in meinem Universum jemals gehabt hatte.

»Winston, ich liebe dich auch«, sagte Annie.

»Du hast einfach alles übersprungen«, sagte ich.

»So wie du«, sagte sie.

Ich war im Himmel. Und in den Ferien. Mist.

Das seltsame Zeiträtsel

Acht Wochen können eine Ewigkeit sein, wenn man auf jemanden wartet, den man liebt. Und sie können ein Körnchen in der Sanduhr des Lebens sein, wenn man mit ihm zusammen ist. So, wie ich es erlebt habe, scheint es einen Zusammenhang zwischen Zeit und Liebe zu geben. Wenn man liebt, sorgt die Liebe dafür, dass Zeit kostbar wird. Und weil unser Leben aus aneinandergereihter Zeit besteht, sorgt die Liebe folglich dafür, dass das ganze Leben eine kostbare Zeitkette wird. Jetzt verstand ich besser, warum man sagt, dass ein Leben ohne Liebe sinnlos sei.

Annie nicht sehen zu können erzeugte ein zermürbend zähes Zeitgefühl in mir. Es machte mich erst traurig, dann ungeduldig, dann ängstlich. In dieser Reihenfolge. Natürlich konnten wir Nachrichten austauschen und telefonieren, aber das ist nicht annähernd dasselbe, wie wenn man miteinander Zeit am selben Ort verbringt. Wir hatten zwar Hausarbeiten mit in die Ferien bekommen, doch soweit es mich betraf, hatte ich sie schon in Woche zwei erledigt, und seitdem drehte sich jeder Gedanke völlig unkontrollierbar um Annie.

Um die unsägliche Situation zu überstehen, beschäftigte ich mich damit, den Zusammenhang von Zeit und Liebe besser zu verstehen. Manchmal band ich Annie dabei ein, weil ich nicht wusste, worüber ich sonst mit ihr telefonieren sollte. Die ganze Situation war mir sehr unangenehm, denn wenn man lange Zeit nur telefonieren kann, gibt es irgendwann nichts mehr zu berichten, was von Bedeutung wäre. Telefonieren braucht aber immer einen Grund, und in mir kam die Angst auf, dass mir bald

kein solcher Grund mehr einfallen würde. Es war schrecklich. Eventuell war dieses schreckliche Gefühl, dass etwas schiefgehen könnte, ein normaler Teil von Liebe? Das musste ich noch genauer untersuchen.

Sicher war ich mir bis dahin schon einmal in Folgendem: Ein Merkmal von Liebe ist, dass man nicht nur Worte und Gedanken austauscht, denn das kann man mit jedem Menschen tun. Liebe hat viel damit zu tun, dass man gerne zusammen viel Zeit am selben Ort verbringt und dabei auch gemeinsame Erlebnisse hat.

»Annie, ich habe etwas herausgefunden«, sagte ich bei einem Telefonat nach vier Wochen, weil ich nicht wusste, was ich sonst berichten sollte, nachdem mir die ganze Zeit nur dieses eine Thema durch den Kopf ging.

»Erzähl mir davon«, sagte Annie.

»Ich glaube, eine Stunde, in der man darüber nachdenkt, warum man etwas Schönes gerade nicht erleben kann, dauert viel länger als eine Stunde, in der man dieses Schöne tatsächlich macht. Wenn es schön ist, verfliegt die Zeit. Wenn es unschön ist, will sie einfach nicht vorbeigehen.«

»Das ist eine tolle Erkenntnis«, sagte Annie. »So habe ich es noch nie gesehen.«

»Aber ich glaube, so ist es wirklich«, sagte ich.

Annie machte eine Pause.

»Wir sollten uns sehen«, sagte sie dann.

»Was meinst du damit?«, fragte ich.

»Morgen. Kannst du zu mir kommen?«

»Nein.«

»Warum nicht?«

»Ich habe kein Auto«, sagte ich. »Und ich bin nicht darauf vorbereitet.«

»Du musst nichts vorbereiten. Du steigst in einen Zug und fährst zu mir.«

Mein Herz klopfte wie wahnsinnig. Es war *eine* Sache, Annie auf dem Campus zu sehen. Das war sozusagen zwangsläufig und mit offizieller Legitimation, auch wenn wir uns als Nebenprodukt gut verstanden. Aber sie privat zu besuchen, war eine ganz andere Sache. Für mich hatte das eine Dimension wie Heiraten und Zusammenziehen.

»Und was tun wir dann?«, fragte ich.

»Wir könnten in ein Café gehen, genauso wie an der Uni«, schlug Annie vor.

»Ja, und wir könnten über deinen Geschichtskurs reden«, sagte ich.

»Das ist eine sehr gute Idee«, sagte Annie. »Dann würde die Zeit wieder normal laufen, und alles wäre gut.«

Alles in mir entspannte sich plötzlich. Annie hatte die unglaubliche Gabe, keinen Druck zu erzeugen, ganz gleich in welcher Situation.

»Wenn es dir lieber ist, komme ich nach London«, schlug sie vor. »Aber hier oben ist es wahrscheinlich schöner.«

»Ja, bestimmt«, sagte ich, während ich gleichzeitig spürte, wie komfortabel das Angebot war, mich nicht fortbewegen zu müssen. Aber sofort dachte ich daran, dass Annie dann nur meinetwegen die lange Fahrt mit einem schweren Koffer allein im Zug machen müsste, und vor allem stellte ich mir vor, dass sie dann bei mir im Apartment, im Haus meiner Mutter, wohnen würde. Weil es einfach logisch wäre. Und diese Vorstellung war im Moment zu viel für mich.

»Ich komme gerne zu dir«, sagte ich.

»Winston?«

»Ja, Annie?«

»Wir haben alle Zeit der Welt.«

»Ja, das haben wir«, sagte ich.

Aber leider stimmte es nicht.

Winstons Flash #4 | Der variable Wert von Zeit

Die Zeit ist vielleicht für ein Uhrwerk oder für ein Kalenderblatt eine stabile Größe, nicht aber für einen Menschen. Sie passt sich unserem inneren Zustand an. Jemanden zu lieben gibt unserer Zeit zum Beispiel einen höheren Wert und damit auch unserem Leben. Die Zeit ist wie ein Gefäß, das gespannt darauf wartet, womit wir es füllen werden.
Was für ein Glück.

Stationen

Die Fahrt nach Newcastle upon Tyne war die aufregendste Reise meines Lebens. Nicht, weil irgendetwas um mich herum vorgefallen wäre. Aber innerhalb von mir selbst ging es zu wie verrückt. Mein Bauch war so verkrampft, dass ich schon am Morgen der Abfahrt in London nichts essen und nicht einmal richtig trinken konnte. Ich hatte meinen Koffer am Vorabend drei Stunden lang gepackt, dann alles wieder herausgeholt, auf meinem Bett ausgebreitet und mich gefragt, ob ein Mensch mit derartigen Kleidungsstücken einer so unglaublichen Frau wie Annie überhaupt gefallen konnte. Das Ergebnis meiner Prüfung war niederschmetternd. Ich hatte nicht ein einziges Stück, das wenigstens ein kleines bisschen cool aussah. Einfach alles, was ich im Spiegel an mir sah, war irgendwie mangelhaft. Ich hätte ihr Angebot nie annehmen dürfen! Ich überlegte, ob ich vor der Abfahrt noch irgendwo Kleidung einkaufen konnte, aber morgen war Sonntag, und der Zug fuhr um acht Uhr vierzehn ab.

Also packte ich alles wieder ein, legte meine neueste Jeans, ein weinrotes T-Shirt mit einem Aufdruck unserer Uni und meine Turnschuhe auf den Koffer und ging ins Bett. Doch an Schlaf war in dieser Nacht nicht zu denken. Ich fühlte mich eher wie ein Patient im Wachkoma, gefangen in Alpträumen. In meinen Gedanken sah ich Annie als eine Art strahlendes Schneewittchen und mich als einen der Zwerge, der in völlig verdreckter Arbeitsmontur mit Hochdruck versuchte, sie wegzuheiraten, weil er wusste, dass jeden Moment ihr vorgesehener Prinz um die Ecke biegen würde. Ich bin eins fünfundachtzig und optisch kein völliger Nerd, auch wenn Sie das bislang vielleicht denken.

Meine Brille aus der Schulzeit war Kontaktlinsen gewichen, meine Haut hatte keine Pickel mehr, und in der letzten Zeit hatte ich sogar ein wenig Sonne getankt. An der Uni hatte ich – durch die Traditionen und den Lehrplan gezwungen – immer wieder etwas trainiert und war nun durchaus in der Lage, halbwegs aufrecht mit Blick nach vorn zu gehen. Aber was ich offenbar unterbewusst von mir hielt, war eine Katastrophe.

Als wollte der Tag mich verhöhnen, strahlte am nächsten Morgen die Sonne, und zwei Vögel zwitscherten in den Ästen des Baums vor meinem Schlafzimmer. Ich dachte, wie einfach Vögel und andere Tiere es doch haben, weil sie nicht ständig von Selbstzweifeln geplagt werden. Irgendwie bekam jeder von ihnen irgendwann eine Frau ab, und aus Menschensicht war keine besser oder schlechter als eine andere. Es musste für einen Vogelmann ein großer Vorteil sein, wenn alle Vogelfrauen gleich aussahen.

Im Zug versuchte ich herauszubekommen, was genau mir den Magen umdrehte. Schließlich hatte ich gerade den ersten Teil eines Psychologiestudiums an einer der angesehensten Universitäten der Welt absolviert, und wir waren angehalten, unser eigenes Inneres zu beobachten.

Auf der Höhe von Nottingham musste ich mir eingestehen, dass ich keine Ahnung hatte, warum mir so mulmig zumute war, denn Annie war ein solcher Engel. Sie hatte sogar gesagt, dass sie mich liebte. Bis zum Halt in Sheffield kam ich zu dem Ergebnis, dass irgendwo tief in meinem Unterbewusstsein ein schlechter Mensch sitzen musste, weil ich Angst vor einem so guten Menschen wie Annie hatte. Achtzig Kilometer nördlicher, in Leeds, befürchtete ich, von meinem Vater einen Hirnschaden geerbt zu haben, der jetzt all diese dummen Gedanken in meinem Kopf erzeugte. Und dass ich vielleicht nur aus einem Grund Psychologie studierte: weil ich die bereits in mir programmierte

Wiederholung von Dads Schicksal verhindern wollte. Diesen Gedanken hatte ich bis York so gut durchdacht, dass ich ihn verwerfen konnte.

Als ich dann die Bahnsteigschilder von Darlington vor meinem Fenster erblickte, waren es nur noch achtundzwanzig Minuten bis Newcastle – und ich hatte noch immer keine vernünftige Erklärung für die Krämpfe in meiner Magengegend. Aber ich wusste, dass die Vorstellung, in einer halben Stunde die Geborgenheit des fahrenden Zuges verlassen zu müssen, ein Auslöser für all diese Gefühle und Gedanken war.

Als der Zug schließlich in Newcastle einfuhr, war ich so nervös wie am Start eines Tausendmeterlaufs. Am liebsten hätte ich mir meinen Koffer auf den Rücken geschnallt und am Bahnsteig erst einmal fünfzig Kniebeugen gemacht, um den Stress loszuwerden. Das ging natürlich nicht, und so band ich mir kurz vor dem Aussteigen noch einmal sorgfältig beide Schuhe zu. Das waren immerhin zwei Kniebeugen.

Der Zug rollte in den Bahnhof, und weil ich im vorderen Teil war und Annie in der Mitte des Bahnsteigs wartete, sah ich sie an mir vorbeigleiten, ohne dass sie mich bemerkte. Es war so schrecklich. Am liebsten hätte ich mir hier und jetzt einen Fuß gebrochen, um nicht aussteigen zu müssen und später am Telefon zu Hause eine gute Erklärung zu haben.

Stattdessen umklammerte ich den Ledergriff meines Koffers mit der schweißnassen Rechten, nahm meine Jacke in die Linke und hoffte, dass ich ihr durch diese sichtbar wichtigen Aufgaben keine Hand zur Begrüßung geben musste.

Wissen Sie, was eine Form von Irrsinn ist? *Das* ist eine Form von Irrsinn: Ein wunderbarer Mensch wartet freudig auf Sie, und ein Teil von Ihnen würde alles dafür geben, ihm jetzt nicht begegnen zu müssen. Selbst für eine Stunde Aufschub würden Sie einen Wochenlohn investieren. So zu fühlen war eine Form von Wahnsinn, dem ich später unbedingt auf die Spur kommen

wollte. Die Idee, es vielleicht schon heute Abend wissenschaftlich zu ergründen und zu verstehen, beruhigte mich sofort ein wenig. Doch im Moment konnte ich nicht weiter darüber nachdenken, denn ich hatte alle Hirnzellen voll damit zu tun, auf Annie zuzugehen, ohne mir etwas anmerken zu lassen.

Als sie mich entdeckte, winkte sie. Ich musste ihre Geste zum Glück nicht sofort erwidern, weil ich ja meine Jacke und den Koffer trug. Also hob ich kurz die Jacke an und versuchte dann, möglichst gleichmäßig weiterzugehen. Als ich ihr Gesicht deutlicher erkennen konnte, erschrak ich. Wir hatten uns vier Wochen lang nicht gesehen, und ich hatte ganz vergessen, wie schön sie wirklich war. Schön sind viele Mädchen, das allein bedeutet nicht viel. Doch Annie war schön und schlau, und sie mochte mich. Und das bedeutete alles. Warum macht es so viel Stress, wenn ein Mensch einen mag, den man für schöner hält als sich selbst? Keine Ahnung, ehrlich. Es ist völlig unlogisch.

Kurz darauf stand ich vor ihr. Zumindest hatte ich meinen Kopf noch so weit im Griff, dass ich den Koffer abstellte und zuließ, dass sie mich umarmte. Ich umarmte sie sogar mit der Hand, in der ich die Jacke hielt, zurück.

Sie duftete noch immer nach diesem Parfüm, dessen Namen ich nicht kannte und das meinen Kopf ganz verrückt machte.

»Ich bin so froh, dass du gekommen bist«, flüsterte sie in mein Ohr. Es kitzelte, und mir lief ein Schauer über den Rücken.

»Ich auch«, krächzte ich mit einem Hals so trocken wie der eines Beduinen im Sandsturm. Ich hatte nicht den Eindruck, dass mir die Freude ins Gesicht geschrieben stand. Annie war in vielen Dingen schlauer als ich, bestimmt erkannte sie in meinen Augen, dass ich in gewisser Weise log.

Sie war einundzwanzig und ich zwanzig. Ich überlegte, ob ihre Weisheit in manchen Dingen das Ergebnis dieses einen Jahres Vorsprung war – und ob diese Klugheit auch in mich einzie-

hen würde, wenn ich mein aktuelles Jahr hinter mich gebracht hatte. Aber dann wäre Annie auch schon wieder ein Jahr weiter. Annie wollte meinen Koffer nehmen, dann wenigstens meine Jacke, was ich natürlich beides ablehnte. Wir verließen den Bahnsteig und gingen auf einen roten Peugeot zu, ein kleines, neues Modell mit vier Türen und Kofferraum. In meinen Augen ein typisches Frauenauto, das gut zu ihr passte.

»Du hast ein Auto?«, fragte ich.

»Ein Versprechen meines Vaters zum Schulabschluss.«

»Das ist toll.«

»Ja«, sagte sie. »Wir können damit machen, was wir wollen.«

Diese Aussage erzeugte sofort Stress in mir, ohne dass ich erklären konnte, warum. Ich überlegte, was sie denn wollen könnte.

»Prima«, sagte ich.

»Magst du *Fish and Chips?*«, fragte sie. »In Whitley Bay haben sie die besten der Welt.«

»Ja, das ist eine sehr gute Idee.«

Ich hoffte, dass Whitley Bay weit weg war, damit ich Zeit hatte, mich innerlich zu sortieren. Auf der Fahrt dachte ich, wenn ich mich weiterhin so dämlich anstellte, würde das hier in einer Katastrophe enden. Und ich ahnte, dass ich in diesem Fall einer der Typen werden würde, die nie mehr im Leben eine Beziehung hinbekamen. Wenn ich es mit einem Engel wie Annie nicht schaffte, dann würde ich es nie schaffen. Das hier war ganz eindeutig eine Lebensweiche. Diese Erkenntnis machte mir noch mehr Stress, aber ich beschloss, dagegen anzukämpfen.

»Ich freue mich sehr, dass ich hier bin«, sagte ich. Gefühlt klang das so, als würde der russische Botschafter wegen eines Vorfalls im Weißen Haus vorsprechen.

Annie lenkte ihren Wagen auf die rechte Spur, um einen Bus zu überholen.

»Ich auch, Winston.«

Sie sah kurz zu mir herüber, und ich erschrak etwas, weil ich darauf nicht vorbereitet gewesen war. Ich dachte, sie hätte mit dem Verkehr zu tun.

»Das ist ein schönes Auto«, sagte ich.

»In London brauchst du bestimmt keines«, sagte sie. »Aber hier ist es sehr gut. Wir sind ja halb auf dem Land.«

»Ja«, sagte ich. »Es ist schön, hier zu sein.«

»Das erwähntest du gerade schon, und ich finde das auch«, sagte Annie. In der Art, wie sie es aussprach, lag kein Vorwurf, es war irgendwie liebevoll.

Wir fuhren auf einer Schnellstraße, und ein Schild wies darauf hin, dass es bis Whitley Bay nur noch fünf Kilometer waren. Ich war so was von nervös, obwohl ich schon oft mit Annie Kaffee getrunken hatte. Offensichtlich machte es einen Unterschied, ob man im Unicafé zusammensaß und plauderte oder ob man zusammen an einen Strand fuhr, um dort im Café zu plaudern. Ich überlegte, warum. Es ging doch in beiden Fällen um warme Getränke und Plaudern! Vielleicht war das, was mich so nervös machte, die Tatsache, dass es keinen Plan für danach gab. An der Uni hatten wir immer Verpflichtungen oder Pläne, die die gemeinsame Zeit begrenzten, sodass ich wieder zurückkonnte. Ich überlegte gleich weiter, wohin genau ich mich eigentlich ständig zurückziehen wollte, aber es war gerade zu unruhig auf der Straße, um das Thema weiter zu ergründen.

»Ich habe nicht viel erlebt, seit wir uns das letzte Mal gesehen haben«, sagte ich.

»Ich schon«, sagte Annie. »Meine Eltern sind seit einer Woche im Urlaub, ich muss auf unser Haus aufpassen, und alle zwei, drei Tage kommt eine Einladung auf irgendeine Sommerparty.«

Alles in mir sackte zusammen. Sie ging auf Partys, wenn wir nicht zusammen waren! Auf Partys trieben sich immer coole

Typen herum, und Annie im Sommerkleid war ein Magnet für coole Typen auf der Jagd. Und dazu noch das sturmfreie Haus, bereits seit einer Woche. Die Bilder vor meinem inneren Auge wurden so alptraumhaft, dass sich mein Magen auf Rosengröße verkrampfte. Wäre ich nur zu Hause geblieben!

»Wie schön«, sagte ich.

»Eher nicht«, sagte sie.

»Wieso?«

Mein Magen hüpfte kurz vor Glück.

»Die meisten Leute kenne ich von der Schule, und niemand von denen studiert in Oxford. Man hat nicht mehr so viel Gemeinsames, wenn man sich nicht oft sieht. Alle reden dann nur über die Vergangenheit.«

»Das kann ich gut verstehen«, sagte ich und dachte daran, dass ich auch mit Annie nicht mehr viel Gemeinsames gehabt hatte, seit wir nur noch telefonierten.

Wir erreichen die Uferpromenade von Whitley Bay, und ich musste zugeben, dass Annie nicht übertrieben hatte. Hier konnte es wirklich den besten *Fish and Chips* der Welt geben. Allein die Umgebung, der in London keine noch so hippe Snackbar das Wasser reichen konnte, würde ihn zu einer Delikatesse machen. Wir fuhren im Schritttempo die Uferstraße entlang, links von uns Wohnhäuser in mediterranen Farben, rechts von uns kleine Läden, Restaurants und Cafés und gleich dahinter ein breiter Strand und das Meer.

Ich drückte auf den Knopf für den Fensterheber. Dieser Knopf sollte übrigens später über Leben und Tod entscheiden, was ich im Moment natürlich nicht ahnen konnte. Aber für Sie ist es gut, das jetzt schon zu wissen, weil Sie so bestimmte Zusammenhänge besser verstehen werden.

Das Fenster glitt in die Türverkleidung, und der Duft von Meer wehte in mein Gesicht. Möwenrufe schickten durch mein

Ohr hindurch ein Bild von weißen Vögeln am strahlend blauen Himmel. Und seltsamerweise von Fischkuttern auf See.

»Ich habe richtig Lust auf *Fish and Chips*«, sagte ich.

In diesem Moment wurde mir wieder klar, wer neben mir saß, und der ganze Stress kam erneut hoch. Wenn diese innere Achterbahn die Liebe war, und wenn man mit einer geliebten Frau ein Leben lang zusammenblieb, verstand ich, warum manche Männer so früh einen Herzinfarkt bekamen. Aber ich hatte schon den Verdacht, dass es nicht die Liebe war, die mir gerade diese Probleme bereitete.

Annie parkte vor einem Café, und wir setzten uns an einen Tisch mit Sonnenschirm und Blick aufs Meer. Ich wollte nichts tun, womit ich ihr demonstrierte, dass ich anders war, deshalb entschied ich mich heute auch für Kaffee. Sie bestellte zwei Tassen davon, zwei Cola und unser Essen. Dann plauderten wir ein wenig über die vergangenen Wochen, darüber, wie blöd es war, nur telefonieren zu können, und über den Status unserer jeweiligen Ferienarbeiten. Das ging ganz gut, und dennoch hätte ich heulen können. Alles war wie immer, wie auf dem Campus, aber in Wahrheit eben nicht, denn in mir war es nicht wie immer. Wir sprachen über unsere normalen Dinge, aber nicht über das, was mir im Hals steckte, was mein Herz zerdrückte und meinen Magen umdrehte.

Annie bemerkte das wohl.

»Du rührst ja deinen Fisch gar nicht an«, sagte sie irgendwann. Ihrer war schon weg, aber bei meiner Portion fehlten nur zwei Chips.

»Ich trinke lieber noch eine Cola«, sagte ich und hob die Hand in Richtung Kellnerin.

Sie sah auf mein mehr als halbvolles Glas und runzelte die Stirn. »Hast du gar keinen Hunger?«

»Nicht so sehr.«

»Du hast also im Zug gegessen.«

»Nein, warum?«

»Winston, warum siehst du mich so an?«

Sie wirkte ernst, und mir war ebenfalls so zumute. Was sollte ich ihr sagen? Dass ein Teil von mir vorhin lieber im Zug sitzen geblieben und zurück nach Hause gefahren wäre? Ich fühlte mich wie ein schlechter Mensch, ihrer nicht annähernd würdig, weil ich diese Gefühle hatte und von London bis hierher keinen Knopf gefunden hatte, um sie abzustellen.

»Ich suche nach einer Lösung für eine sehr schwierige Aufgabe«, sagte ich.

»Ach so«, sagte Annie. »Ich dachte schon, es hätte etwas mit mir zu tun.«

Ich schüttelte heftig den Kopf. Sie sah mich bohrend an. Grüne Augen, das war selten. Nur zwei Prozent der Menschen weltweit haben sie, und Annies sind wunderschön. Wie Smaragde. Eine Brise vom Meer ließ einige von Annies zauberhaften rötlichen Locken über ihre Wangen tanzen. Rote Haare sind ebenso selten wie grüne Augen. Annie war nicht nur sehr schön, sie war auch sehr selten, statistisch gesehen. Ich hasste mich, wenn ich solche Dinge dachte, während sie bei mir war, weil ich sie einfach nur lieben sollte und nicht analysieren. Sie fuhr mit einer Hand an ihr Gesicht und strich sich die Haare hinters Ohr.

»Es hat also etwas mit mir zu tun«, sagte sie.

Ich spürte, wie sich der Halskloß verdichtete und in meinen Augen der Tränenpegel anstieg. Ich kämpfte dagegen an.

»Überhaupt nicht!«, sagte ich laut.

»Und was genau hat es mit mir zu tun?«, fragte sie.

Ich hätte mich übergeben können, wenn in meinem Magen nicht so ein Knoten gewesen wäre.

»Mein Bauch macht Unsinn«, erklärte ich. »Schon seit Watford Junction.«

Sie atmete tief ein und seufzte dann, als würde sie sich entspannen.

»Du bist aufgeregt«, sagte sie. »Das bin ich auch.«

»Ehrlich?«

»Ja«, sagte sie. »Fühl mal.«

Sie beugte sich nach vorn, langte über den Tisch und legte eine Hand auf meine. Sie war kalt und ein wenig feucht. Und dennoch war es das schönste Gefühl aller Zeiten. Annie fasste mich an, um mir zu zeigen, dass sie ebenso unzulänglich war wie ich. Oder vielleicht war es gar nicht unzulänglich, wenn es beiden so ging? Vielleicht waren kalte Hände und ein Knoten im Bauch ein Teil der Liebe?

»Ich wollte nicht aussteigen – seit der Haltestelle York«, erklärte ich.

Sie lachte. Annie hatte sehr schöne Zähne, hell und gerade, aber nicht, weil sie eine Spange getragen hatte. Spangenzähne sind manchmal etwas zu perfekt, man ahnt dann bei jedem Hinsehen, dass an ihnen etwas gemacht wurde, und stellt sich vor, wie sie wohl vorher gewesen sind. Von Natur aus gerade Zähne sind immer ein klein wenig unregelmäßig und dennoch auf ihre Art perfekt.

»Wohin wolltest du denn fahren?«, erkundigte sie sich.

»Zurück nach London«, sagte ich. »Oder egal wohin. Ich wollte einfach nicht den Zug verlassen müssen.«

Ich spürte, wie meine freie Hand unter dem Tisch zitterte, als ich das sagte, weil ich dachte, dass ich mit meiner Erklärung gerade unsere Beziehung beendete, sofern wir überhaupt je eine gehabt hatten.

»Das verstehe ich«, sagte Annie.

Ihre Worte durchzuckten mich wie ein Blitz, aber einer, der mich augenblicklich ruhig machte.

»Wirklich?«, fragte ich.

Sie nickte. »Wenn man eine neue Situation betreten muss, hat man immer auch Angst davor, was sie bringen wird, und dann will man bleiben, wo man ist. Bei mir ist das auf jeden Fall so.« »Ganz genau«, sagte ich. »Bei mir auch.«

»Ich finde, wir sind mutig«, sagte sie und legte ihre zweite Hand auf meine. Und ich legte meine zweite Hand auf ihre und konnte nicht mehr verhindern, dass die Tränen aus meinen Augen überliefen und die Wangen hinabrannen.

Jetzt verstehen Sie vielleicht, warum ich Annie später unbedingt heiraten musste. Mir hätte nichts Besseres im Leben passieren können. Niemals.

Ich konnte an diesem Nachmittag wieder essen und Cola trinken und einen Tee, und wir holten uns sogar Eis aus einem Automaten, der zwei Sorten zu einer bunten Spirale auf einer Waffeltüte vermischte. Annie probierte von meinem Eis und ich von ihrem, und das war wie ein erster Kuss, den wir uns über die Eiscreme gaben. Wir gingen nebeneinander die Uferpromenade entlang, in diesem wunderbaren Ort am Meer, an diesem wunderbaren Sommertag zwischen Touristen und Kindern, und es war einfach nur schön. Annie wollte nichts von mir, was ich nicht gekonnt hätte. Doch ich wollte etwas von ihr, nämlich einfach nur bei ihr sein, und das war in keinem Moment ein Problem für sie.

Wissen Sie, für mich war es damals neu, dass es kein Problem für jemanden ist, wenn ich länger da bin.

Ich versuchte später, in meinem schwarzen Buch zu formulieren, was an Annie so gut für mich war. Ich weiß, das ist unromantisch, aber so bin ich nun einmal. Wahrscheinlich habe ich ohnehin keine Chance darauf, jemals den Märchenprinz-Oscar zu gewinnen. Auf jeden Fall habe ich für Sie nachgesehen, was ich mir damals notiert habe. Hier ist es:

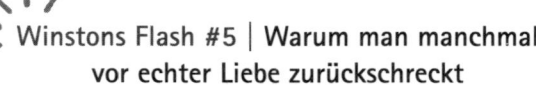

Winstons Flash #5 | Warum man manchmal
vor echter Liebe zurückschreckt

Es gibt eine Form von Liebe, die so groß ist, dass man erst lernen muss, damit umzugehen. Falls man gewöhnt ist, immer Gründe zu erschaffen, um gemocht zu werden, und jemand liebt einen plötzlich ohne jeden Grund, ist das sehr verwirrend. Ich denke, es liegt daran, dass wir uns nackt, verletzlich und vollkommen durchschaut fühlen, wenn wir die Rolle nicht mehr spielen können, die uns bisher geschützt hat. Wirkliche Liebe macht uns rollenlos. Für die einen ist das ein grandioses, befreiendes Erlebnis. Die anderen ertragen es nicht und laufen davor weg.

Liebe

Manchmal denkt man, dass einem ein anderer Mensch Druck macht. Aber wenn er das ganz sicher nicht tut und man dennoch Druck spürt, muss die Sache umgekehrt sein. Dann kommt der Druck aus einem selbst. Aus dem dunklen Keller meines Gehirns stieg gerade eine Stimme die Treppe empor, die unablässig vor sich hin grummelte, dass es nun zum nächsten Schritt kommen müsse. Je näher diese Stimme kam, umso mehr wurde das vage Grummeln zu einer Anweisung, ja, fast schon zu einer Verpflichtung.

Das Haus von Annies Eltern unterschied sich nicht von den anderen Häusern in der Straße. Es war ein typisches rot geklinkertes Backsteingebäude mit weißen Fensterumrandungen. Die Front wirkte so sauber und unauffällig wie der Teil einer Straßenkulisse in einem Filmstudio. Ein Haus zum Vorbeigehen, nicht zum Stehenbleiben, weder bemerkenswert schön noch besonders hässlich. Immerhin war es freistehend und hatte einen uneinsehbaren Garten, was bedeutete, dass ich mich an diesem Abend ein winziges bisschen unbeobachteter fühlte als sonst. Dass Annie mich beobachten musste, war klar, denn sie war ja bei mir. Aber sie durfte das, denn seit ich geweint und sie mich dennoch nicht abgelehnt hatte, vertraute ich ihr. Annie durfte mich beobachten und mich so sehen, wie ich war. Ich mochte es sogar, wenn sie in mich hineinsah, ein Teil von mir sehnte sich richtig danach.

Annie alles zu gestatten, was vor ihr noch niemand gedurft hatte, war ein wenig wie Liebe machen. Zumindest fühlte sich dieses Gefühl in meiner Brust und meinem Bauch so an.

Irgendwann an diesem Abend kam der Moment, in dem ich sie zum ersten Mal küssen musste. Nicht mittels einer gemeinsamen Eiscreme oder eines zusammen benutzten Glases oder einer Gabel beim Probieren eines Gerichts. Wir saßen auf der Holzbank im Garten ihrer Eltern, die gerade ihren Sommerurlaub in Sri Lanka verbrachten oder an einem für mich ähnlich unwichtigen Ort am Ende unseres Sonnensystems. Für mich gab es gerade nur den Miniplaneten, der sich wie eine Kugel um uns herum und nur für uns beide gebildet hatte.

Auf der Terrasse im Garten stand eine Bank. Annie saß links neben mir, mit einem Kaffee, und ich eine Handbreit entfernt, mit einem Tee, so wie es richtig war. Wir sahen in Richtung Garten und auf einen Miniteich mit einem Felsbrocken als Miniberg, neben dem zwei seltsame, hüfthohe Windmühlen standen und ein überwachsenes Erdhaus, das aussah, als würde gleich Frodo Beutlin herauskommen und seine Wanderung durchs Auenland antreten. Annies Eltern hatten offensichtlich ein Faible für Fantasygeschichten.

»Annie, ich würde gerne etwas wissen, das mich seit langem nicht loslässt«, sagte ich.

»Etwas, das mit uns zu tun hat, oder etwas über die Beschaffenheit der Dinge im Universum?«, fragte sie.

»Es ist etwas Persönliches, würde ich sagen. Aber auch etwas über die Beschaffenheit der Dinge.«

»Gut«, sagte sie und wendete sich mir zu.

Ich kannte keinen Menschen, mit dem man sich besser über wirklich alles austauschen konnte, als mit Annie. Doch die Frage, die ich hatte, war anders als alle bisherigen, und ich war sehr aufgeregt. Es war eine Ereignisfrage. So nannte ich Fragen, bei denen man weiß, dass sie ein Ereignis auslösen werden, wenn man sie stellt. Weshalb ich bisher niemals eine davon gestellt hatte. Doch inzwischen hatte ich ein klein wenig mehr Mut als

früher, und die Frage drängte sich so stark in den Vordergrund, dass ich sie nicht mehr zurückhalten konnte.

»Die Frage ist, was an dir so gut duftet«, sagte ich.

Ihr Gesicht wurde ernst, und ihre Augen sahen in meine Augen, so lange und tief, wie es bislang noch nie zwischen uns geschehen war.

»Probiere es aus«, sagte sie leise.

Das ist gar keine Antwort auf meine Frage, dachte ich kurz. Und plötzlich passierte es. Sie rutschte ein Stück näher, bis wir uns berührten. Dann strich sie ihr Haar beiseite und wendete mir ihren Hals zu. Ich beugte mich ihr entgegen und schnupperte sanft an ihrer Haut. Es war eine völlig absurde Erfahrung, denn im selben Moment spürte ich, wie mein Verstand zurückgedrängt wurde – an einen unsichtbaren Ort weit hinter mir. Ich konnte nicht bei meiner Frage bleiben, und ich konnte auch nicht beim Schnuppern bleiben. Ich musste ihren Hals küssen. Annie fühlte sich warm und vertraut an, wie ein Mensch, den ich seit unendlichen Zeiten kannte. Ihre Haut zu riechen und zu spüren war, wie unter eine Decke aus Geborgenheit und Sicherheit zu schlüpfen.

Als sie sich mir zuwendete und meine Liebkosungen erwiderte, wusste ich, dass ich jetzt alles loslassen durfte, was ich mir jemals ausgedacht hatte, um bei anderen Menschen nicht anzuecken. Ich ließ meine Gedanken und Pläne und Vorsätze in den Abendhimmel steigen und übergab alle Verantwortung an die mysteriöse Kraft, die von uns Besitz ergriffen hatte.

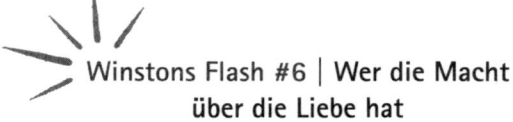

Winstons Flash #6 | Wer die Macht
über die Liebe hat

Liebe wird offenbar nicht von uns selbst gemacht, denn wir können sie weder willentlich herbeiführen noch verhindern. Manchmal scheint es, als hätte die Liebe einen eigenen Willen und verborgene Pläne, mit denen sie uns ganz und gar einhüllt. Das Beste, was wir dann tun können, ist, uns nicht dagegen zu wehren.

Ganz zusammen

Annie und ich verbrachten zehn unglaubliche Tage zusammen. Ein Reise zum Mars hätte für mich nicht spannender sein können. Und auch nicht exotischer. Ich lernte so viel über die Liebe! Das war kein Wunder, weil ich bis dahin überhaupt keine Ahnung davon gehabt hatte und somit jede noch so banale Erkenntnis wie ein Quantensprung war. Annie war ein Mensch, den ich unmöglich nicht lieben konnte. Ich brauchte mich dafür kein bisschen anzustrengen. Ich musste nicht einmal nachdenken und auch keinen Grund finden.

Wir waren jede Stunde des Tages und der Nacht zusammen, und in keinem Moment kam in mir die Frage auf, ob es sinnvoll sei oder ob man es nun unterbrechen müsse, weil es etwas anderes zu tun gab. Ich dachte nie darüber nach, ob wir nun zusammen waren oder nicht. Ich versuchte auch nicht, ein Wort für den Status unserer Beziehung zu finden, weil ich Angst hatte, dass ich mit einem solchen Wort einen Punkt auf einer Skala für Beziehungsentwicklung markieren würde. Jede Skala hat einen Beginn und ein Ende, und in diese Situation wollte ich uns nicht bringen.

Einen Tag bevor Annies Eltern zurückkamen, fuhr ich nach London zurück, was gut passte und sinnvoll war, denn eine Woche später würden unsere Kurse in Oxford wieder beginnen.

Annie brachte mich zum Bahnhof, und zum ersten Mal in meinem Leben war ich frei und innerlich hell, und es ging mir gut, obwohl wir uns verabschiedeten.

Im Zug dachte ich darüber nach, warum das so war. Ich glaube, es lag daran, dass wir uns in Wahrheit gar nicht trennten. Ich

hatte keine Angst mehr vor Typen auf Partys, die vielleicht cooler waren als ich. Oder davor, dass ich mich bei irgendetwas so unglücklich verhielt, dass Annie sich nach jemand anderem umsah, der es besser konnte.

Winstons Flash #7 | **Ein wichtiger Teil vom Glück**

Zu wissen, wo man hingehört, ist ein großes Glück.

Gute Erinnerungen

Ich schreibe das alles für Sie auf, weil es Sie vielleicht an etwas erinnert. Möglicherweise an *Ihre* erste große Liebe. Oder daran, wie Sie Ihre jetzige Frau oder Ihren heutigen Mann kennengelernt haben. Vielleicht erinnert es Sie an Ihre persönliche Annie-Zeit und was Sie damals fühlten und warum Sie es fühlten. Und falls Sie so eine Erfahrung noch gar nicht gemacht haben, konnten Sie es bis hierhin vielleicht ein wenig miterleben, zusammen mit meinen Erinnerungen.

Man sagt ja, dass einer Seele die inneren Erlebnisse besonders wichtig sind und dass einem das Lesen viele davon auf eine Weise nahebringt, die ein äußeres Erlebnis nicht mehr unbedingt nötig macht. Ich sage ja nicht: »ersetzt«. Ich sage nur »nicht mehr unbedingt nötig macht«.

Auf jeden Fall wollte ich, dass Sie wissen, wie ich Annie kennengelernt habe, damit Sie verstehen können, wie es zu dem Ereignis – oder besser: zu der Kette von Ereignissen – kam, von denen ich Ihnen berichten möchte. Zuvor muss ich mich für einen Augenblick von Ihnen verabschieden, um mich zu sammeln. Denn gleich geht es los, und es fällt mir nicht leicht.

Die Nuss im Kopf

Mögen Sie Nüsse? Ich nicht mehr. Was mein Leben vor ein paar Wochen innerhalb weniger Sekunden grundlegend veränderte, war die Information, dass sich in meinem Kopf etwas befand, das etwa die Größe einer Walnuss hatte. Bei näherer Betrachtung des dreidimensionalen Bildes aus dem Kernspintomographen sah es sogar tatsächlich ein wenig wie eine geöffnete Walnuss aus, ein kleines Gehirn in meinem normalen Gehirn.

Tumore kann es an allen möglichen Stellen im Kopf geben. An manche kommt man ran, um sie herauszunehmen, an andere nicht. Meiner saß an einer Stelle, die man den Temporallappen nennt, ein Bereich, der für Sprache, Gedächtnis und Zeitgefühl zuständig ist, also für fast alles, was einen Menschen zum Menschen macht. Die Nuss hatte sich einen Platz tief im Zentrum meines Kopfes ausgesucht, wo sie zudem auf mein Stammhirn und damit auf mein motorisches Zentrum drückte.

Kurz gesagt hatte sich das Ding am strategisch perfektesten Ort im Kopf entwickelt, um mir – sobald es eine bestimmte Größe erreicht hatte – innerhalb kürzester Zeit das Licht auszuknipsen. Vergleichbar mit einer perfekt gesetzten Sprengladung an einem Hochhaus: Wenn die Position richtig gewählt wird, kann man das ganze System mit einer winzigen Menge Sprengstoff – bumm – zum Einsturz bringen.

Jetzt habe ich es Ihnen also doch erzählt, obwohl ich Krankengeschichten hasse. Aber irgendwie fühlte es sich nicht wirklich krank an. Krank ist, wenn man mit Fieber oder einer Darminfektion im Bett liegen muss; wenn ein wenig Ruhe, Hühnersuppe und drei Tage Fernsehen dazu beitragen, dass es vorbeigeht.

Krank ist, wenn einem alle gute Besserung wünschen und man fast zu schnell wieder gesund wird und zurück an die Arbeit muss. Aber wie nennt man den Zustand, wenn man etwas hat, das weder wehtut noch einen ins Bett wirft? Etwas, das niemand behandeln kann und das am Ende nicht wieder verschwindet?

Keine Ahnung, wie man das nennt. Ich benutzte in meinem Kopf das Wort Alptraum. Aber kurz darauf fiel mir auf, dass Alpträume auch irgendwann enden und somit gut ausgehen. Also entschied ich mich, es »die Diagnose« zu nennen.

Die Diagnose von Dr. Barney Littlefair, einem der angesehensten Gehirnchirurgen Londons, lautete: acht Wochen. Vielleicht. Nicht mehr Autofahren, keine gefährlichen Geräte mehr bedienen, sich nicht an Orten aufhalten, an denen man auf sich aufpassen muss. Und einen Notfallsender mit Sturzsensor am Handgelenk tragen. Jeden Moment konnte ein wesentlicher Teil des Winston-Systems ausfallen, und ehe er wieder ansprang, war vielleicht schon etwas passiert.

Das Bild, das mich von da an verfolgte, entsprang einer Fernsehserie mit humanoiden Robotern, die ich einmal gesehen hatte. Der menschenähnliche Roboter mit der kaputten Batterie funktioniert wunderbar, solange sein Stromkabel in der Dose steckt. Aber eine falsche Bewegung – und der Strom ist weg, die Arme fallen herab und das Ding fällt um.

Ich war zum Zeitpunkt der Diagnose siebenunddreißig und selten beim Arzt gewesen. Nie wäre ich auf die Idee gekommen, mich untersuchen zu lassen, wenn mir nicht beim Teetrinken der Arm versagt hätte. Gleich darauf kippte ich einfach um, lag am Boden und konnte mein Bein nicht mehr bewegen. Es ging zwar schnell vorüber, aber ich wusste, dass etwas nicht in Ordnung war und dass es nicht an der Hardware lag, sondern ein Fehler im Betriebssystem war. Deshalb ließ ich am Ende mein Gehirn untersuchen, und heraus kam eben die Sache mit der Nuss.

Annie war mir zu dem Zeitpunkt keine Hilfe mehr, denn sie war nicht mehr da. Zumindest nicht auf die Art wie früher. Und selbst wenn, hätte sie auch nichts machen können. In gewisser Weise war Annie vielleicht sogar die Ursache für die Nuss in meinem Kopf, aber das war nur eine Vermutung, die ich noch erforschen müsste. Sofern mir dafür überhaupt Zeit blieb.

Was also würden Sie tun, wenn Sie völlig allein wären und eine solche Diagnose bekämen? Das kann man theoretisch durchspielen, so oft man will – wenn es praktisch eintritt, wird man wahrscheinlich doch alles ziemlich anders machen.

Ich auf jeden Fall beschloss, nach Schottland zu fahren.

Mull of Kintyre

Sie könnten mich fragen, wie ich so dumm sein konnte, in meinem Zustand allein in einem klapprigen Auto an einen Ort am Ende der zivilisierten Welt zu fahren. Und ich würde Ihnen antworten: weil ich genau das gesucht habe. Das Gefühl, wie sich das Ende anfühlt. Wie sich ein Platz anfühlt, an dem man in eine Richtung blickt und sicher weiß, dass man gerade alles, was für Menschen im Leben wichtig ist, weit hinter sich zurückgelassen hat. Ich wollte es nicht wissen, ich wollte es erleben.

Jetzt könnten Sie fragen: Wieso fährt Winston ausgerechnet nach Mull of Kintyre? Warum eine Landzunge in Schottland und nicht der Südpol oder ein Ort im Norden Alaskas? Ganz einfach: weil im Radio das Lied von Paul McCartney lief, als ich mich gerade fragte, was ich mit den verbleibenden Wochen meines Lebens anfangen sollte. Und weil Annie dieses Lied geliebt hatte. Und was den alten Wagen betrifft: Es ist Annies roter Peugeot, und ich wollte einfach darin sitzen und damit herumfahren. Ich wollte ein wenig von ihr spüren, mir vorstellen, dass wir wie zu Studienzeiten gemeinsam durch die Landschaft düsten und uns dabei über all die wunderbaren Dinge unterhielten, die uns bewegten. Wenn ich mit Annies Auto fuhr, war es ein wenig so, als wäre sie noch da. Als hätte ich mir nur kurz den Wagen geborgt, um etwas zu besorgen, und würde gleich zurück nach Hause kommen und dort den Abend mit ihr gemeinsam verbringen.

Niemals hätte ich früher so einen Unsinn gemacht. Tausend Kilometer fahren ohne einen vernünftigen Grund. Ein Lied als Zeichen deuten? Wie dämlich ist das denn? Aber ich war in ei-

ner Lebensphase, in der ich nicht mehr vernünftig sein wollte, weil mir die Vernunft keine neuen Erkenntnisse mehr bringen konnte. Sie hatte mich auf dem Meterstab meines Lebens bis zu den letzten Millimetern vor dem Ende geführt, und das mit siebenunddreißig. Wirklich nichts, um den Sieg der reinen Vernunft zu feiern. Wenigstens ein einziges Mal wollte ich etwas nur aus dem Moment heraus machen, auch wenn es verboten war und keinen messbaren Nutzen versprach. Da ist Mull of Kintyre so gut wie der Südpol oder die Wüste Gobi oder der Everest oder die Spitze des Eiffelturms. Aber über die lief gerade kein Lied im Radio.

Deshalb also Schottland.

Die Kunst der Romantik

Nachdem wir endlich mit unserer Ausbildung fertig waren, suchten wir uns ein Haus zur Miete. Über die Frage, ob in London oder in Newcastle, waren wir uns schnell einig. Jetzt erst mal London, später vielleicht einmal Newcastle. Wenn wir Rentner wären. Was gerade von etwa ähnlicher Wichtigkeit war, wie den Andromedanebel durchqueren zu können. Wir waren jung, standen mit den Füßen im Startblock, stützten die Finger auf den Hartgummiboden und reckten den Hintern in die Höhe. Wir hatten zwar ein fernes Ziel im Kopf, doch alles, was gerade zählte, war, einen guten Start zu erwischen.

Ich kannte Annie nun schon seit fünf Jahren, und ich war ihr jeden Tag dankbar dafür, dass sie sich mich geschnappt hatte, weil ich sonst wahrscheinlich nachts als einsamer Nerd die x-te Stufe von World of Warcraft erobern würde, während ich tagsüber in einer Unternehmensberatung Bewerber und Jobangebote sortieren müsste. Oder so ähnlich. Aber ich hatte Annie, und sie war mein Halt, meine Struktur, meine Vergangenheit und Zukunft, kurz gesagt: der Sinn meines Lebens. Annie war die gute Stimme in meinem Kopf, und sie sorgte dafür, dass ich das Herz in meiner Brust nie vergaß. Meine Liebe zu ihr war auch nach dem Studium noch so groß, dass ich einen Entschluss fasste.

»Annie, ich glaube, ich möchte dich heiraten«, sagte ich eines Tages, als wir in Soho beim Italiener saßen.

Sie war gerade dabei, ihre Spagetti um die Gabel zu wickeln, was sie immer mit großer Konzentration tat, besonders, wenn sie, wie an diesem Abend, eine weiße Bluse anhatte.

»Was?«, sagte sie und starrte mich an.

»Heiraten«, sagte ich. »Machst du mit?«

»Ob ich mitmache?«, fragte sie und runzelte die Stirn.

»Ja«, sagte ich.

»Ich hatte mir das irgendwie romantischer vorgestellt«, antwortete sie.

»Wir sind doch beim Italiener«, sagte ich.

Annie nickte, drehte ihre Gabel gedankenverloren eine weitere Runde und rutschte dabei vom Löffel ab, was dafür sorgte, dass einige Soßenspritzer den Weg auf ihre Bluse fanden. Als wären weiße Blusen magnetisch.

»Und? Was meinst du?«, fragte ich.

»Mist«, sagte Annie und sah an sich hinab.

Zwei Monate später heirateten wir still und leise auf einer der britischen Jungferninseln, die von London so weit entfernt sind, dass man schon aufgrund der Anreisezeit glaubt, man würde auswandern. Aber wir waren jung, es war das erste Mal, und es war Annies Vorstellung von »romantisch«.

Ich selbst bin kein Romantiker, trotz aller Mühe, das weiß ich heute. Ich neige stark dazu, den richtigen Moment für eine Sache zu verpassen, vor allem, was Beziehungen betrifft. Ich denke, es ist so, weil mein Vater Psychologe war und weil er meiner Mutter und mir beim Abendbrot gerne die verworrensten Fälle des Tages serviert hatte.

»Heute war Charmaine Gullybrook wieder hier«, sagte er zum Beispiel. Den Namen einer Person zu nennen, die meine Mutter kannte, war für gewöhnlich der Eröffnungszug.

»Und, wie geht es voran bei ihr?«, fragte meine Mutter.

»Sie hat geheiratet«, sagte mein Vater.

»Nicht möglich!«, sagte meine Mutter. »Den Mann, den sie letzten Monat verlassen wollte?«

»Ja«, sagte mein Vater. »Er war auf Geschäftsreise, und sie packte gerade heimlich ihre Sachen für den Auszug, als ihr

schlecht wurde. Schwanger. Sie sagt, dass sie daraufhin spontan ihre Meinung geändert und wieder ausgepackt habe. Und nun sind sie verheiratet.«

Meine Mutter schüttelte den Kopf und schmierte Teewurst auf ein Brötchen.

»Und jetzt?«, fragte sie.

»Jetzt will sie wissen, warum sie sich unglücklich fühlt«, sagte mein Vater.

»Was hast du gesagt?«

»Was soll ich da sagen? Ich denke noch darüber nach.«

»Ich bin froh, dass ich nur Lehrerin bin«, sagte meine Mutter und legte meinem Vater das Brötchen auf den Teller.

Ja, meine Mutter war – wie Annie – Lehrerin, und Sie brauchen jetzt nicht zu lachen, ich weiß selbst, dass man sich am Ende immer wieder sein Elternhaus kopiert.

Aber noch mal zu dem Heiratsantrag. Ich dachte, Romantik wäre, wenn man in einer Umgebung, in der allerbeste Gefühle wie von selbst entstehen, etwas Unerwartetes macht und die Situation dadurch mit einer zusätzlichen Überraschung krönt. Doch das allein genügt offenbar nicht. Ich hatte angenommen, die zusätzliche Überraschung wäre meine Frage zum Thema Heiraten gewesen, aber heute weiß ich, ich hätte besser einen Ring besorgt und mein Anliegen traditioneller formuliert. Es tut mir unendlich leid, dass ich Annie gegenüber so ein Stoffel gewesen bin. Sie hätte einen Mann verdient gehabt, der diese verführerischen Dinge gut kann. Ich liebte sie wirklich über alles, hätte ihr ohne nachzudenken eine Niere gespendet und meine halbe Leber noch dazu, aber für die verführerischen Aspekte hatte ich einfach nie das richtige Händchen. Welch ein Glück, dass sie mich dennoch geheiratet hat!

Wenn Sie mich also fragen, wie man einen Menschen auf die richtige Weise im Herzen berührt, kann ich Ihnen nicht sagen,

wie Sie es machen sollen. Aber ich kann Ihnen sagen, wie es nicht geht. Vielleicht probieren Sie dann etwas von dem aus, was noch übrig bleibt.

Winstons Flash #8 | Wie wichtig die Romantik (nicht) ist

Romantik ist eine Kunstform, die nicht jeder gut beherrscht. Manche Menschen sind darin perfekt geschult, in der wahren Liebe jedoch gar nicht. Andere lieben von ganzem Herzen, beherrschen aber die Romantik nicht. Woraus man schließen kann, dass die Romantik eine wunderbare Dreingabe ist, aber kein wichtiges Zeichen für Liebe oder Nichtliebe.
Welch ein Glück für Leute wie mich!

Das Auto

Es war ein klarer, frischer Freitagmorgen in der zweiten August-
woche, als ich mich in den kleinen roten Wagen setzte, in dem
mich Annie vor sechzehn Jahren vom Bahnhof abgeholt hatte.
Im Handschuhfach lagen noch alle Dinge, die sie immer gern
dabeigehabt hatte. Ich hatte die Klappe bestimmt schon hundert
Mal geöffnet, etwas herausgenommen, daran gerochen und
dann schnell wieder zurückgelegt, damit der Geruch nicht ver-
flog. Manchmal schnupperte ich am Lenkrad, an einer Kopfstütze, am Rückenpolster des Fahrersitzes oder am Sicherheitsgurt in
der Hoffnung, mich an die guten Jahre zu erinnern. Doch Düfte
verfliegen im Lauf der Zeit ebenso wie Erinnerungen vergehen.

Ich hatte die Beaufsichtigung unseres Hauses organisiert, Sachen für ein paar Tage in eine Tasche gepackt, dazu eine Flasche
Wein in einem kleinen Rucksack. Ich hatte mir einen genauen
Zeit- und Fahrplan erstellt, damit ich jederzeit die Übersicht behielt, wann ich wo sein wollte und was es dort zu erledigen gab.

Sie fragen sich bestimmt, was zu diesem Zeitpunkt mit Annie
war. Ich werde es Ihnen gerne berichten, aber bitte warten Sie
noch ein wenig.

Ich steckte mein Handy in den Halter am Armaturenbrett. Die
Reiseetappen hatte ich bereits einprogrammiert und dabei auch
die Tankstellenstopps und andere Pausen berücksichtigt. Ich
mag es, wenn alles seine Ordnung hat und gut durchdacht ist.

Die Entfernung von Notting Hill bis an die äußerste Spitze der
Landzunge von Mull of Kintyre war mit 907 Kilometern angege-
ben. Ich hatte mich für die Route über die M6 entschieden, aus

dem logischen Grund, dass sie im Routenplaner die kürzeste und schnellste war. Der wahre Grund jedoch war, dass sie über Oxford führte und ich an der Uni vorbeifahren wollte. Wofür ich eigentlich keinen logischen Grund hatte.

Ich finde es gut, wenn ein logischer Grund und ein wahrer Grund zusammentreffen und zum selben Ergebnis führen. Es macht viel weniger Probleme, als wenn sie sich widersprechen. Ich hatte das schon oft erlebt und es mir so notiert:

Winstons Flash #9 | Lieber die echten Gründe leben

Für alles, was man macht, gibt es entweder einen logisch-sachlichen Grund oder einen wahren Grund oder beides zusammen. Wenn man etwas ohne einen logisch-sachlichen Grund tun möchte, kann das Probleme bereiten. Denn der wahre Grund allein hat oft schwache Argumente.

Genau deshalb ist es für ein gutes Leben wichtig, jedem wahren Grund das stärkste Stimmrecht zu geben.

Das unzertrennliche Trio

Was jetzt kommt, ist ein Meilenstein. Nicht nur für *mein* Leben, sondern auch für Ihres. Denn Sie haben Henry, Lizzie und Professor Baldwin in Ihrem Kopf, nur wissen Sie das vielleicht noch nicht. Bis zu meinen letzten Sekunden auf dieser Welt waren die drei ein wesentlicher Teil meines Lebens, und es könnte Ihnen womöglich einmal ähnlich gehen. Da ist es gut, ein Stückweit vorbereitet zu sein.

Alles begann mit einem höchst seltsamen Erlebnis in meinem Kopf. Ich weiß nicht, ob es Ihnen auch so geht, aber manchmal denke ich Dinge wie: »Das solltest du jetzt lieber nicht tun.« Oder: »Wenn du weiter so negativ denkst, wirst du das nie schaffen.« Manchmal denke ich sogar: »So, und jetzt packen wir das Thema mal ganz anders an.«

Wer, bitte schön, ist denn dieses »Wir«?

Eines Tages also hatte ich ein besonders vertracktes Problem zu lösen, und die Stimmen in meinem Kopf plapperten derart wild und sinnlos durcheinander, dass ich zum ersten Mal mit meiner lautesten Gedankenstimme schrie, sie sollten alle den Rand halten.

Und tatsächlich war es ruhig.

Seit diesem Erlebnis hatte ich eine Menge ungeklärter Fragen. Die wichtigste lautete: Wenn sich in meinem Kopf ständig verschiedene Stimmen miteinander unterhalten, frage ich mich, welche Stimme davon Winston ist. Bin ich die Stimme, die ständig zur Vorsicht mahnt? Oder bin ich die Stimme, die darauf antwortet, dass so viel Vorsicht nun wirklich übertrieben wäre? Bin ich die Stimme, die sagt, dass man so etwas nicht tut? Oder

bin ich die Stimme, die laut nach Ruhe ruft, und alle anderen folgen ihr und sind still?

Wer von alldem ist Winston?

Sie könnten jetzt sagen: »Ist doch klar, Winston, du bist alle.« Das glaube ich aber nicht, denn ich bin nicht gar so ängstlich wie die ängstliche Stimme in meinem Kopf. Und ich bin bei Weitem nicht so mutig, wie die mutige Stimme in mir es gerne hätte. Was darauf hindeutet, dass ich diese Stimmen nicht sein kann. Ich konnte damals nur eines ganz sicher sagen: Ich war nicht allein in meinem Kopf. Da waren viele, und drei davon konnte ich nach einiger Beobachtung klar unterscheiden. Ich nannte sie Henry, Lizzie und Baldwin und setzte damit unwissentlich einen Meilenstein in meinem Leben. Ich stellte eine Weiche, die mir schon bald vieles ermöglichen sollte, von dem ich nie zu träumen gewagt hätte.

Ich habe Ihnen ja schon erzählt, dass ich ein wenig zeichnen kann. Nach dem Studium hatten Annie und ich ein kleines Haus im Londoner Stadtteil Notting Hill bezogen, und ich richtete mir meine Praxis für Kinderpsychologie im Erdgeschoss ein. Ich erinnerte mich an *Winstons Flash #1* und dachte mir, als Neuling sollte ich etwas bieten, das mich ein wenig von anderen abhob. Also baute ich das Malen und Zeichnen in meine Arbeit ein. Einerseits ließ ich die Kinder ihre Verwandten und Freunde als Tiere malen oder ihre Ängste als Pflanzen oder Fantasiegestalten. Andererseits entwickelte ich selbst im Laufe der Zeit verschiedene cartoonartig gezeichnete Figuren, die schnell das Herz meiner kleinen Klienten eroberten.

Die drei wichtigsten Figuren verkörperten gleichzeitig die deutlichsten Stimmen in meinem eigenen Kopf: Henry, der mutige, einäugige Piratenhase mit dem schwarzen Kopftuch. Lizzie, die vorsichtige Schmuckschildkröte mit den roten Lippen und den langen Wimpern. Und Professor Baldwin, der kluge blaue

Elefant mit der runden Brille und dem schwarzen Doktorhut. Ich will Sie hier nicht mit Geschichten für Kinder langweilen, aber Henry, Lizzie und Professor Baldwin spielten in meinem Leben und bei den Ereignissen bis zu meinen letzten Sekunden eine durchaus bedeutende Rolle, sodass Sie wissen sollten, wie sie geboren wurden.

Die zunächst nur auf Papier gezeichneten Figuren kamen so gut an, dass ich Annies Idee folgte und T-Shirts damit bedrucken ließ, von denen ich den Kleinen eines mit nach Hause gab, je nachdem, ob sie gerade Mut, Schutz oder Schlauheit brauchten. Bald darauf begann ich, statt einzelner Bilder auch Geschichten zu zeichnen. Kurze Abenteuer, in denen die drei Helden als Team typische Aufgaben meisterten, vor denen auch Kinder stehen. Zunächst druckte ich sie selbst aus und klammerte sie zu Heftchen, die ich dann verschenkte.

Das kam bei Kindern und Eltern so gut an, dass ich in meiner freien Zeit einfach nur zum Spaß immer neue Cartoons entwarf. Dabei wurde mir immer klarer, dass die unterschiedlichen Stimmen von Mut, Angst und Vernunft nicht nur in meinem Kopf herumdiskutieren, sondern auch in anderen Menschen Konflikte erzeugen.

Eines Tages brachte die Frau eines Verlegers ihre Tochter wegen einer angeblichen Lernschwäche zu mir und entdeckte im Wartezimmer einige meiner Werke.

»Dr. Flash, haben Sie schon einmal darüber nachgedacht, diese Geschichten als Buch herauszubringen?«, erkundigte sich die Verlegerfrau.

»Nein«, antwortete ich wahrheitsgemäß.

»Das sollten Sie aber. Das hat Potenzial!«

»Ich bin aber kein Geschäftsmann«, antwortete ich.

»Kein Problem«, sagte die Verlegerfrau. »Jetzt kennen Sie ja mich. Vertrauen Sie mir.«

»Wie schön«, antwortete ich. »Und nun sehen wir mal, was Ihre Kleine braucht.«

Damit war das Thema für mich erledigt gewesen. Doch eine Woche später fand ich einen Vertrag in der Post.

»Henry, Lizzie und Baldwin und das Geheimnis des alten Schranks« – so sollte das Buch heißen. Ich hatte kein Problem damit, denn es war der Titel meiner fotokopierten Geschichte für die Kinder mit Ängsten vor dunklen Wesen, die nachts unter Betten spuken oder eben in Schränken warten. In meinen Abenteuern untersuchten der mutige Hase, die vorsichtige Schildkröte und der schlaue Elefant immer eine typische kindliche Situation. Jede Figur tat das auf ihre Weise, und am Ende waren sie sich einig darüber, dass es keinen Grund zum Fürchten gab.

Noch während ich daran arbeitete, die Kurzgeschichte zu einem Buch zu erweitern, bekam ich das Angebot, die Erlebnisse des Trios weiter auszubauen und neben den Bildgeschichten auch geschriebene Erzählungen zu entwerfen. Eigentlich hatte ich keine Muße dafür, und es war nie mein Plan gewesen, so viel Zeit am Schreibtisch zu verbringen, aber, wie gesagt, Zeichnen und Schreiben machten mir Spaß. Also sagte ich Ja und unterschrieb einen zweiten Vertrag.

Das Buch lief gut, und ein Jahr später kam die erste Anfrage von einem Trickfilmstudio. Noch zwei Jahre später hatten die drei Figuren auch im Fernsehen eine erste Berühmtheit erlangt. Dummerweise fiel mir erst jetzt auf, dass ich mit meinen Unterschriften alle Nebenrechte an den Figuren abgegeben hatte. Es war ungefähr wie bei Paul McCartney, der manche seiner eigenen Lieder lange Zeit nur öffentlich singen durfte, wenn er eine Gebühr dafür abführte.

Wie gesagt, ich bin kein Geschäftsmann.

Dennoch kam durch diese ganzen Ereignisse letztlich Geld herein, das ich gut brauchen konnte. Die Hypothek auf meinem

Elternhaus musste getilgt werden, damit meine Mutter auch ohne meinen viel zu früh verstorbenen Vater dort weiterhin leben konnte. Niemand kann sich zweiteilen, und so blieb mir für meine Arbeit in der Praxis immer weniger Zeit, obwohl ich mir Mühe gab, mich nicht völlig von den Forderungen der Buch- und Filmindustrie einwickeln zu lassen.

Es dauerte nicht lange und meine drei kleinen Stars standen als Plüschfiguren in den Spielzeugabteilungen der Kaufhäuser und prangten als Drucke auf Bechern und Kissen. Dreieinhalb Jahre nach dem Besuch der Verlegerin stellte ich fest, dass Henry, Lizzie und Professor Baldwin mehr Kontrolle über Winston hatten als Winston über sie.

Das alles machte mir ein wenig Angst, so wie es mir immer Angst macht, wenn ich die Kontrolle über eine Situation verliere. Meistens hatte ich mit meinen Ängsten nicht recht, aber in diesem Fall leider wohl. Doch selbst wenn ich schon damals gewusst hätte, was auf mich zukam, hätte ich es wahrscheinlich nicht verhindern können.

Oxford und das Phänomen des Weinens

★ 09:31 h

Ehe ich startete, prüfte ich den Sitz der drei Plüschfiguren an ihren von Annie vorgesehenen Plätzen auf dem Armaturenbrett. Als sie noch fuhr und ich auf dem Beifahrersitz saß, hätte ich die Figuren manchmal gerne entfernt, weil sie mich an meinen Fehler mit den Rechten erinnerten. Aber jetzt standen sie für die beste Zeit meines Lebens, und ich fragte mich, wie ich sie jemals hatte ablehnen können.

An diesem frühen Vormittag war nicht viel Verkehr. Kurz nach halb zehn erreichte ich Oxford. Ich mag diese Stadt. Sie strotzt nur so vor Vergangenheit, die man sehen, riechen, anfassen und in jeder Zelle fühlen kann. Seit dem 12. Jahrhundert gehen in Dutzenden über die Stadt verteilten Gebäuden der Universität ohne Unterlass Studenten ein und aus, besuchen Vorlesungen und lauschen ihren Lehrern, innerlich entflammt von dem tiefen Wunsch, mehr über die Welt und das Universum zu erfahren. Obwohl ich dort fünf Jahre lang studiert hatte, war ich die Bilder nie losgeworden, wie die Schüler vor achthundert Jahren die Türen derselben Gebäude anfassten wie ich heute.

Manchmal legte ich eine Hand an ein Mauerstück und stellte mir vor, dass ein Student im Mittelalter seine Hand gerade gegen dieselbe Stelle drückte und wir uns damit durch die Zeit hindurch berührten. Ich fragte mich, was wir einander erzählen würden. Vielleicht vom Wunder des Internets, weil das einen Wissenssucher von damals am meisten fasziniert hätte. Im 12. Jahrhundert hatte man in Europa noch nicht einmal Ahnung vom Buchdruck, und ein Regal mit handgeschriebenen Manu-

skriptrollen war ein Schatz, den viele ohne weiteres mit ihrem Leben beschützt hätten.

Oxford. Als wäre die Zeit eine nie versiegende Quelle, die immer gleiche Abläufe ausspuckt, sitzen heute noch immer junge Studenten in den Räumen. Nur eben mit leuchtenden Tablets in den Händen, die sie in dieser Sekunde mit allen Büchern der Welt und mit vielem darüber hinaus verbinden. Die Stadt war für mich wie ein erlebbarer Doppelspaltversuch, in dem sich das Universum nicht für rechts oder links entscheiden musste, weil sowohl das eine als auch das andere gleichzeitig ablaufen konnte.

Eigentlich hatte ich vorgehabt, noch ein letztes Mal durch den Kirchgarten des Pembroke Colleges zu schlendern – mit Annies Stimme im Ohr, die mir zum soundsovielten Mal davon erzählte, wie Professor Tolkien hier englische Sprachwissenschaft unterrichtet und gleichzeitig seinen »Hobbit« und »Herr der Ringe« geschrieben hatte. Doch je näher ich dem Gebäude kam, umso schwerer wurde mein Herz. Als ich schließlich vor dem Haupttor anhielt, konnte ich vor lauter Tränen nur noch verschwommene Konturen wahrnehmen. Vor meinem inneren Auge sah ich Annie und mich lachend Arm in Arm auf eine Teestube zusteuern. Und dies alles, während ich jetzt gerade in ihrem Wagen saß, mit ihren Dingen im Handschuhfach, aber ohne sie.

Als hätte mich das Leben nach kurzer Beherbergung wieder ausgespuckt, starrte ich allein und ratlos durch die Windschutzscheibe, so wie ich früher auf dem Pausenhof ratlos auf meine Mitschüler geblickt hatte.

Die Idee, auszusteigen und durch den Campus zu gehen, war plötzlich verschwunden. Vielleicht kennen Sie das auch? Manchmal glaubt man, etwas unbedingt tun zu müssen, und wenn man es dann tatsächlich tut, erlischt der Wunsch schon in den ersten Sekunden. So ging es mir gerade. Ich wischte mir mit dem Ärmel die Augenwinkel trocken, startete dann den Wagen und

drückte auf dem Bildschirm des Handys die Speichertaste für die nächste Station auf meinem Weg.

Auf der Fahrt aus Oxford hinaus fragte ich mich, warum ich eigentlich weinte, obwohl Weinen doch weder etwas verbesserte noch zu einer Erkenntnis beitrug. Ich weine normalerweise eher selten, also war das hier etwas Besonderes.

Weil mein Gehirn besondere Dinge interessant findet, dachte es während des Weinens darüber nach, wie das funktioniert. Ich musste überlegen, wo die Tränenabflusskanäle lagen (im oberen und unteren Lid auf der nasenwärtigen Seite), und fand es unglaublich intelligent, dass die Tränendrüsen am äußeren Ende der Augenbrauen unter dem Rand der Augenhöhle liegen, weil das für die ideale Benetzung sorgt und am Ende sogar die Schwerkraft beim Abfluss mithilft.

Während ich weinte, erinnerte sich ein Teil von mir daran, woraus die Flüssigkeit besteht (eine wirklich wundersame Nährstoff-, Schutz- und Heilstofflösung, die beim traurigen Weinen ein Viertel mehr Nährstoffe enthält als bei einem reflexartigen Tränenschub). Dass meine Augen beim traurigen Weinen besser genährt wurden, tröstete mich ein klein wenig, weil es so war, als würde die Natur sich besonders um mich kümmern, jetzt, wo es mir nicht gut ging.

Mein Kopf dachte auch darüber nach, ob selbst bei längerem Weinen genügend Tränenflüssigkeit da ist, ob eine Tränendrüse wegen Überlastung kollabieren kann und warum es mir gleichzeitig den Hals so sehr zudrückte, dass ich zu ersticken drohte.

So zu denken war nicht gut, denn Weinen ist ein Gefühl, und Gefühle machen uns zu Menschen. Jemanden, der weint und sich dabei selbst analysiert, würden die meisten Leute wahrscheinlich als unmenschlich bezeichnen. Genau dieses Gefühl begleitet mich schon mein Leben lang. Vielleicht untersuche ich deshalb alles so genau, weil ich menschlicher sein will und stän-

dig hoffe, den entscheidenden Schalter in meinem System zu finden. Aber damit untersucht mein Verstand schon wieder etwas. Ein wirklich vertrackter Teufelskreis.

Winstons Flash #10 | Das Gute am Weinen (trotz allem)

Auch wenn das Weinen selbst nur selten schön ist, kann es zu drei guten Dingen in unserem Leben führen:

Wenn wir weinen, weil wir etwas durch Reden nicht mehr ausdrücken können, wird daraus ein Zeichen. Wenn wir weinen, weil wir eine Situation abschließen, wird daraus ein Neubeginn. Und wenn wir weinen, weil wir uns selbst eingestehen, dass wir etwas nicht mehr schaffen, wird daraus Hingabe. Ein Zeichen oder ein Neubeginn oder Hingabe. Alle drei am Ende gute Dinge.

Warum Winston Winston wurde

★ 10:03 h

Um zu verstehen, warum ich trotz der langen Fahrt, die noch vor mir lag, nicht direkt in Richtung Mull of Kintyre weiterfuhr, sondern von Oxford aus noch einen zweiten Zwischenstopp ansteuerte, muss ich Ihnen kurz von meinem einschneidendsten Erlebnis mit Charlie Richardson erzählen. Denn abgesehen von den Auswirkungen meiner blauen Geburtsstunde, ist Charlie der Hauptgrund, warum bei mir viele Dinge so anders sind.

Ich denke, er hat in meinem Leben einen sogenannten Schmetterlingseffekt ausgelöst, dem zufolge bei einem instabilen Zustand schon der Flügelschlag eines Insekts eine Kettenreaktion anstoßen kann, die in einem Sturm endet. Heute weiß ich, dass man dieses Phänomen in der Systemtheorie Singularität nennt, aber damals war ich erst in der fünften Klasse. Und mein Schmetterling besuchte mich auf dem Nachhauseweg.

Von der Schule aus musste ich etwa zwanzig Minuten durch ein Wohngebiet laufen, in dem die Bürgersteige einen schmalen Weg zwischen geparkten Autos, Alleebäumen und Gartenzäunen bahnten. Auf halbem Weg hörte ich auf der gegenüberliegenden Seite ein herzzerreißendes Weinen. Erst dachte ich, es sei ein Baby, doch dann sah ich die Katze in der Astgabel eines Baums. Ich beschloss nachzusehen, ob sie vielleicht den Weg nach unten nicht fand, also wechselte ich die Straßenseite. Und genau diese Bewegung war der Flügelschlag, der sich auf den Rest meines Lebens auswirken sollte. Ein gravierender Schmetterlingsfehler. Denn ich lief praktisch direkt in die Arme der drei Typen aus der Siebten, die wir schon vom Pausenhof kennen.

Ich sah sie erst, nachdem ich hinter dem Heck eines sperrigen Landrovers mit getönten Scheiben hervorgekommen war. Sie standen nur zwei bis drei Armlängen von mir entfernt auf dem Gehweg. Zu nah, um noch zu entkommen.

»Hey, Buffkopf!«

Charlie Richardson war für mich wie ein giftiger Pilz, auf dem die zwei immer gleichen Fliegen klebten, ganz gleich, wo man ihn findet.

»Wo soll's denn hingehen?«, fragte Charlie Richardson mit seinem dämlichen, schiefen Mobbinggrinsen.

Ich habe ihn neulich gegoogelt, er ist heute Leiter einer Bankfiliale. Die habe ich auch gegoogelt, sie ist klein. So klein, dass es nur zwei Mitarbeiter gibt. Einer davon ist er. Ich weiß nicht, wie man dazu kommt, eine Bank zu leiten, wenn man früher aus purer Lust andere Kinder verprügelt hat. Boxer wäre logisch gewesen oder Leiter eines Abbruchunternehmens. Aber eine Bank? Ben Brower und Asgard Finley, die beiden Fliegen, entdeckte ich später beim Googeln in einer Möbelspedition und als Fahrlehrer.

»Warum so eilig, Buffkopf?«, fragte Charlie Richardson und stellte sich mir in den Weg. Links von mir war der Landrover, rechts der Gartenzaun und hinter mir bauten sich gerade seine beiden Schergen auf.

»Mein Vater wartet dort vorn an der Ecke«, sagte ich und deutete irgendwohin. Da war sie wieder, meine Methode, und ich war schon damals ein so schlechter Lügner, dass jeder es als Methode erkannte.

»Man zeigt nicht mit dem Finger auf andere Leute, Buffkopf«, sagte Charlie Richardson.

Ich hatte damals ziemlich viele Haare und so eine Frisur, die ständig verstrubbelt wirkte, aber eben absichtlich. Meine Mutter fand das irgendwie cool, weil sie es in einem Film gesehen hatte. Im Straßenslang heißt Buffkopf so viel wie Glatzkopf. Wenn das

ein Typ wie Charlie Richardson zu einem Typen wie mir sagte, war es so, als würde man einen Skinhead »Locke« rufen. Man will ihn richtig provozieren. Nur war ich kein Skinhead und konnte mich nicht wehren.

»Was haben wir denn heute so im Ranzen?«, fragte Charlie Richardson, und die beiden Fliegen lachten dämlich, obwohl es gar kein Witz war. Heute weiß ich, dass sie aus Unterwürfigkeit lachten, um ihrem Anführer zu gefallen. Aber damals hatte ich noch nicht Psychologie studiert und dachte, sie würden mich persönlich auslachen.

»Bücher«, sagte ich. »Ich muss mich beeilen, mein Dad wartet, und wenn ich nicht komme, ruft er die Polizei.«

Mir klopfte das Herz bis zum Hals, und ich glaubte, dass alle es sahen und damit meine Lüge erkannten.

Offenbar gibt es ein Standardprogramm fürs Straßenmobbing unter schulpflichtigen Jugendlichen. Es läuft weltweit nahezu identisch ab und ist so einfach gestrickt, dass man eigentlich einen Gähnanfall bekommen müsste, sobald einer damit anfängt. Man könnte jeden Satz und jede Handlung genau voraussagen und dann fragen, ob man nicht bitte gleich die Prügel bekommen könne, weil das Zeit spart. Nur leider ist das keine gute Idee, wenn man selbst das Ziel ist.

»Büüüücher?«, sagte Charlie Richardson. »Dann haben wir hier sogar einen Buffkopfbücherwurm!«

»Dort ist mein Dad!«, rief ich und zeigte noch mal in dieselbe Richtung. Natürlich war er nicht da, aber ich hoffte, sie würden sich umdrehen und dabei die Einkesselung lockern, sodass ich entwischen konnte. Doch offensichtlich war ich hoffnungslos durchschaubar, denn sie zuckten nicht einmal in die Richtung, in die ich deutete.

»Du zeigst ja schon wieder mit dem Finger auf andere«, sagte Charlie Richardson.

Der Finger also. Als Auftakt suchen sie sich immer etwas an dir aus. Deine Frisur, deinen Gang, deinen Ranzen, deine Mütze, die Art, wie du sprichst oder guckst, oder deine Mutter. Ganz egal, es geht nicht um die Sache. Es geht um die Komposition, um den Gesamtablauf, bei dem sich stufenweise bestimmte Gefühle und Machtpositionen entwickeln. Heute weiß ich, dass es ein Überbleibsel der Evolution in unseren Stammhirnen ist und wahrscheinlich deshalb überall so gleich abläuft. Damals hatte ich einfach nur schlotternde Angst.

Nachdem das Thema feststeht, ziehen sie den Ring um dich herum enger, sodass du nicht mehr entwischen kannst und man von außen nicht gut sehen kann, was sie mit dir anstellen. Nach der Aufzählung verschiedener angeblicher Unzulänglichkeiten beginnen die konkreten Forderungen.

»Taschen ausleeren!«, sagte Charlie Richardson.

Sie wollen sehen, ob man Geld dabeihat oder brauchbare Gegenstände wie ein Handy oder eine Uhr. Auch das spielt nicht wirklich eine Rolle, denn auf Dauer werden sie nicht aufhören, nur weil man etwas Wertvolles hergibt. Was sie sehen wollen ist totale Unterwerfung. Wie im Tierreich. Also unterwirft man sich. In der Natur wäre jetzt Schluss, denn es gibt unter Säugetieren ein ungeschriebenes Gesetz zur Erhaltung der eigenen Art: Wenn der Gegner sich unterwirft, lässt man von ihm ab. Das macht die Evolution, damit die Mitglieder einer Art sich nicht gegenseitig auslöschen. Bei Lebewesen wie Charlie Richardson gibt es diesen Schutzinstinkt offenbar nicht, was natürlich die Frage aufwirft, welche Stufe der Evolution wir hier vor uns haben. Das müsste noch erforscht werden, aber mein Projekt wird es nicht.

Als Nächstes kommt der körperliche Übergriff, nach Intensität gestaffelt. Ganz nah herangehen, bedrängen, die Auswege abschneiden. Schubsen, knuffen, schlagen, treten. Die letzten beiden Stufen muss man unbedingt vermeiden, denn es gibt für

gewöhnlich niemanden, der einen von außen rettet, und sie haben keinen Reflex, der ihnen sagt, rechtzeitig aufzuhören.

»Siehst du diesen Finger, Buffkopf?«, fragte Charlie Richardson. Er hielt seinen nach oben gerichteten Mittelfinger vor mein Gesicht.

Hätte ich nur nicht mit dem Finger herumgezeigt, dachte ich und nickte. Ich sah noch, wie Charlie Richardson seinen Mittelfinger einklappte und seine Faust fast gleichzeitig auf mein Gesicht zukam.

Während ich nach hinten fiel, kam für einen Sekundenbruchteil blauer Himmel vor meine Augen, dann ein Stück grüne Baumkrone. Ich dachte noch kurz an die Katze auf dem Baum, dann schlug ich mit dem Hinterkopf auf den gemauerten Pfeiler des Gartenzauns, und ein grellweißer Blitz explodierte in meinem Gehirn. Anschließend warf die Ohnmacht ihre schwarze Decke so schnell über mich, als würde jemand einen Dimmer mit schneller Handbewegung nach links drehen.

Als ich wieder aufwachte, sah ich als Erstes viele Knie, dann ein helles rundes Loch und dann die Schatten von fünf oder sechs Köpfen über mir. Ich lag auf dem Gehsteig, und Leute hatten sich um mich versammelt. Seltsamerweise fasste mich niemand an. Es wäre doch normal gewesen, dass man sich hinabbeugt und etwas an dem Kind macht, das am Boden liegt. Später erfuhr ich, dass ich in einer Blutlache gelegen hatte, die sich aus meinem Hinterkopf ergoss, und dass die Leute Angst gehabt hatten, mich zu bewegen und dabei vielleicht umzubringen.

Irgendwann kam der Krankenwagen, und mit ihm kamen Männer, die sich trauten, mich anzufassen. Ich denke, es dauerte eine gute Viertelstunde, bis sie eine Art Brett unter meinen Körper geschoben hatten, und weitere zehn Minuten, bis sie Kopf und Oberkörper mit aufblasbaren Kissen fixiert hatten. Ich hätte mich gerne erkundigt, warum man mich nicht aufsetzte, mir

eine Cola gab und mich nach Hause fuhr. Aber meine Stimme funktionierte nicht mehr.

Weil ich nicht sprechen konnte und der Arzt natürlich nicht wusste, wer ich war, sprach er mich mit »Junge« an.

»Junge, kannst du meinen Finger sehen?« Er fuchtelte vor meinen Augen herum. Immerhin war es nicht der Mittelfinger.

Ich konnte nicht auf den Finger sehen und starrte stattdessen das Gesicht dahinter mit den zwei strahlend blauen Augen an, die in seltsamem Kontrast zu seinen dunklen Haaren standen.

»Wie viele Finger halte ich hoch, Junge?«

Es waren vier, aber mein Kopf zählte immer nur seine beiden Augen. Eins, zwei. Eins, zwei.

»Okay, Junge. Versuch mal, meinem Finger mit deinen Augen zu folgen.«

Er machte mit seinem Zeigefinger etwas, das aussah wie das Pendel in der Standuhr meiner Großmutter – vor allem, weil er einen goldenen Ring am vierten Finger trug, der in der Sonne blinkte, während er vor meinem Gesicht hin- und herfuhr. Gleichzeitig hörte ich in meinem Kopf den Glockenschlag von Big Ben, ebenfalls aus der Standuhr meiner Großmutter.

Der Arzt hörte mit dem Pendel auf und machte etwas, das außerhalb meines Sichtbereichs lag.

»Okay, spürst du das? Junge, konzentriere dich! Also, spürst du das?«

Es tat verdammt weh, als würde er mir mit einer Nadel in den großen Zeh stechen. Aber ich konnte nichts sagen, weil mein Mund nicht reagierte und mein Körper gelähmt war.

»Und das hier? Spürst du das?«

Die Stiche waren jetzt in meinem Knie.

Jaaa!, schrie alles in mir, aber ich blieb mucksmäuschenstill.

Nachdem mich der Mann mit den blauen Augen genügend gestochen hatte, wurde ich mit dem Krankenwagen in das Staat-

liche Krankenhaus für Neurologie am Queen Square gebracht. Auf den Schulheften in meinem Ranzen stand mein Name und in zwei Büchern war der Stempel der Schule, sodass meine Eltern relativ schnell neben meinem Bett saßen.

»Mein Junge, was hast du denn nur gemacht?«, fragte meine Mutter.

Zum ersten Mal fiel mir auf, dass sie auch dieses unpersönliche Junge-Wort benutzte.

Gar nichts habe ich gemacht, dachte ich in ihre Richtung. *Aber Charlie Richardson aus der Siebten musst du fragen.*

Es dauerte fast eine Woche, bis ich ein paar Wortbrocken sprechen konnte, und als die Polizei Charlie Richardson befragte, hatte er natürlich keine Ahnung von dem Vorfall. Er benannte Ben Brower und Asgard Finley als Zeugen dafür, dass er sich zur Tatzeit in einem anderen Stadtviertel zum Skaten befunden hätte. Ich hingegen hatte keine Zeugen. Mit dem Thema Wahrheit und Gerechtigkeit habe ich während meiner Schulzeit keine guten Erfahrungen gemacht. Vielleicht achtete ich deshalb später so übergenau darauf, dass immer alles ordentlich und wahrheitsgemäß ablief.

Der heftige Schlag auf den Kopf bewirkte in meinem Gehirn eine Art von Katastrophe, die man einem Menschen, der sie noch alle beisammenhat, nur schwer vermitteln kann. Sagen wir mal so: Wenn Sie aus tausend kleinen Bausteinchen ein Schlösschen bauen, blicken Sie am Ende auf Ihr Werk und sehen ein schönes kleines Gebäude. Kommt nun jemand und tritt gegen Ihre Konstruktion, dann fliegen alle Teile in alle Richtungen auseinander. Anschließend liegen irgendwo die Türen, woanders die Fenster und wieder woanders vielleicht Dachschindeln oder Treppenstufen. Es ist alles noch da, Sie erinnern sich auch, was es bedeutet und dass es mal zusammengehört hat. Aber hier und jetzt ist es gerade ein Chaos aus Einzelteilen.

Nach dem Unfall musste mein Verstand die Welt in vieler Hinsicht ganz neu lernen. Es begann damit, dass ich in den ersten Tagen überhaupt nicht mehr zusammenhängend denken konnte. Da waren Bilder, Szenen und Worte in meinem Kopf, aber sie waren nicht automatisch miteinander verbunden. Alles stand für sich allein herum, und es gab keine Aufsichtsperson, die anordnete, wer zusammen in einen Raum gehörte.

Ich versuche mal, es Ihnen zu beschreiben. Was sehen Sie in Ihrem Kopf, wenn ich Ihnen sage, »ein Mann setzt sich an einen Tisch«? Sie sehen eine Szene. Eine kurze Sequenz, in der sich ein Mann auf einen Stuhl setzt (den ich gar nicht erwähnt habe) und damit an den Tisch heranrückt. Vielleicht hören Sie dieses Rücken. Vielleicht sehen Sie sogar Gegenstände auf dem Tisch. Mittagessen zum Beispiel. Vielleicht sehen Sie einen Teil einer Küche oder die Frau des Mannes, die gerade Essen bringt. Vielleicht haben Sie ein Gefühl dafür, ob der Mann die Frau liebt. Oder Sie sehen einen Kamin im Hintergrund, weil Ihr Tisch im Mittelalter in einem Haus armer Menschen steht. Etwas in dieser Art wäre ganz normal, wenn Sie den Satz hören: »Ein Mann setzt sich an einen Tisch.«

Bei mir nicht.

Wenn ich das höre, sehe ich entweder gar nichts vor mir, und ich frage mich, warum Sie das wohl gerade sagen. Oder ich sehe einen Tisch. Und in einem anderen Bild einen Mann. Und in einem dritten Bild einen Mann, der an einem Tisch sitzt. Und ich frage mich, wie ein passender Stuhl wohl aussehen müsste, damit das Bild auch stimmt. Alles in mir beschäftigt sich dann mit dem Design des Stuhls – so lange, bis ich einen gefunden habe, der passt.

Ich könnte nicht beschwören, ob das durch den Unfall ausgelöst wurde oder schon immer so gewesen ist, weil ich mich nicht erinnern kann, wie ich vor dem Unfall gedacht habe. Auf jeden

Fall lernte ich, die Welt mit neuen Augen zu sehen. Mit Augen, die nach Verbindungen suchen, über die andere noch nie nachgedacht haben. Ich blickte auf die Bausteine meiner Realität, als müsste ich sie ganz neu in mir sortieren. Und je mehr ich mich fragte, wie und warum ein A und ein B zusammenhingen, umso fremder fühlte ich mich gegenüber Menschen, die sich das nie fragten. Meine schulischen Leistungen wurden einige Zeit nach dem Unfall deutlich besser als die aller anderen an der Schule, und meine zwischenmenschlichen Fähigkeiten wurden synchron dazu schlechter als die aller anderen.

Nach dem Unfall musste ich einen großen Teil des Sprechens neu lernen. Damals erkannte ich zum ersten Mal, dass unser Gehirn ein wirkliches Wunder ist. Wenn ein Teil der »Festplatte« defekt ist, können die Funktionen oft von anderen Teilen übernommen werden. In der Technik nennt man das ein redundantes System, nur falls Sie sich zufällig für Computer oder Gerätebau interessieren. Mein Kopf war irgendwie redundant, aber er brauchte Zeit dafür.

Logopädie war das nächste Wort, das ich zuvor noch nie gehört hatte, das aber nun täglich vor meinen Augen auftauchte. Drei Straßen entfernt von der Praxis meines Vaters gab es eine Praxis für Sprachheilkunde. Sie wurde von Ophelia Greenspan geführt, die auch so aussah, wie ihr Name klingt. Ich war neuneinhalb und sie in meinen Augen so alt wie der Drachen aus Smaugs Einöde. In den ersten Wochen mit Mrs Greenspan fühlte ich mich wie ein Klavieranfänger, der einzeln und meist falsch auf die Tasten hämmert, bei einem Stück, das normalerweise als wundervoller Melodienbach dahinplätschern sollte.

Ophelia Greenspan blieb zweieinhalb Jahre meine Begleiterin, dann starb sie an einem Kirschkern in der Luftröhre, den sie für eine Sprechübung unter ihre Zunge gelegt hatte – zum Glück nicht in meiner Gegenwart, sonst hätte ich vielleicht vor Schreck

alle Fortschritte auf einen Schlag wieder vergessen. Auf jeden Fall nutzten meine Eltern die Gelegenheit und entschieden, dass ich mit dem Unterricht fertig sei.

Inzwischen waren die drei Jungs von der Straße auf der nächsten Schulstufe und damit in einem anderen Stadtviertel gelandet. Ich konnte, von meinen übelsten Peinigern befreit, die restliche Schulzeit zumindest ohne Prügel absolvieren.

Nach diesem Flügelschlag hatte sich etwas in meinem Leben grundlegend verändert. Es war nicht das Leben selbst, sondern wie ich es in meinem Kopf erlebte.

Neu sprechen zu lernen war nur die Folge von einem viel größeren Schaden, und dieser hatte, so denke ich, mit dem gleichzeitigen Ausfall mehrerer Decks in meinem Gehirnraumschiff zu tun. Die Besatzung der »NCC Winston« musste sich auf den unbeschädigten Decks zusammenrotten und künftig in gemischten Teams ihre Aufgaben verrichten. Das brachte einiges durcheinander. Normalerweise hat zum Beispiel jeder von uns ein Deck, auf dem alle nur fürs Zählen und Rechnen zuständig sind. Man nennt es auch die »quantitative Erfassung der Umwelt«. Die Spezialisten auf diesem Deck arbeiten nur, wenn sie einen Auftrag bekommen.

Wenn Sie zum Beispiel in einen Supermarkt gehen und ein Dutzend Tomaten brauchen, arbeitet das Deck zur quantitativen Erfassung der Umwelt auf Hochtouren und scannt Ihre Umgebung nach Bündeln von roten runden Dingen mit grünem Puschel ab. Nachdem Sie Ihre zwölf gesuchten Tomaten gefunden und eingetütet haben, gehen die Mitarbeiter auf diesem Deck erst mal in die Pause.

Nicht bei mir. Weil die Leute vom kaputten Deck für soziale Angelegenheiten nun auf derselben Etage arbeiten mussten wie die Zahlenfreaks, wurden fortan immer beide Abteilungen aktiviert, sobald ich mit Menschen in Kontakt kam. Zum Beispiel

notiert mein Kopf mit, wie oft der Präsident des Verbandes der Kindertherapeuten von London, John Fowler, beim Abendessen mit uns sein Lieblingswort »goldig« benutzt (33). Oder wie oft er zur Toilette geht (4) oder wie viele Blumen auf seiner Krawatte zu sehen sind (28) oder wie viele Trinkgeldmünzen er auf den Tisch legt (12). Alles, was mir auffällt, wird mengenmäßig erfasst. Das ist nicht lustig, denn es hat keinen Wert und bindet meine Aufmerksamkeit.

Seit dem Unfall hatte sich auch in meiner Gefühlswelt einiges grundlegend verändert. Früher hatte ich vor etwas oder jemandem Angst. Oder ich freute mich über etwas oder ich hatte ein mulmiges Gefühl oder ich fühlte Zeitdruck. Alles, was normale Menschen eben täglich erleben. Seit dem Sturz auf den Zaunpfahl fühlte ich all das zwar immer noch, aber es gehörte mir nicht mehr – als würden Sie einem Jungen zuerst einen Marienkäfer über den Handrücken krabbeln lassen, dann kurz einen Schneeball in die Hand geben und danach einen noch warmen Kaugummi auf die Daumenspitze drücken. Alles nur fünf Sekunden lang, und dann fragen Sie: »Na, wie war das?«

Es ist einfach irgendwie, hat keinen Sinn, und jetzt ist es vorbei. Ich erlebe alle Gefühle als vergänglich. Ich merke, wenn sie anfangen. Ich höre und sehe innerlich zu, was sie gerade in mir tun, und ich beobachte, wie sie sich nach einer Weile wieder aus dem Staub machen. Aber ich selbst habe damit nicht viel zu tun.

Eine Ausnahme ist meine Liebe zu Annie. Sie durchfließt mich, und ich kann nicht zusehen, was sie macht. Sie ist einfach überall in mir.

Die zweite Ausnahme ist eine bestimmte Art von Ärger, die mich so sehr packt, dass ich dann nicht anders kann, als es herauszulassen. Und das war der Grund, warum ich jetzt, auf meiner Fahrt nach Norden, unbedingt noch einen Besuch machen musste.

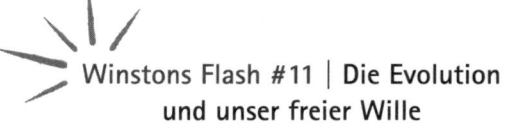

Winstons Flash #11 | Die Evolution und unser freier Wille

In der Natur ist es üblich, dass sich Tiere einander über- und unterordnen. Dieses Recht des Stärkeren sichert unter anderem die Fortentwicklung der Lebewesen, die besonders überlebensfähig sind. Weil Menschen ein Teil der Natur sind, wirkt dieses Gesetz auch in uns. Doch der freie Wille gibt uns die Chance für ein gutes Miteinander, ohne uns gegenseitig wie Tiere zu dominieren. Zumindest in unseren persönlichen Beziehungen.

Es ist also eine gute Idee, darauf zu achten, ob man den anderen gerade über oder unter sich einordnet. Um dann damit aufzuhören.

Was Rache mit einem machen kann

★ 12:08 h

Das mit Charlie Richardson lag so viele Jahre zurück, aber er war mir nie aus dem Kopf gegangen. Und nun lag sein Wohnort auf meinem Weg, und ich war allein und frei und ohne eine Verantwortung für die Zukunft. Da bot sich etwas an, von dem ich noch nicht genau wusste, was es war.

Hatte ich erwähnt, dass er eine winzige Bank in Staffordshire leitet? Genauer gesagt in East Staffordshire. Die Bank liegt in einem Nest namens Tutbury, in der High Street, direkt gegenüber dem einzigen vernünftigen Café des Ortes. Ich mag Google. Charlie wohnt ein paar Straßen weiter, in der Park Lane. Theoretisch könnte er zu Fuß in die Arbeit gehen und dabei schwächeren Leuten den Gehweg versperren, um ihre Köpfe auf Zaunpfähle zu schlagen, falls ihm das noch Spaß macht.

Tutbury war nur ein kleiner Umweg auf der Strecke nach Mull of Kintyre, und ich musste ohnehin mal eine Kaffeepause einlegen. Warum nicht gegenüber von Charlie Richardsons Bank?

Sie befindet sich an einer Kreuzung in einem winzigen, beige getünchten Haus, eingekeilt zwischen einem Antiquitätengeschäft mit rot geklinkerter Fassade und einem scheinbar unbewohnten, grauen Privathaus. Der ganze Ort wirkte bei meiner Ankunft so verlassen wie ein Altenheim zur Ausflugszeit.

Es war kurz nach Mittag. Ich suchte mir im Café einen Tisch am Fenster, bestellte einen Kaffee und ein Sandwich und wartete. Rückblickend habe ich keine Ahnung, warum ich zu keinem Zeitpunkt auf die Idee kam, Charlie Richardson könnte gar nicht auftauchen. Ich war mir so sicher, dass er mittags hier einkehren

würde, als hätte ich ihn per Webcam seit Wochen dabei beobachtet. Man müsste einmal erforschen, ob es sich hier um eine Art Zusatzsinn handelt oder einfach nur um Einbildung oder Unbedachtheit.

Es dauerte etwa eine halbe Stunde, dann kam er. Ich erkannte ihn auf den ersten Blick, obwohl es sechsundzwanzig Jahre her war, er nicht mehr viele Haare hatte und etwa doppelt so viel wog, wie seinem Alter angemessen gewesen wäre.

Charlie Richardson ließ seinen Blick suchend über die Tische schweifen. Als er bei mir angekommen war, nickte ich ihm zu, hob leicht die Hand und lächelte ein wenig. Ich mag das nicht, aber Lächeln ist ein Überlebensreflex, den ich nur schwer abstellen kann, wenn ich unsicher bin. Es war noch ein Tisch neben meinem frei, und er setzte sich. Ich lächelte noch immer. Er nickte mir zu, und ich sah, dass er irritiert war. Er vertiefte sich in die Karte, obwohl er sie ganz sicher auswendig kannte. Ich wusste, dass er überlegte, woher er mein Gesicht kannte.

Ich sagte nichts, sah ihm einfach nur zu und lächelte weiter. Meine persönliche Erfahrung ist, dass man spürt, wenn einen jemand anstarrt, selbst wenn es von hinten kommt – manchmal sogar so deutlich, als würde er uns mit einem unsichtbaren Finger auf die Schulter tippen oder im Genick kitzeln. Dann dreht man sich um, und oft sieht der andere schnell weg. Ich habe das Phänomen eine Zeit lang praktisch untersucht, habe Leute im Restaurant, im Zug, im Auto an roten Kreuzungen oder an Bushaltestellen von hinten und von der Seite angestarrt, bis sie sich umdrehten. Für eine Doktorarbeit reicht es nicht, aber nach meiner persönlichen Statistik ist es kein Zufall, wann jemand darauf reagiert. Ich würde gerne wissen, mit welchem Sinn man diese Blicke spürt.

»Kennen wir uns?«, fragte Charlie Richardson schließlich und sah mich an.

Sie müssen wissen, dass ich mich seit der Schule erheblich verändert habe. Ich trage keine Brille mehr, bin recht groß, auch nicht mehr verstrubbelt, sondern mit ordentlicher, kurzer Frisur. Ich kann verstehen, wenn man mich nicht gleich wiedererkennt.

»Ja«, sagte ich nur.

»Haben Sie vielleicht früher hier gewohnt?«

Ich schüttelte den Kopf.

»Seltsam«, sagte er.

»Geht mir auch oft so«, sagte ich. »Manchmal kann man ein Gesicht einfach nicht einordnen.«

»Ja«, sagte er, und ich merkte, wie er erwartete, dass ich mich vorstellte.

»Und dann sieht man etwas, oder man hört ein Wort, und die gesamte Szene fällt einem wieder ein«, sagte ich stattdessen.

Er schüttelte irritiert den Kopf.

»Es ist, als würde die Erinnerung völlig verstaubt an einem Haken auf dem Speicher hängen«, sagte ich. »Man klopft sie ab, und der Staub der Jahre wirbelt herum wie eine Nebelwolke.« Ich machte eine Handbewegung, als würde ich eine Mücke vor dem Gesicht vertreiben. »Man sieht dann leider noch weniger als zuvor. Bis der Staub sich legt und der Blick klar wird. Und dann fällt einem alles wieder ein.«

Allerneueste Forschungen haben ergeben, dass unser Gehirn nur 0,1 Sekunden benötigt, um in seinen Speicherchips die korrekte Information zu etwas zu finden, das wir vor uns sehen. Das ist exakt so lange, wie es gebraucht hat, um sie abzuspeichern. Aber was, wenn ein Teil von uns ein dunkles Tuch darübergeworfen hat, weil wir uns nicht erinnern wollen? Dann braucht es einfach etwas mehr Zeit, um das Tuch zu entfernen.

Die Kellnerin kam vorbei, und er bestellte ein Mineralwasser und das Nudelgericht des Tages.

»Sind Sie aus der Gegend?«, fragte er.

Ich schüttelte den Kopf.

»Aus London. Schon immer.«

Das schien der entscheidende Hinweis für sein Unterbewusstsein zu sein. Ich spürte förmlich, wie er das Zeitfenster eingrenzte und sich in die Erinnerungen an seine Kindheit in London zurückbohrte. Ich wartete noch einen Moment, bis ich an seinem Gesicht ablesen konnte, dass er mich jeden Moment vor sein inneres Auge bekam.

»Buffkopf«, sagte ich dann.

Er starrte mich an, als hätte ich gerade eine Maske abgenommen und wäre nun Brad Pitt, der darauf wartet, dass seine Frau mit sieben Kindern von der Toilette zurückkommt.

»Blitzgestell«, sagte ich und nickte.

»Oh Scheiße«, sagte er.

Jetzt griffen die 0,1 Sekunden.

»Stimmt«, sagte ich und nickte. Endlich musste ich nicht mehr lächeln.

»Das ist verjährt«, sagte er.

»Für mich nicht«, sagte ich.

Seine Augen huschten im Café herum, als suche er nach Schergen, die ich vielleicht heimlich postiert hatte. Oder nach jemandem, der ihm helfen würde. Aber abgesehen von der Kellnerin und einem Rentner mit Krücken war gerade niemand in der Nähe.

»Was wollen Sie von mir?«, fragte er.

Ich glaubte, ganz kleine Schweißperlen auf seiner Stirn zu erkennen.

»Ich wollte nur mal in Ruhe einen guten Kaffee trinken«, sagte ich. »Und vielleicht nachsehen, was die Zeit mit einem Leben so anstellt.«

»Ich bin ein anständiger Bürger dieses Ortes.«

»Ich weiß«, sagte ich. »Geschieden. Eine Tochter, die gerade

den Führerschein macht. Ein alter Golden Retriever, der vermutlich gerade in Ihrer Bank dort drüben neben dem Schreibtisch schläft.«

Facebook mag ich auch.

Er kramte in seinem Jackett. »Ich rufe die Polizei«, sagte er.

»Tatsächlich«, sagte ich. »Und warum?«

»Sie bedrohen mich.«

»Ich bin allein, trinke meinen Kaffee und versperre niemandem den Weg«, sagte ich. »Bedrohung kenne ich selbst irgendwie anders.«

Ich muss Ihnen gestehen, dass ich lange nicht so cool bin, wie es Charlie Richardson in diesem Moment annehmen musste. Ich hatte vor dem Betreten des Cafés zwei Beruhigungstabletten genommen, ansonsten hätte ich wahrscheinlich bereits vor Stress unter meinem Tisch gelegen.

»Ich gehe jetzt«, sagte er und machte Anstalten aufzustehen.

»Nach dem Sturz auf den Pfosten kam ich ins Krankenhaus«, sagte ich. »Es war ein zerebrales Aneurysma, falls Sie sich das jemals gefragt haben.«

Er hatte sich schon halb vom Stuhl erhoben, aber nun hielt er inne und glotzte mich an.

»Sie verstehen nicht, was das ist, oder?«, fragte ich.

Er schüttelte den Kopf. Ich erinnerte mich, dass er zweimal sitzen geblieben war. In gewisser Weise empfand ich Genugtuung darüber, dass ich mehr wusste als er.

»Ein Blutgefäß im Gehirn platzt«, sagte ich. »Das Blut tritt aus und verbreitet sich im Kopfraum. Falls man es überlebt, was in der Hälfte der Fälle nicht geschieht, sind anschließend Gehirnteile defekt.«

Jetzt bemerkte ich die Angst in seinen Augen. Er starrte mich an wie Lizzie, die furchtsame Schildkröte, deren Augen aus zwei halben Pingpongbällen bestanden.

»Das sorgt zum Beispiel dafür, dass man ein seltsamer Mensch wird, der vielleicht seltsame Dinge tut«, fuhr ich fort.

Er hatte sich so vorsichtig zurück auf seinen Stuhl gesetzt, als hätte ich ihn gerade gewarnt, dass er auf einer Tretmine stünde. Ich muss zugeben, dass ich es ein ganz klein wenig genoss, sein Hannibal Lecter zu sein. Er hatte Angst, und ich war der Grund dafür. Ich spürte ein Gefühl unendlicher Macht in mir aufsteigen. Die Psyche des anderen, so leicht durchschaubar wie der Sinn eines Bierfilzes, wurde zu einem Spielball, den ich in jede beliebige Richtung kicken konnte. Als mir das auffiel, dachte ich, dass sich Charlie Richardson genauso gefühlt haben musste, als er mich all die Jahre mobbte. Ich war voller Angst gewesen, ohne Gegenmittel, vollkommen durchschaubar, lenkbar wie eine Spielzeugdrohne.

Nichts anderes als das Gefühl von Macht war der Antrieb, mit anderen Menschen so umzugehen. Die Macht genügte sich selbst, sie war wie ein eigenes Lebewesen, das nichts anderes wollte als eine lebendige Situation, um existieren zu können. Deshalb können die Opfer die Situation auch nicht beenden, weil sie damit auch die Macht beenden würden. Deshalb endet Mobbing fast immer mit einer Drohung für die Zukunft – damit die Situation weiter existiert und die Macht in ihr weiterleben kann. Aus dieser Macht über andere erwächst als Nächstes das Gefühl, selbst eine überlegene Lebensform zu sein. Und je mehr sich das Opfer windet, umso mehr Verachtung dafür kommt auf, dass jemand so schwach sein kann.

Erst jetzt, da ich es selbst aus der anderen Perspektive erlebte, verstand ich es wirklich. Doch diese Wut und diese Verachtung der Schwäche des anderen im ganzen Körper zu fühlen war der reine Alptraum. Die widerlichen Gefühle tanzten in mir, drehten sich, formten einen saugenden Strudel, der all meine Werte und guten Eigenschaften verschlingen wollte. In den wenigen Minu-

ten hier am Tisch war eine Situation entstanden, aus der ich fast nicht mehr herauskam – als hätte ich plötzlich den Zaubermantel eines Psychopathen an, der mich dazu zwang, mit Charlie Richardson ein wenig zu »spieeeelen«.

Ich wusste, dass ich es sofort beenden musste.

»Winston Flash«, sagte ich und lächelte wieder. »Und ich möchte nichts Böses. Ich suche nur nach Frieden.«

»Ich doch auch«, sagte Charlie Richardson und sank ganz in seinen Stuhl zurück. »Und ich verspreche Ihnen, dass das die Wahrheit ist.«

Er holte ein Taschentuch hervor und putzte sich die Nase. Eine Stimme in meinem Kopf sagte, dass man das eine Ersatzhandlung nennt. Es ist wirklich schwer mit diesen ständigen Kommentaren.

»Es war schlimm für mich«, sagte ich.

»Das kann ich mir vorstellen«, sagte er. »Oder vielleicht auch nicht, weil es mir nicht passiert ist, sondern Ihnen.«

»Ich habe mich mein Leben lang gefragt, warum Charlie Richardson das alles mit mir gemacht hat«, sagte ich. »Es hat mir einfach keine Ruhe gelassen.«

»Es tut mir wirklich unendlich leid«, sagte er. »Kann ich irgendetwas tun?«

»Ja. Sie könnten mir erklären, was in dem Charlie Richardson von damals vorgegangen ist, damit der Winston Flash von damals es verstehen kann.«

»Das ist eine schwere Frage«, sagte er.

Ich weiß, warum es nicht leicht für ihn war. Weil ich gerade einen Schlüssel in eine Tür in seinem Keller gesteckt hatte, die er nie mehr hatte öffnen wollen.

»Sie müssten nur zurückdenken«, sagte ich.

Er sah bleich aus. Die Kellnerin brachte das Wasser und musterte ihn ein wenig besorgt. Er machte eine Handbewegung, die

bedeutete, dass alles in Ordnung war, schenkte sich ein und nahm einen großen Schluck.

»Ich erinnere mich nicht daran, warum ich es getan habe und was ich dabei gespürt habe«, sagte er. »Hören Sie, können wir die Sache nicht einfach vergessen, und ich gebe uns ein Bier aus?«

»Die Dinge, die man tut, setzen oft eine Kette von Ereignissen in Gang, die man nicht absehen kann«, sagte ich und drehte damit den Schlüssel zu seiner Türe ganz um. So einfach wollte ich ihn nicht loslassen. Aber quälen wollte ich ihn auch nicht.

»Wie meinen Sie das?«

»Wäre ich nicht auf den Zaunpfosten gestürzt, hätte ich kein Aneurysma bekommen«, sagte ich. »Mein Gehirn hätte sich normal entwickelt, und ich hätte vielleicht niemals Psychologie studiert in der Hoffnung, mein kaputtes Gehirn besser zu verstehen. Ich hätte keine Cartoons als Hilfsmittel für meine Lernarbeit gezeichnet und damit hätte mich der wertvollste Mensch in meinem Leben vielleicht nie angesprochen.«

Er starrte abwechselnd mich und die Kaffeetasse vor mir an.

»Dann haben Sie aus Ihrer Sicht etwas Gutes daran gefunden?«, fragte er schließlich.

»Nein«, sagte ich. »Nur ein Rätsel, das ich noch erforsche. Aber ich habe nicht mehr viel Zeit dafür.«

»Warum?«

»Weil ich eine Wucherung in meinem Gehirn habe, die mich in den nächsten Tagen umbringen wird. Und die ist vielleicht ebenfalls eine späte Folge des Aneurysmas. Insofern habe ich keine Entscheidung darüber getroffen, ob ich etwas Gutes daran finde, dass Sie mich niedergeschlagen haben.«

»Das darf nicht wahr sein!«, sagte er.

Ich schenkte mir Kaffee aus der kleinen Kanne nach, gab einen Löffel Zucker hinein und rührte um.

»Dinge geschehen und lösen weitere Dinge aus«, sagte ich.

»Und diese wieder weitere Dinge. Ich habe während der ganzen Jahre darüber nachgedacht, wie das alles zusammenhängt, weil mein Kopf niemals mit etwas aufhört, bis er es verstanden hat.«

»Und?«

»Und nun sitze ich hier, weil ich dachte, Sie hätten meine Antwort.«

»Ich denke, ich hätte wohl auch mehr nachdenken sollen«, sagte er leise.

Ich sah Charlie Richardson an, dass er irgendwo ausgestiegen war und gerade seinen eigenen inneren Alptraum durchlebte.

»Was machen wir jetzt?«, fragte er nur.

»Ich habe keine Ahnung«, sagte ich. »Aber ich dachte: Angenommen, ich hätte den brillantesten Verstand der Welt und würde herausfinden, dass Charlie Richardson der wahre Verursacher für das Schlechte ist, das mir gerade widerfährt, was wäre dann die Folge?«

Er schüttelte nur langsam den Kopf, und ich glaube, er fing gerade an, mich doch für verrückt zu halten.

»Die Folge wäre, dass ich mich als konsequenter Mensch fragen müsste, wer daran schuld ist, dass Charlie Richardson im Alter von zwölf ein solcher Junge geworden ist. Ich würde mich fragen, wer nicht verhindert hat, dass er ungestraft diese Dinge tun konnte.« Ich hörte mit dem Umrühren auf und legte den Löffel so vorsichtig auf die Untertasse, als hätte sie einen Erschütterungsmelder und könnte explodieren.

»Das alles habe ich mich wieder und wieder gefragt. Und plötzlich hatte ich meine Antwort«, sagte ich.

Charlie Richardson musste aufstoßen, und ich sah, wie er es zurückdrängte.

»Die Antwort lautet, dass ich niemals einen einzigen völlig wahren Anfang finden werde, weil alles im Leben endlos miteinander verwoben ist.«

»Das ist gut«, sagte er sichtlich erleichtert.

Ich nickte.

»Das war viel Arbeit«, sagte ich.

»Darf ich Sie jetzt auf ein Bier einladen?«, fragte er.

»Lieber einen Eiskaffee«, sagte ich und machte eine Handbewegung zu dem freien Stuhl an meinem Tisch. »Ich muss noch fahren.«

Wir sprachen noch eine ganze Weile, und ich erfuhr, dass es auch für Charlie Richardsons Verhalten gute Gründe gegeben hatte. Natürlich. Die ganze familiäre Kette, die dafür verantwortlich ist, warum Kinder tun, was sie eben tun, war mir aus dem Studium und aus meiner Arbeit mit den Kleinen bekannt. Also wunderte es mich nicht zu erfahren, dass Charlie Richardsons Vater wegen Gewalt gegen seine Frau im Gefängnis gesessen hatte. Irgendwie war es dann doch eine Leistung, dass Charlie heute eine Bank leitete.

Nicht, dass ich ihn durch diese Erkenntnis plötzlich gemocht hätte, aber immerhin konnte ich mich nun von ihm verabschieden, wie es sich für erwachsene Männer gehört. Mit einem Händedruck auf Augenhöhe und der Gewissheit, dass alles gesagt war. Und in meinem Fall mit dem Wissen, dass man sich das letzte Mal im Leben gesehen hatte.

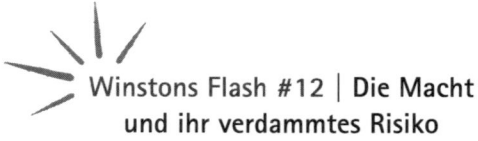

Winstons Flash #12 | Die Macht und ihr verdammtes Risiko

Macht ist eine große Versuchung. Solange man sie nicht hat, kann man leicht sagen: für mich aber nicht. Doch sie hat einen eigenen Willen, der sich erst dann aktiviert, wenn man die Macht plötzlich bekommt. Diesem Willen nicht zu verfallen, ist eine große Leistung.

In Beziehungen muss man ganz besonders darauf achten, dass die Macht nicht aktiv wird. Am besten, indem man sich gegen ihre Ausübung entscheidet, sobald man sie in sich spürt. Ein deutliches Zeichen ist, wenn man sich überlegen fühlt und beginnt, das auszuspielen.

Was man für die Liebe tun muss

★ 13:52 h

Um kurz vor zwei saß ich wieder im Auto, auf dem Weg nach Norden. Sie könnten fragen, was mir das alles gebracht hat, und ich würde Ihnen antworten: Es war ganz einfach erlösend. Ich hatte etwas Großartiges erlebt. Ganz anders, als ich es mir ausgedacht hatte, aber unglaublich befreiend. Ich saß hinter dem Steuer und lachte und lachte. Es hörte erst auf, als ich Manchester passierte.

Von dort aus ging es nach Norden, vorbei an Carlisle und Glasgow, bis nach Campbeltown, meinem Ziel auf Mull of Kintyre. Alles in allem knapp sieben Stunden – eine wertvolle Zeit zum Nachdenken, wenn man gerade an seinem Lebensende angekommen ist. Seltsam, dass man sich dabei an die schönsten Dinge zuerst erinnert. Vielleicht, weil man so sehr bedauert, jetzt gehen zu müssen, und weil der Kopf ein Resümee zieht, was genau man eigentlich gerade verliert. Oder weil das Unterbewusstsein die Hoffnung hat, dass – wenn man wirklich tolle Dinge fände und dafür sehr dankbar wäre – es eine vaterähnliche Macht gäbe, die sagt: »Na gut, Winston, wenn das Leben dermaßen schön und wichtig für dich ist, dann darfst du noch etwas bleiben.«

Aber alles, was mit Religion zu tun hat, liegt mir so fern, dass ich lange Zeit dachte, ich wäre ein Atheist. Doch das stimmt nicht, denn die meisten Atheisten haben einen festen Glauben. Sie wissen haarklein, was sie strikt ablehnen, sind sich dessen sicher und innerlich damit in Frieden. Diesen Zustand hätte ich auch gerne. Ich habe es mit verschiedenen Formen des Atheis-

mus probiert, doch bei mir klappt es nicht. Deshalb musste ich meine eigene, für andere vielleicht merkwürdige Weltanschauung entwickeln.

Im Moment hörte ich den Reifen von Annies Auto dabei zu, wie sie gleichmäßig über den Asphalt der Fahrbahn summten, und ich erinnerte mich an die wertvollsten Szenen aus meinem Leben, das in den kommenden Stunden bis Tagen enden würde.

Annie und ich waren verheiratet und nach Notting Hill gezogen, Annie war eine graduierte Lehrerin für Geschichte und englische Literatur und ich ein promovierter Psychologe mit eigener Praxis im Erdgeschoss unseres Hauses. Auch wenn ich einiges anders gemacht hatte, ähnelte mein Leben dennoch in vieler Hinsicht dem meines Vaters. Und mein Vater war an einem Gehirnschlag gestorben, während er einem Mittfünfziger bei dessen abstruser Traumgeschichte über Sex mit drei Partnerinnen zuhören musste, von denen keine seine aktuelle Ehefrau war.

Ich sage Ihnen: Falls Sie jemand sind, der von klein auf alles analysiert hat, dann werden Sie später bloß kein Psychologe! Ich weiß, das wäre naheliegend, und man soll ja das tun, was man ohnehin gut kann, aber nach fünf Jahren in der Mangel eines Psychologiestudiums sind Sie in Ihrem Kopf ständig Ihr eigener Patient und Therapeut zugleich. Und jeder andere Mensch vor Ihren Augen ist entweder ein Studienobjekt, dem Sie innerlich erkenntnisgeschwängert zunicken, oder ein zu lösendes Problem, vor dem Sie die Stirn runzeln.

Sie sind wie ein Hautarzt, der in jedem Gesicht die Flecken sieht, oder ein Zahnarzt, der bei jedem Lächeln über die Möglichkeit von Veneers nachdenkt. Daran kann man sich vielleicht gewöhnen, oder man lernt, absichtlich wegzusehen. Psychologen hingegen haben es echt schwer, denn sie sehen nicht nur mit ihren Augen nach draußen, sondern mit ihrem eigenen Gehirn in andere Gehirne. Eine Qual, die man fast nicht abstellen

kann. Es läuft ungefähr so ab: *Ich weiß, warum sie jetzt dies tut, und ich weiß, warum ich jetzt das denke. Wenn ich nun mein Verhalten A verstärke, wird dafür ihr Trauma B beruhigt* ... Der ganze Wust von psychologischen Zusammenhängen im Kopf kann zu einem schwerwiegenden Problem für die Liebe werden.

Ich fragte einmal Jonathan F. Winterbottom, einen der ältesten Professoren, die jemals in Oxford Psychologie gelehrt haben, kurz vor seiner Pensionierung, auf was man achten solle, wenn man eine lange, erfüllende Beziehung haben möchte. Er dachte ungefähr zwei Sekunden nach, dann sagte er:

»Lasst zwischen euch einfach alles weg, was nicht Liebe ist. Das genügt.«

Ich fand das damals seltsam, erstens, weil es so kurz war, und zweitens, weil ich mir nicht vorstellen konnte, wie man durch Weglassen ein Ziel erreichen kann. Heute weiß ich, dass Liebe genau andersherum funktioniert als das restliche Leben. Wenn man sie herbeiführen oder festhalten will, zerrinnt sie wie trockener Sand zwischen den Fingern. Wenn man aufhört, sie zu wollen, kommt sie zurück. Aber nur, wenn sie es will. Liebe verhält sich genau so widersinnig wie die Lichtteilchen in der Quantenphysik. Je genauer man sie untersuchen will, desto weniger lässt sie sich festlegen.

Die Liebe können wir also nicht beeinflussen – aber lieblose Handlungen schon. Deshalb ist es in meinen Augen gut, möglichst viel über die Nichtliebe zu wissen. Denn je genauer wir ihre Tricks durchschauen, desto besser können wir Professor Winterbottom folgen und sie weglassen.

Die Liebe wäre ein tolles Thema für meine Doktorarbeit gewesen, aber bei meiner Veranlagung wäre ich wohl nie damit fertig geworden, und ich wollte doch mit Annie unser Leben beginnen.

Knockruan Loch

Kurz nach zehn Uhr abends erreichte ich Campbeltown auf der Landzunge Mull of Kintyre. Seit meiner Abfahrt von zu Hause waren vierzehn Stunden verstrichen, und damit hatte meine Planung einwandfrei funktioniert.

Die Sonne war seit einer guten Stunde untergegangen, aber im August verschwand hier das letzte Licht der Dämmerung erst gegen Mitternacht. Ich mochte diese Lichtstimmung, in der man die Konturen der Häuser noch gut sehen konnte, während drinnen schon die Lichter brannten.

Ich hatte ein Zimmer im Craigard House Hotel, direkt neben dem bekannten Kintyre-Wanderweg reserviert. Nach dem Einchecken brachte ich mein Gepäck nach oben und wollte eigentlich zu Bett gehen. Doch ich war noch nicht müde, der Tag hatte mich aufgewühlt. Ich erinnerte mich wieder daran, dass meine verbleibende Lebenszeit inzwischen vielleicht schon in Stunden gerechnet werden konnte und dass ich einfach nicht genügend davon übrig hatte, um mich schlafsuchend herumzuwälzen.

Ich war gekommen, um etwas Romantisches zu tun, vielleicht sogar zum ersten Mal in meinem Leben, selbst wenn es eigentlich zu spät dafür war. Mein Plan war, morgen ans Meer zum Leuchtturm von Mull of Kintyre zu fahren, um dort ein paar Muscheln zu sammeln und sie in einem schönen Glas mit nach Hause zu bringen. Annie hatte das gerne gemacht, und ich hatte es immer als sinnlos empfunden. Die Dinger lagen nur herum, und nach einem Jahr warf man sie ohnehin weg. Genauer gesagt, warf ich sie heimlich weg. Aber wenn Annie es so geliebt

hatte, musste Muschelsammeln ein Geheimnis bergen, das ich nicht verstand. Ich wollte ein Zeichen setzen, dass mich das interessierte. Vielleicht würde ich nebenbei auch noch etwas über Annie entdecken oder über Muscheln, und ich könnte am Ende meiner Tage noch etwas Großartiges verstehen.

Auf dem Tisch neben dem Fenster lag eine Hotelmappe und darauf lagen zwei Postkarten. Eine zeigte eine lilarote Abendstimmung an einem spiegelglatten See. Ein Bild, das so perfekt schön war, dass es die Grenze zum Kitsch schon wieder hinter sich gelassen hatte. Ich sah auf der Rückseite nach. Der kleine See trug den Namen Knockruan Loch, und er war nur ein paar Minuten entfernt.

Ich sah aus dem Fenster. Es war Vollmond, klarer Himmel und noch so hell, dass ich die entfernte Hügelkette deutlich sehen konnte. Ich überlegte, dass ein kleiner See in einer lauen Augustnacht als erste Entdeckungsstufe zum Geheimnis der Romantik ein guter Anfang wäre. Ich packte das Brot, das Stück Käse und die Pappbecher, die ich an einer Tankstelle gekauft hatte, mitsamt der Plastiktüte in meinen Tagesrucksack. Dazu die Flasche Rotwein von der Sorte, die Annie und ich besonders geliebt hatten, abgefüllt im Jahr unserer Hochzeit. Wir hatten damals einige Dutzend davon gekauft, und dies hier war die vorletzte. Die letzte lag noch in unserem Keller – für ein Ereignis, auf das ich seit fünf Jahren hoffte, das aber wahrscheinlich nie mehr eintreten würde.

Annies Peugeot war noch warm, als ich mich wieder ans Steuer setzte, und dennoch fühlte es sich an, als würde ich gerade zu einer ganz neuen Reise aufbrechen. Ich ließ das Hotel hinter mir und folgte der Straße stadtauswärts in Richtung Norden. Die Orte in dieser Gegend gehen abrupt in unbebaute Landschaft über, und schon bald schaukelte der Wagen über die geflickten Schlaglöcher einer schmalen Teerbahn durch die hü-

gelige Landschaft. Es war kurz nach halb elf, und so spät war hier draußen keiner mehr unterwegs. Ich fühlte mich bereits jetzt wie am Ende der Welt.

Nach ein paar weiteren Minuten erklomm die Straße einen Hügel und gab den Blick auf den See frei. Knockruan Loch lag als silbrig schimmernde Wasserfläche in einer Art Senke zwischen Feldern und Wiesen. Am nördlichen Ufer war eine steile, bis zu zwanzig Meter hohe Böschung, im Süden hingegen war alles flach, sogar mit einem kleinen Kiesstrand. Um den See herum führte eine schmale, unbefestigte Straße, die, wie es aussah, nur landwirtschaftlich genutzt wurde. Die Zufahrt war mit einer hölzernen Schranke versperrt. Ich hatte auf der Herfahrt weder Lichter von Häusern noch Autos gesehen und durfte annehmen, hier niemanden zu stören. Also umfuhr ich die Schranke und folgte der Straße so lange, bis das Ufer flach wurde.

Als ich ungefähr die Stelle erreicht hatte, an der die Postkartenaufnahme entstanden sein musste, parkte ich den Wagen ein paar Schritte vom Wasser entfernt. Inzwischen war auch das Restlicht der Dämmerung nahezu verschwunden, aber es war August und noch warm genug, um mit einem Pappbecher in der Hand eine Weile am Ufer zu sitzen.

Ich breitete unsere alte Picknickdecke aus, verteilte den Inhalt meines Rucksacks darauf und stellte fest, dass ich weder einen Korkenzieher dabeihatte noch ein Messer für den Käse. Ganz schlechte Planung. So etwas passierte mir normalerweise nie.

Wie bekommt man ohne Werkzeug einen Korken aus einer Weinflasche? Rätsel zu lösen hatte mir schon immer ein Gefühl von Sinn gegeben, und über dieses Problem hatte ich etwas gelesen. Man stellt die Flasche in einen Schuh und klopft dann ein paar Mal kräftig mit dem so geschützten Boden gegen eine Wand. Also zog ich meinen linken Schuh aus. Ein Detail, das sich in Kürze als größter Fehler meines Lebens herausstellen

sollte. Eine Wand hatte ich nicht, aber ein herumliegender Felsbrocken tat es auch. Bei jedem Klopfen trieb es den Korken ein Stück weiter heraus. Nach vier Schlägen stand er weit genug hervor, sodass ich ihn greifen und endgültig herausziehen konnte. Ein weiterer Fehler, der sich gleich zum ersten fügen sollte.

Ich füllte einen Pappbecher auf, brach ein Stück Brot ab und biss in eine Ecke des Käses. Ein paar Schritte hinter meinem Rücken parkte der Peugeot. Rotwein, Käse, Baguette, Peugeot. Als mir die Verbindung auffiel, saß ich plötzlich in einer französischen Miniwelt. Mitten in Schottland. Ich fragte mich, ob man vielleicht immer in einer Art Miniwelt innerhalb einer großen Welt lebte. Eine Wohnung, der Innenraum eines Wagens, das Eintauchen in ein Buch oder in ein Computerspiel, das Versinken in einem Musikstück, das Leben in einer festen Partnerschaft. Alles selbst gewählte Miniwelten. Irgendwie ein schöner Gedanke, dass man sich durch die ganz individuelle Zusammenstellung von Realität sein Leben erschaffen konnte.

Während ich kaute und zwischendurch immer wieder einen Schluck Wein nahm, konzentrierte ich mich wieder auf den See. Ab und zu kam eine sanfte Brise, gerade genug, um die Wasseroberfläche zu kräuseln. Dann brach sich das Mondlicht darin und erzeugte die Illusion, dass einem unzählige kleine Kristallwesen, wie die Lichter von Seelen, aus der Tiefe des Sees entgegenblinkten. Ein paar Sekunden lang versank ich fasziniert und vollkommen gedankenleer in der reinen Betrachtung. Dann startete mein Kopf die Überlegungen zur Beschaffenheit des Mondlichtes. 4100 Kelvin und damit ein Drittel kühler wirkend als die 5500 Kelvin der Sonne. Fast eine halbe Million Mal dunkler als die Sonne, aber tausend Mal heller als die Venus ...

Und sofort spürte ich die altbekannte Wut auf mich selbst hochsteigen. Wie immer zerstörte mein Verstand mit seinem nutzlosen Geplapper die ganze Magie dieses einzigartigen Mo-

ments. Ich dachte, dass es kein Wunder war, dass jemand mit so einem schizophrenen Gehirn wie meinem am Ende allein dasaß. Immer nur nachdenken und nachdenken und nachdenken. Wie ein kaputter Wasserhahn, der eine Wohnung überschwemmt und einfach nicht aufhört, ganz gleich, wie sehr man versucht, ihn abzustellen. Selbst in den schönsten Momenten meines Lebens hatte er mich gezwungen, darüber nachzudenken, was hier gerade los war. Deshalb mochte ich den Rotwein in letzter Zeit mehr als früher – weil er das dumme Gerede ein wenig abstellte.

Ich weiß nicht genau, wie lange ich an diesem Seeufer gesessen habe. Auf jeden Fall war es eine Flasche lang. Als sie leer war und der Käse und das Brot verzehrt, stand ich vor der Wahl, mich einfach zur Seite fallen zu lassen und einzuschlafen – das wäre die kälteste Entscheidung. Oder mich ins Auto zu setzen und dort zu schlafen – das wäre die sicherste Entscheidung. Oder mich ins Auto zu setzen und ins Hotel zu fahren – das war die dümmste Entscheidung.

Ich stand auf, schlug die Decke mitsamt allen Utensilien zu einem Knäuel zusammen und griff mir meinen linken Schuh. Zum krönenden Abschluss des Tages legte ich den Kopf in den Nacken, drehte mich langsam im Kreis und wunderte mich wie schon unzählige Male seit meiner Kindheit über die Pracht der Milchstraße und darüber, dass Sterne Linien in den Augen erzeugen, wenn man den Kopf schnell genug bewegt. Nach einer Umdrehung brach ich ab, damit mein Verstand nicht anfangen konnte, mir Daten über das Weltall zu liefern.

Scheiß auf die Sterne, dachte die Rotweinstimme in meinem Kopf.

Dann stieg ich ein.

Star Wars

Sie können mir ein beliebiges Datum nennen und ich sage Ihnen nach etwa zwei Sekunden den Wochentag dazu. Mit »beliebig« meine ich jedes Datum seit der offiziellen Geburt von Jesus, auch wenn das sehr wahrscheinlich nicht das Datum seiner wirklichen Geburt ist. Der historische Jesus von Nazareth wurde mindestens zwei Jahre vor dem biblischen Jesus Christus geboren, was ich ziemlich unlogisch finde, weil es dieselbe Person ist und man nicht vor sich selbst geboren werden kann. Aber so ist eben die moderne Forschung, und man muss den Starttag unseres Kalenders als symbolisch ansehen. Übrigens ist der erste Januar im Jahre eins nach dem damals geltenden julianischen Kalender ein Samstag.

Würden Sie mich fragen, auf welchen Wochentag die Geburt von Voltaire fiel, wüsste ich gleich darauf, dass es nach dem heute geltenden gregorianischen Kalender ein Sonntag war. Oder der Geburtstag von Leonardo da Vinci am 15.4.1452 ein Donnerstag oder der Todestag von Abraham Lincoln am 15.4.1865 ein Samstag oder der von John F. Kennedy am 22.11.1963 ein Freitag. Oder mein Geburtstag ein Sonntag oder der von Annie ebenfalls ein Sonntag. Ich habe das nicht geübt, um es vorzuführen. Mein Kopf macht es einfach so. Vielleicht, weil ich Bilder, Muster und Zusammenhänge sehe, wo andere nichts sehen, und sich mir das oft als Zahlen zeigt.

Die Formel, um so etwas zu berechnen, nennt sich Gauß'sche Wochentagsformel, und sie ist irrsinnig kompliziert – weshalb mein Kopf sie nicht benutzt. Wenn Sie mir ein Datum nennen, sehe ich den Kalender des betreffenden Jahres wie ein Muster

vor mir und lese daraus den Tag ab. Ganz ähnlich ist es mit den Zeiträumen zwischen zwei Daten.

Zehn Jahre, elf Monate, vier Tage. So lange war ich mit Annie zusammen gewesen, gerechnet von dem Abend an, als wir zum ersten Mal in Annies Elternhaus in Newcastle Liebe gemacht hatten, bis zu dem Abend in London, um den es jetzt geht. Seit unserer ersten Begegnung in der Vorlesung gerechnet waren sogar elf Jahre, neun Monate und drei Wochen vergangen. Das sind 4312 Tage oder mehr als sechs Millionen Minuten. Und es gab keine einzige Minute, in der ich sie nicht liebte. Ist das nicht unglaublich? Mir ab und zu vor Augen zu rufen, wie die Zeit vergeht, erinnert mich daran, wie kostbar ein Tag, eine Woche oder ein Jahr sind.

Was mit Annie am Abend des letzten Tages nach dieser Zeitspanne von 4312 Tagen geschah, nannte ich für mich vom ersten Moment an immer nur »das Ereignis«. Etwas, das geschehen ist. Als wäre es eine mechanische Angelegenheit. Das war natürlich ein Trick meines Unterbewusstseins, um die emotionalen Folgen von dem eigentlichen Vorfall abzukoppeln. Ich wusste das genau, war aber dennoch nicht in der Lage, daran etwas zu ändern. Ich kann jeden verstehen, der etwas verdrängt.

»Das Ereignis« war an jenem besagten Abend geschehen, und das Leben ging weiter. Die Ereignisse auf der Welt interessieren sich nicht dafür, was wir Menschen von ihnen halten. Ereignisse sind wie eine verschworene Sekte, die irgendwo im Himmel zu Hause ist oder in der Hölle, je nachdem. Sie schirmen sich ab wie eine zigarrenqualmende Mörderbande im Keller eines Casinos, bleiben unter sich und lassen niemals Fremde herein. Nur wenn eines von ihnen wie aus dem Nichts auftaucht, seinen Job erledigt und sofort wieder verschwindet, fällt uns auf, dass es diese Ereignisse gibt. Sie sind stumm, gefühllos, gnadenlos und nehmen nur Kontakt zu uns auf, wenn sie zuschlagen. Sie fragen

nicht, ob uns gefällt, was sie als Nächstes tun werden. Sie kündigen sich selten ordentlich an und nehmen keinen Funken Rücksicht darauf, ob wir gerade Zeit für sie haben oder genug Kraft, um mit ihnen umzugehen.

An dem Abend, um den es geht, waren wir gerade in Annies kleinen Peugeot gestiegen, weil wir an diesem letzten Julitag ins Kino fahren wollten. Sie saß am Steuer und ich auf dem Beifahrersitz. Ich hatte schlechte Laune – etwas, das nicht allzu oft vorkommt, aber manchmal eben schon, und dann ist es ganz egal, was ich versuche, sie verschwindet einfach nicht. In diesem Zustand sage ich vielleicht Dinge, die ich gar nicht sagen möchte, und ab und zu klingt es so, als würde es sich gegen Annie richten. Doch das ist völliger Unsinn, denn ich liebe Annie, und ich will nichts gegen sie richten.

Ich habe das Rätsel, warum eine schlechte Laune sich am Ende auf einen unbeteiligten Menschen entlädt, noch nicht bis zum Ende gelöst. Ich weiß nur, dass es unlogisch und ungerecht ist. Und leider manchmal unkontrollierbar. Zum Glück gibt es das Reparaturwerkzeug der Entschuldigung, das aber nur gut funktioniert, wenn der andere ebenfalls über das Unlogikgesetz der schlechten Laune Bescheid weiß. Oder wenn er ein großes Herz hat.

»Wer hat dich denn heute so geärgert?«, fragte Annie, die immer ein großes Herz hatte.

»Niemand«, sagte ich.

Das ist ein weiterer Bestandteil der schlechten Laune. Wenn man darauf angesprochen wird, antwortet man nicht wahrheitsgemäß. Stattdessen übernimmt die schlechte Laune das Ruder und sagt: *Lass mich bloß in Ruhe.*

»Hat es mit mir zu tun?«, fragte Annie. Das machte sie immer als Erstes.

»Nein. Dich liebe ich«, sagte ich.

Das war die Wahrheit. Ich hatte schlechte Laune, weil ich an diesem Tag keine einzige gute Seite in meinem neuen Buch zustande gebracht hatte. So ein Tag fühlte sich immer wie verschwendete Lebenszeit an, und Verschwendung von wertvollen Sachen macht mich oft ärgerlich.

»In Ordnung«, sagte Annie und steckte den Zündschlüssel ins Schloss. »Aber falls es wegen deines Buchs ist, solltest du es jetzt am Schreibtisch zurücklassen, sonst macht es uns einen schönen Abend kaputt. Und das wäre nicht richtig.«

Habe ich schon erwähnt, dass Annie eine Art Laserpointer auf dem Flipchart der Wahrheit war? Sie sagte einen Satz, und der kleine rote Punkt leuchtete exakt in der Mitte des wirklichen Themas.

Sie startete den Wagen. Ich bin einer der schlechtesten Beifahrer der Welt – immer was zu meckern, immer ein »Achtung« auf den Lippen, immer irgendwie froh, wenn es vorbei ist. Keine Ahnung, warum das so ist, vielleicht weil ich so ungern die Kontrolle abgebe. Aber Annie zuliebe hatte ich gelernt, mich zusammenzureißen. Ihr Fahrstil war gut, es gab nichts zu meckern, und dennoch war es immer wieder eine Lernaufgabe für mich, untätig daneben zu sitzen.

Annie liebte die Plüschausgaben von Henry, Lizzie und Professor Baldwin und hatte sie mit einem extra gekauften Haltebügel nebeneinander am Armaturenbrett festgeklemmt. Wir fuhren also los, die drei starrten mich an, und ich starrte zurück. Annie hatte immer versucht, mir den Groll über die verlorenen Rechte an dem Trio zu nehmen und mich mit ihnen zu versöhnen. Sie war wirklich ein Schatz, und ich war ein mieser Negativling, sobald ich etwas auf meiner roten Liste hatte.

»Sieh mal, das sind deine«, sagte sie an jenem Abend wieder und deutete auf die drei bunten Gestalten. Die Figuren waren süß gemacht, aber ich konnte sie nie in Frieden ansehen, weil

ich dabei immer an den Vertrag denken musste, mit dem ich sie verkauft hatte. Wie ein Sklavenhändler, der seine eigenen Kinder bedenkenlos per Unterschrift verhökert hatte, damit andere sie zum seelenlosen Geldmachen verwenden konnten. Ich hatte den Eindruck, die drei würden mich mit ihren Knopfaugen durchbohren und in Gedanken anklagen.

Winston, warum hast du das gemacht?, schnarrte Henry, der Piratenhase, und glotzte mich mit seinem funkelnden einzelnen Glasauge an. *Die drucken uns auf Schnabeltassen, Lätzchen und Nuckelflaschen. Verdammt!*

Ich glaube, du hattest Angst, dich durchzusetzen, sagte Lizzie, die vorsichtige Schildkröte.

Ich denke eher, er hat den Vertrag nicht gelesen und nicht ordentlich nachgedacht, sagte Professor Baldwin, der blaue Elefant. *Und jetzt machen Verlag und Produzenten einen Haufen Geld, von dem er nichts hat.*

Ich schloss die Augen und atmete einmal tief durch.

»Reden sie wieder mit dir?«, fragte Annie.

»Ja.«

»Was sagen sie?«

»Dass sie mich hassen.«

»Das glaube ich nicht.«

»Das tun sie aber«, sagte ich.

»Sag ihnen, dass du sie liebst«, sagte Annie.

»Ich denke, das wiederum glauben sie mir nicht.«

»Winston, die drei sind deine Schöpfung, und die Welt mag sie. Warum grämst du dich so darüber?«

»Ich weiß auch nicht«, sagte ich. »Weil ich sie verkauft habe und nicht mehr entscheiden kann, was mit ihnen geschieht. Und es geschehen absurde Dinge, die ich nicht will.«

»Du hast ihnen ihr Leben gegeben«, sagte Annie. »In Tausenden von Kinderzimmern. Das ist nicht schlecht, das ist gut.«

»Annie, du hast wirklich ein großes und geduldiges Herz«, sagte ich. »Lass uns losfahren und Spaß haben.«

Es ist über fünf Jahre her, und ich erinnere mich dennoch an jede Minute dieses Abends. Es war Freitag, wir wollten »Star Wars« ansehen, ich glaube, die dritte Episode, aber das kann ich nicht beschwören, denn ich habe sie bis heute nicht gesehen. Der Abend begann ganz normal. Die City von London war nicht mehr oder weniger belebt als sonst. Es war kein Weltkatastrophentag, kein Fußballtag, kein Wahltag. Es war einfach ein ganz normaler Abend, und ich habe immer noch keine Ahnung, wie es zu dem Ereignis kommen konnte. Es ging alles so schnell, dass ich es zwar erlebt habe, aber mein Kopf es bis heute nicht im Geringsten verstehen kann.

Was wäre wenn?

★ 23:15 h (rekonstruiert)

Kennen Sie das Gefühl, dass sich die Dinge um einen herum bedrohlich zu verdichten scheinen, obwohl man nichts hat, um das zu beweisen? So ging es mir an jenem Abend am See. Die Warnsignale waren da, aber ich konnte mich nicht genügend konzentrieren, um sie zu beachten.

Der Peugeot holperte über die bucklige Teerstraße am See entlang, und meine Augen wollten unbedingt zufallen. Weil ich dachte, das ungewohnte Gefühl würde mich wachhalten, hatte ich meinen linken Schuh nicht wieder angezogen, sondern nur in den Fußraum gelegt, und rutschte nun barfuß auf der rauen Gummimatte herum. Ich steuerte spielerisch ein wenig zwischen den Straßenrändern hin und her, was von außen vielleicht wie Schlangenlinien ausgesehen haben könnte. Aber ich war überzeugt, nicht betrunken zu sein, weil mir das alles vollkommen bewusst war.

Und dann kam dieser Impuls. Vielleicht hatten Sie ihn auch schon mal. Ein Gedanke ruft plötzlich: *Was wäre, wenn ...?* Und dann kommt etwas, das etwas Verrücktes zur Folge hätte. Was wäre, wenn ich einfach zu meinem Chef sagen würde, er könne mich mal, und mich dann umdrehte und nie wiederkäme? Würde es sich gut anfühlen? Was wäre, wenn ich einfach nicht mehr nach Hause fahren würde, und alle dort könnten mal sehen, wo sie bleiben? Könnte ich vogelfrei und unerkannt ein neues Leben in einem anderen Land beginnen? Was wäre, wenn ich in meiner Wohnung die Treppe hinunterstürzte und tot wäre? Würde SIE mich dann endlich vermissen und feststellen, wie sehr sie

mich in Wahrheit geliebt hat? Was wäre, wenn ich genau jetzt auf dieser befahrenen Straße das Auto auf die Gegenfahrbahn lenken würde? Oder einfach mit Vollgas gegen einen Baum fahren würde?

Psychologen nennen die Kunst, solchen Eingebungen nicht zu folgen, Impulskontrolle. Die Natur hat uns so konstruiert, dass die Vernunft fast immer über eine gefährliche Fantasie siegt, sodass wir, trotz gelegentlicher verrückter Vorstellungen, überleben.

Doch was geschieht mit solchen Fantasien, wenn es sowieso kein Überleben gibt? Wenn sich zu Hause niemand auf einen freut und wenn es wegen einer Nuss im Kopf keine Aussicht auf eine Zukunft gibt, die länger als zwei Wochen dauert?

Neunhundert Kilometer an einem Tag, eine ganze Flasche Wein plus eine melancholische Stimmung. Ich musste alle Reserven meiner Gehirnbatterie auf die Zwischenaufgabe konzentrieren, den Wagen bis zur Schranke zu steuern. Zunächst drückte sich die Straße noch ein wenig am Seeufer entlang, dann stieg sie an und fräste sich den Hügel am Steilufer hinauf. Vielleicht hatte sich gerade eine Wolke vor den Mond geschoben, denn vor meinen Augen wurde es auf einmal stockdunkel. Nur die Scheinwerfer bohrten einen eng begrenzten gelblichen Lichttunnel in die Pechwolke und legten dabei kaum mehr als dreißig Meter rissige Teerstraße frei. Irgendwann hatte ich die Kuppe erreicht, und es ging wieder abwärts.

Ich warf einen Blick auf den Tacho. Die Nadel stand bei etwa 40 Kilometern pro Stunde. Und plötzlich hatte ich diesen Gedanken: Was wäre, wenn ich genau jetzt einfach Vollgas geben würde? So lange, bis die nächste Kurve im Scheinwerferkegel auftauchte, um dann aus der Sekunde heraus zu entscheiden? Vielleicht drückte die Nuss gerade auf den Teil, der für die Impulskontrolle zuständig war, ich weiß es nicht. Auf jeden Fall

musste ich zusehen, wie dieser irrsinnige Impuls meinen rechten Fuß tatsächlich bis zum Anschlag aufs Gaspedal drückte. Ich hörte, wie die Automatik zurückschaltete, und sah, wie sich die Tachonadel nach oben drehte.

Wie aus weiter Ferne meldete sich die näselnde Stimme von Professor Baldwin: *Das ist keine gute Idee.*

Ich gab keine Antwort, fixierte krampfhaft das Lenkrad und stemmte mich mit dem Fuß noch stärker gegen das Gaspedal. Was natürlich Unsinn war, denn durchgetreten ist durchgetreten. Der kleine Motor brüllte so grell und laut, dass ich seine Qual als schmerzendes Echo in meiner Lunge spüren konnte. Etwas in mir wollte einfach nur Gas geben und sehen, was geschieht – als ginge es darum, Gott herauszufordern, um zu erfahren, ob es ihn wirklich gibt.

Das »Was wäre, wenn?« hatte Annies Peugeot übernommen. Ich war in meinem eigenen Kopf eingesperrt und dazu verdonnert, einem Wahnsinnigen bei der Arbeit zuzusehen. Meine Hände krallten sich um das Steuer, als wollten sie ein Werkstück zur Bearbeitung in einer Hobelbank festspannen. Die Tachonadel übersprang die 100, und die abschüssige Straße war noch immer ein schmales gelbes Lichtloch in schwarzer Suppe.

Sei vernünftig, überleg mal, was du da machst!, trompetete Professor Baldwin in mein Ohr, auf einmal so nah, als könnte er mit dem Rüssel meine Wange küssen.

Zieh sofort deinen Fuß zurück!, befahl Lizzie mit ihrer Piepsstimme von der anderen Seite aus.

Alles zum Angriff!, kreischte Henry von oben und hob seinen rechten Hasenarm.

Na ganz toll, jetzt bist du endgültig wahnsinnig geworden, dachte ich mit der normalen Stimme in meinem Kopf.

Und plötzlich tauchte die Kurve mit der Leitplanke im Lichtkegel auf. Das war die Sekunde, die ich gesucht hatte. Die Se-

kunde, in der ich intuitiv entscheiden wollte, ohne nachzudenken. Der Tacho zeigte 130 an.

Und ich konnte nichts entscheiden.

Winstons Flash #13 | Wer sind diese verflixten Stimmen?

Wir sind nicht ein Einziger. Es gibt mehrere Stimmen in unserem Kopf, die sich miteinander unterhalten und dabei oft ganz verschiedene Absichten haben. Die allerwichtigste Frage für unser Leben ist, welchen Werten und Wahrheiten wir immer folgen werden, falls es einmal wirklich darauf ankommt und alle Stimmen durcheinanderreden. Erst nach dieser Entscheidung können wir die Stimmen in uns genauer erforschen, ohne dabei Probleme zu bekommen.

Die Aufmerksamkeit einer Schnecke

★ 23:19 h

Es gibt fast immer die Chance des letzten Moments. Im letzten Moment kann man am Altar noch Nein sagen. Im letzten Moment kann man sich entschuldigen und dem anderen einen Kuss geben. Im letzten Moment kann man sich doch noch umdrehen und Geld in den Hut des Bettlers legen. Der letzte Moment zeichnet sich dadurch aus, dass eine Sache aus mysteriösen Gründen einen Moment später einfach nicht mehr zu ändern ist.

Ich sah die Kurve auf mich zukommen und spürte, wie mein Fuß das Gaspedal herunterdrückte und es einfach nicht mehr freigeben wollte. Wer schon eine Weile Auto fährt, hat ein Gefühl dafür, bis wann man etwas noch korrigieren kann – wann man vor einer Ampel mit dem Bremsen beginnt, wie schnell man eine Kurve nehmen kann oder ob man beim Überholen abbricht und lieber einschert. Man weiß, wann der letzte Moment gekommen ist, um das zu tun, was die Situation gut ausgehen lässt.

Aber mein Fuß hörte nicht auf meinen Einspruch, er drückte weiter nach vorn wie ein Froschbein an zwei Stromkabeln.

Hey, du machst gerade Annies Auto kaputt!, schrie Lizzie in meinem Kopf.

Das war der Satz, der mich zur Besinnung brachte. Ich riss meinen Fuß vom Gas und trat mit aller Kraft auf die Bremse. Aber es war nicht der letzte Moment. Es war bereits der Moment danach. Der lose linke Schuh war durch mein Gezappel hinter das Bremspedal gerutscht. Ich kann Ihnen nur raten, als Fahrer absolut niemals einen losen Gegenstand in Ihrem Fußraum lie-

genzulassen. Es kann theoretisch ein Leben lang gutgehen, aber es müssen nur ein einziges Mal ein paar unvorhersehbare Dinge zusammenkommen, und das war's.

Die Bremsen des Peugeot griffen nicht, und der Wagen war eindeutig viel zu schnell, um die schmale Kurve zu schaffen. Ich machte das Einzige, was mir zum Wort »Bremsen!« einfiel, und das war gleichzeitig auch das Dümmste, was ich hätte tun können. Ich zog mit aller Kraft an der Handbremse und versuchte gleichzeitig mit der anderen Hand, den Wagen noch in die Kurve zu ziehen.

Ehrlich gesagt bin ich kein so guter Fahrer, wie ich Annie immer glauben machen wollte. Rein statistisch gesehen ist ein vorsichtiger Fahrer mit normalen Reaktionen besser als ein Grenzgänger mit guten Reaktionen. Ich hatte noch nie ausprobiert, was ein Wagen macht, wenn man das Lenkrad bei Vollgas einschlägt und zugleich die Handbremse zieht. Jetzt weiß ich es. Er dreht sich um seine eigene Achse. Bei hoher Geschwindigkeit ist das schlimmer als jede Achterbahnfahrt. Man rotiert so schnell, dass man den Kopf nicht mehr gerade auf den Schultern halten kann. Der Blick findet keinen Halt, wodurch man auch keine Korrektur ausführen kann. Im Film geht das natürlich, weil die Stuntmen es unzählige Male trainiert haben, aber ein normaler Fahrer ist chancenlos.

Während der Peugeot auf dem Weg zur Leitplanke um seine eigene Achse wirbelte und mir der Gurt die Luft aus der Brust presste, sah ich mich in einer Szene aus meiner Kindheit. In lebensgefährlichen Situationen blitzen komplette Erinnerungssequenzen so schnell im Kopf auf wie sonst nur ein einzelnes Bild. Dennoch erlebt man das ganze Ereignis. Es geschieht sozusagen alles gleichzeitig, als wäre die normale Zeit aufgehoben.

Mein Blitz schickte mir meine Großmutter. Im ersten Schuljahr wurde ich an zwei Nachmittagen in der Woche bei ihr ab-

gegeben, damit meine Mutter in Ruhe ihre Erledigungen machen konnte. Ich weiß nicht, wie das bei Ihnen war, aber für mich gab es einen großen Unterschied zwischen Mutter und Großmutter, denn mir wurde eines Tages klar, dass meine Großmutter wirklich die Mutter meiner Mutter war. Das bedeutete, dass meine Mutter in Wahrheit ein Kind war. So wie ich. Und das stellte in meinen Augen ihre Kompetenz in Frage. Meine Mutter war gewissermaßen das Plagiat und meine Großmutter das Original.

Ab da wusste ich: Etwas von Großmutter zu hören war pure Weisheit, eine Wahrheit, die keinen Widerspruch duldete. Dasselbe von Mutter zu hören war eine nervige Ermahnung. Deshalb sind mir auch mehr Aussagen von meiner Großmutter im Kopf geblieben. Ich habe heute noch keine Ahnung, warum Oma in meiner Kompetenzskala so weit oben stand, obwohl sie keine ihrer Behauptungen jemals bewiesen hat. Vielleicht lag es daran, dass sie die Zeit nach dem Zweiten Weltkrieg erlebt hatte und meinem Gefühl nach bestimmt auch die Indianerkriege und die Zeit der Ritter.

Eine von Großmutters Erkenntnissen besagte, dass ich langsam im Kopf wäre, nicht zuhörte und meistens abwesend sei. Sie drückte das in einer bildhaften Sprache aus, vermutlich, damit ich es mir gut merken konnte.

»Kind, wo bist du nur mit deinen Gedanken? Aufmerksam wie eine Schnecke.«

Als ich mit dem Peugeot auf der Straße herumwirbelte, erfüllte ihre brüchige Stimme meinen Kopf: *Kind, wo bist du nur mit deinen Gedanken?*

Mit der gefühlten Aufmerksamkeit einer Schnecke riss ich das Steuer kurz vor der Leitplanke in die Gegenrichtung.

Winstons Flash #14 | Fremde, falsche Gedanken im Kopf

Viele unserer Gedanken über uns selbst oder über das Leben sind in Wahrheit fremde Gedanken, die wir nie persönlich überprüft haben. Weil wir sie niemals angezweifelt haben. Das sollten wir aber. Ganz besonders, wenn sie häufig auftauchen und uns das Leben schwer machen. Nur weil es oft gesagt wurde und wir es ständig denken, muss es noch lange nicht wahr sein.

Drift

★ 23:20 h

Wissen Sie, wie es ist, wenn Ihr Wagen so richtig von der Straße abkommt? Bestimmt haben Sie das schon in Filmen gesehen. Aber Filme sind nichts gegen das Erlebnis, wenn man selbst hinter dem Steuer sitzt. Das erste Gefühl ist, dass es unmöglich wahr sein kann, dass einem genau dies hier gerade passiert. Dann folgt sofort die Idee, dass man es gleich wieder hinbekommen wird, man hat schließlich Erfahrung. Ungefähr in der Mitte der Aktion stellen Sie fest, dass dieses Mal – zum ersten Mal – etwas Unglaubliches geschehen wird. Sie erleben, dass Sie es nicht wieder hinbekommen. Sie sitzen mitten in einem Ereignis, über das Sie jegliche Kontrolle verloren haben.

Schreck, Unglaube, Eingreifen, Hoffnung, Festhaltenwollen, Loslassenmüssen. Genau wie bei der Verkündung der Nuss und meiner begrenzten Zukunftsaussichten durch Dr. Littlefair. Oder bei einem Beziehungsende. Insofern ist das Durchbrechen einer Leitplanke nicht sehr viel anders als eine schlimme Diagnose oder das Ende einer Liebe. Nur geht es viel schneller.

Ich würde es mal so zusammenfassen:

Die meisten Dinge im Leben laufen nach einer Handvoll immer gleicher Muster ab. Bei uns und bei anderen. Äußerlich mögen die Ereignisse verschieden erscheinen und schneller oder langsamer geschehen. In uns selbst jedoch bewirken sie die gleichen Gefühle und Gedanken in der immer gleichen Abfolge. Es ist ziemlich überraschend, das zu entdecken. Man sollte nicht aufhören, die Ursachen dafür in sich zu erforschen. Es könnte der Weg sein, sich davon zu befreien.

Durchbruch

Es macht einen unvorstellbaren Krach, wenn das Blech einer Autofront das Metall einer Leitplanke durchbricht. Nichts wirklich Bewegendes im Leben geschieht, ohne dass es auf die eine oder andere Art kracht. Manchmal lieben wir das sogar, führen es absichtlich herbei. Meistens aber nicht. Dies war eines der Male, in denen man es nicht liebt.

Meine Gegenlenkaktion blieb absolut wirkungslos. Der Peugeot drehte sich einmal um die eigene Achse und dann noch ein halbes Mal, ehe er im spitzen Winkel auf die Planke traf. Die Straße führte bergab, deshalb hatte ich bis dahin kaum an Fahrt verloren. Zumindest schien es mir so. Eine schottische Landstraßenleitplanke ist weniger stabil, als man denkt, während man daran rüttelt oder sich darauf einen Schuh zubindet. Wenn ein Wagen das Blech mitten zwischen zwei Pfosten im richtigen Winkel trifft, reißt das Metall so schnell auseinander wie ein Geschenkband zwischen zwei Traktoren.

Die beiden Enden der Planke kratzten mit einem Geräusch an den Seiten meines Wagens entlang, als wären sie die Fingernägel eines Science-Fiction-Monsters an der Tür zum letzten Versteck des Raumschiffhelden.

Es ist der Moment, in dem man schon aufgegeben hat, einen die Ereignisse aber dennoch nicht in Ruhe lassen und man erkennen muss, dass Aufgeben nicht bedeutet, dass es besser wird. Also lässt man doch nicht ganz los.

So ein verdammter Mist, dachte ich, während mein Kopf nach hinten gerissen wurde und gegen die Kopfstütze knallte.

Jetzt hast du es zu weit getrieben, röhrte Professor Baldwin.

Gleich sind wir alle tot!, kreischte Lizzie.

Das alles läuft in Sekundenbruchteilen ab, und dennoch macht es ein Teil unseres Gehirns so. Und ein anderer Teil fragt sich gleichzeitig, wie es sein kann, dass man dafür gerade Zeit hat. Für mich war dies hier der Zeitpunkt, an dem ich zum ersten Mal in meinem Leben völlig außerhalb von mir selbst stand. Ich blickte von irgendeinem Ort hinter meinem Kopf in mein Gehirn hinein und von dort aus weiter durch meine Augen hindurch auf das schreckliche Geschehen, das vor mir ablief. Und ich hatte Zeit zum Nachdenken, als säße ich zurückgelehnt in einer Art Philosophiestunde. Was mir durch den Kopf ging, klang in etwa so: *Wie kann das sein? Warum geschieht das? Wie wird es sein, wenn ich aufpralle? Werde ich aufwachen?*

In so einem Moment bremst etwas die Zeit so drastisch ab, dass man sich solche Gedanken machen kann. Für einen Augenblick. Dann, plötzlich, läuft der Film weiter, und man ist wieder völlig im Ereignis drin – in meinem Fall in einem Wagen, der gerade im Winkel von etwa 45 Grad über eine Böschung nach unten rauschte.

Glück?

Glück im Unglück, dachte ich im Flug, denn die Böschung zum See hinunter war nicht ganz senkrecht und auch nicht extrem hoch. Nicht so, als würde man mit hundertzwanzig Sachen über die Klippen von Dover ins Meer schießen oder etwas in der Art. Aber der Wagen hatte genügend Schwung, um ein Stück in den See hinauszuschießen, und dummerweise war das Ufer an genau dieser Stelle am steilsten. Weshalb man hier auch die einzige Leitplanke im Umkreis von fünf Kilometern angebracht hatte.

So segelte ich einen kurzen Moment lang im abwärtsgeneigten Auto und mit einem lustigen Ziehen in der Magengegend einer dunklen Wasseroberfläche entgegen, auf der die zwei zitternden Scheinwerferfinger bereits einen leuchtenden Landefleck markierten. Ich konnte gerade noch denken, dass ich Achterbahnen nie gemocht hatte, als der Wagen auch schon auf der Wasseroberfläche aufschlug.

Annies Ereignis

Annie hatte das Auto an einer größeren Straße nahe dem Kino geparkt.

»Und jetzt lass uns einen schönen Abend haben«, sagte sie und schnappte sich den Hasen vom Armaturenbrett.

»Warum nimmst du Henry mit?«, fragte ich.

»Hallo, Kinder! Weltraumpiraten, ahoi!«, sagte Annie mit tiefer Stimme und wackelte mit der Plüschfigur hin und her.

Als ich sah, wie sie sich Henry unter den Arm klemmte, beschloss ich, dass wir demnächst über Familie sprechen sollten.

»Du bist wirklich ein Engel«, sagte ich.

Sie winkte mit einer verlegenen Geste ab, nahm ihre Handtasche von der Rückbank und stieg aus. Ich öffnete meine Tür und wollte ebenfalls gerade aussteigen, als das Ereignis geschah. Annie stand in ihrem bezaubernden gelben Blumenkleid auf der Straße. Sie hatte schon die Fahrertür ins Schloss gedrückt, sah aber noch mal durchs Fenster und klopfte gegen die Scheibe, um mir zu signalisieren, dass ich den Münzgeldbeutel im Handschuhfach nicht vergessen sollte, als der Lastwagen sie wegfegte. Unsere Blicke wurden mit einem peitschenartigen Knall auseinandergerissen wie von einem zerberstenden Schlepptau auf hoher See.

Es gibt Dinge, die so unerwartet, so schnell und so grundlos geschehen, dass die Seele anschließend Jahre braucht, um sie zu verarbeiten. Und gerade Psychologen wie ich haben schlechte Karten, wenn ihnen etwas widerfährt, wofür man anschließend einen Psychologen bräuchte. Wir kennen jeden Trick und jede Frage so gut, dass wir uns auf nichts einlassen.

Aber wer sich auf nichts einlässt, kommt auch nicht weiter. Deshalb liegen Psychologen eher selten bei Kollegen auf Sofas herum, sondern machen die Dinge heimlich mit sich selbst in ihrem Kopf aus. Und vielleicht mit ein paar Flaschen. Ich denke, nach dem Ereignis war auch ich auf dem besten Wege, in diesen stillschweigenden Club einzutreten. Wäre da nicht noch ein Funken Hoffnung gewesen.

Schaukeln

Der Aufprall war weniger dramatisch, als ich befürchtet hatte. Annies Wagen tauchte so weich in das Wasser ein, dass nicht einmal die Airbags aufgingen. Lediglich mein Körper ruckte unvermittelt nach vorn, sodass der Gurtaufroller einhakte und mich davor bewahrte, gegen das Lenkrad zu knallen. Ich dachte sofort, dass es vielleicht doch weniger als 45 Grad gewesen waren und deshalb auch die Kräfte, die über die Autofront in meine Richtung wirkten, geringer waren. Mein Verstand war ganz offensichtlich völlig verrückt geworden, in so einem Moment über Winkel und Kräfte nachzudenken, als wäre ich ein Physikstudent im Praktikum für Festkörpermechanik.

Trotz allem hatte diese Art zu denken auch ein paar Vorteile, denn ich sah aus dem Seitenfenster, bemerkte, dass der Wagen schwamm, und wurde ruhig. Der Wasserspiegel war deutlich unterhalb der Fensterlinie, und die Motorhaube ragte ebenfalls noch aus dem Wasser, wenn auch etwas schief, weil sich die Karosserie wegen meines Gewichts zur Fahrerseite neigte. Auf jeden Fall hatte ich den Unfall überlebt, und der Peugeot schwamm sicher im Wasser. Hier herauszukommen würde der leichteste Teil der Arbeit sein. Am meisten ärgerte mich, dass ich Annies Auto zerstört hatte, wo ich doch so viele Jahre darauf geachtet hatte, es für sie zu bewahren.

Ich atmete einmal tief durch, löste dann in Ruhe mein Gurtschloss und betätigte den Fensterheber an der Fahrertür. Dummerweise funktionierte er nicht. Ich drückte der Reihe nach die anderen drei Knöpfe im Griff, aber die zentrale Steuerung für die

Fenster war ausgefallen. Also streckte ich mich zur Beifahrerseite, was den Wagen fast in die Waagerechte brachte. Ich presste meinen Daumen auf den Knopf an der Beifahrertür, den ich sechzehn Jahre zuvor in Whitley Bay zum ersten Mal betätigt hatte. Ist es nicht seltsam, dass einem in solchen Situationen derartige Bilder durch den Kopf schießen? Ich frage mich, warum das so ist, obwohl unser Gehirn doch sämtliche Ressourcen darauf verwenden sollte, das Problem im Hier und Jetzt zu lösen. Auf jeden Fall funktionierte der Fensterheber an der Beifahrertür ebenfalls nicht, und das machte mir ein wenig Sorgen, denn die hinteren Türen hatten auch keine mechanischen Kurbeln. Ein paar Sekunden später bestätigte sich mein Verdacht, dass die Stromversorgung aller Türen unterbrochen war.

Ich lehnte mich in den Sitz zurück und dachte nach. Das Schlimme war, dass mein Plan nicht funktionierte. Das Wundervolle war, dass ich in diesem Moment, zum ersten Mal in meinem Leben, nur eine einzige, einfach zu denkende und völlig überschaubare Aufgabe hatte, an die keine weitere Bedingung geknüpft war. Ich musste dieses Auto lebend verlassen. Und das sollte eigentlich trotz defekter Fensterheber kein größeres Problem sein.

Koma

Vor Annies Unfall hatte ich von dem Thema Koma wahrscheinlich genauso viel oder wenig Ahnung wie Sie jetzt gerade. Man weiß die paar Brocken, die man ab und zu in der Presse aufschnappt, wenn ein Sportler einen Unfall hat. Hinter dem simplen Wort »Koma« verbergen sich aber eine Menge Möglichkeiten, von denen die meisten bisher wissenschaftlich noch wenig erforscht sind.

Man kann Komas zum Beispiel in »künstlich« und »natürlich« einteilen. Wenn jemand künstlich, also durch Medikamente, ins Koma versetzt wird, hat das den Vorteil, dass man ihn durch das Weglassen der Medikamente und die Gabe von Gegenmedikamenten kontrolliert wieder zurückholen kann. Sofern alles nach Plan läuft. Fällt jemand jedoch durch einen Unfall ins Koma, kann die Sache schwieriger werden. Die Natur hat den Zustand eingeleitet, und die Chemie kann ihn nicht so einfach wieder beenden. Eigentlich entscheidet fast immer die Natur selbst, ob und wann sie das Koma beendet.

Annie befand sich in einem natürlichen Koma, sofern dieses Wort nach einem Unfall überhaupt angemessen ist, denn so, wie sie in der Intensivstation vor mir lag, sah sie gar nicht mehr natürlich aus. Sie hatte einen transparenten Luftschlauch im Mund, eine Sonde in der Nase, einen verkabelten Clip am Finger, und eine Handvoll bunter Drähte war über ihren Körper verteilt. Neben ihrem Bett standen auf weißen Rolltischen drei Geräte mit Monitoren. Selbst als Laie wusste ich, dass eines für die Atmung zuständig war und die beiden anderen für die Überwachung und Erhaltung der Herz-Kreislauf-Funktionen.

Annie lag inzwischen seit einer Woche im Staatlichen Krankenhaus für Neurologie am Queen Square – auf derselben Etage, wo ich vor einundzwanzig Jahren als Kind nach meinem Sturz auf den Zaunpfahl gelegen hatte. Wenn man lange nicht an einem Ort war, der mit einem Trauma verbunden ist, lässt einen das meistens nicht unberührt. In meinem Fall bekam ich beim ersten Besuch eine Art Déjà-vu und fühlte mich wie damals mit zehn, obwohl ich in diesem Moment als erwachsener Mann meine erwachsene Frau einlieferte.

In der ersten Woche saß ich fast andauernd neben Annies Bett. Nach zwei Wochen fuhr ich häufiger nach Hause, und nach vier Wochen besuchte ich Annie regelmäßig drei Stunden am Nachmittag. Obwohl ich von da an die meiste Zeit wieder in unserem Haus zubrachte, war an ein normales Leben oder an meine Arbeit nicht zu denken.

Eines der Probleme mit einem Koma ist, dass niemand weiß, wann es endet und ob es überhaupt jemals endet.

»Sie sollten die Hoffnung nicht aufgeben«, sagte Dr. Daniel Williamson, Annies behandelnder Arzt. »Sie ist in einem unberechenbaren Zustand, in dem vieles geschehen kann.«

»Und wann wird es geschehen?«, fragte ich.

»Haben Sie einfach noch etwas Geduld«, sagte Dr. Williamson.

Da wurde mir klar, dass es ab jetzt nur noch ein einziges Ziel in meinem Leben gab: Ich musste Annie aus dem Koma holen.

Die Kraft der Ruhe

★ Minute 0:20

Einfach nur Geduld zu haben, gehört nicht zu meinen besonderen Stärken. Ich werde erst dann ruhig, wenn ich weiß, dass alles einem Plan folgt, den ich unter Kontrolle habe. Und das war im Moment der Fall.

Annies Wagen pendelte mit jeder meiner Bewegungen im Wasser hin und her und gluckste dabei wie ein Ruderboot bei Seegang. Was für ein überaus merkwürdiges Erlebnis, in einem schwimmenden Auto zu sitzen. Wie viele Menschen auf dieser Welt hatten so etwas schon erlebt? Es war eine Ausnahme, etwas Einzigartiges ohnegleichen.

Ich hatte keine Angst, weil ich wusste, dass ich leicht herauskommen würde. Für einen Moment blieb ich regungslos sitzen, nur um die Geräusche des gleichmäßig durch die Ritzen der Karosserie eindringenden Wassers zu genießen. Die Nässe verstärkte den Altautogeruch so deutlich, dass ich plötzlich wieder mit der Intensität eines Kindes roch. Es duftete nach Gummi, Fußmattenschmutz und Öl, keineswegs eklig, sondern intensiv und lebendig – wie zu Kinderzeiten beim ersten Besuch in einer Autowerkstatt.

Die Armaturenbeleuchtung und die Innenbeleuchtung am Wagenhimmel funktionierten noch. Ebenso die Scheinwerfer, deren schwankende Lichtkegel mit ähnlich viel Erfolg versuchten, das schwarze Wasser vor der Motorhaube aufzuspießen, wie jemand, der sich bemüht, seine Suppe mit einer Gabel zu essen. Ein Teil der Elektrik hielt auf jeden Fall noch, was bedeutete, dass das Licht sogar noch brennen könnte, während das Auto

bereits vornüber in die Tiefe rauschte. Vielleicht sogar noch, wenn der Wagen am Boden aufschlug und auf allen vier Rädern zum Stehen kam. Statt mich mit meiner Situation hier und jetzt zu beschäftigen, sah ich vor meinem inneren Auge, wie eine hell erleuchtete Titanic in stockschwarzer Nacht im spiegelglatten Meer dümpelte, während das Bordorchester spielte und jeder versuchte, Contenance zu bewahren, weil noch niemand recht wusste. was nun kommen würde.

Als Erstes schlüpfte ich wieder in meinen linken Schuh, weil ich mich ohne ihn in dieser Situation verletzlich fühlte. Dann schaltete ich das Radio ein, weil ich das mit dem Bordorchester so toll fand.

Während mein Finger den Knopf berührte, sagte eine Stimme in mir, dass ich gerade dabei war, eine Menge lebenswichtiger Sekunden auf meinem Zeitkonto zu verpokern. Seltsamerweise berührte mich das überhaupt nicht, mich interessierte gerade nur, wie sich das Erlebnis anfühlte, Radio zu hören, während das Auto gemächlich dahindümpelte. Eine Glückswelle erfasste mich ob dieses Abenteuers, das mir auf meine letzten Tage noch vergönnt war. Ich fühlte mich wie Indiana Jones auf einer gefährlichen Mission, die natürlich gut ausgehen würde. Aber ehe sie gut ausging, war es eben gefährlich, und genau das will man ja erleben.

Im Radio spielte ein Klassiksender ein Stück von Verdi. Ich mag eigentlich keinen Verdi, besonders nicht diese nervenden Tenöre, aber nach einem anderen Sender zu suchen hätte vielleicht die Atmosphäre zerstört. Irgendwie war es eine dramatische Musik zu einem dramatischen Moment. Ein wenig wie bei der Titanic eben. Verdi war prima.

Gleich würde ich etwas tun, aber im Moment fand ich Mull of Kintyre und diesen See grandios. Das Wasser, das Licht der Knöpfe und Anzeigen vor mir und auch das muffige Auto mach-

ten mich so lebendig wie schon lange nicht mehr. Ich dankte dem Radiosender und meinem Gehirn für die Eingebung hierherzufahren.

Vielleicht fragen Sie sich, warum ich in dieser Situation so ruhig blieb. Ich kann Ihnen sagen, warum: weil ich darauf innerlich und äußerlich vorbereitet war. Weil ich wusste, dass ich in jeder Sekunde die Kontrolle hatte und es gut ausgehen würde.

Wie lange schwimmt ein Auto?

Einstein sagte, Gott würfelt nicht. Ich bin seiner Meinung. Ich stehe auf Fakten und glaube an Informationen über Zusammenhänge und Wahrscheinlichkeiten. Ich denke, dass man sich richtig verhalten kann und dass man Fehler machen kann und dass die Entscheidung zwischen beiden dazu beiträgt, ob man ein gutes Leben haben wird oder nicht. Je besser man über etwas Bescheid weiß, desto weniger ist es ein Zufall, was man macht, und desto geringer wird die Chance für Fehler. Sie wird niemals gleich null sein, aber in einer gewissen Bandbreite sorgt mehr Wissen für weniger Fehler.

In einer Autozeitschrift hatte ich mal gelesen, wie lange ein Auto schwimmt, ehe es vollständig versinkt, und was man als Betroffener während dieser Zeit bequem tun kann, um sich zu retten.

Ich lag damals auf einer Liege, im Schatten einer Palme, neben Annie. Es war, abgesehen von unserer Hochzeitsreise, die einzige Fernreise, die wir je zusammen unternommen hatten. Dem Cover nach las Annie einen mittelalterlichen Liebes- oder Fantasy-Roman, auf jeden Fall etwas, das nach Gewicht verkauft wird, wie ich damals dachte. Ich ließ meine Zeitschrift sinken, drehte mich zu Annie hin und sagte:

»Schatz, das ist spannend. Weißt du, wie lange es dauert, bis ein Auto absäuft?«

Annie hatte eine dieser Sonnenbrillen auf, die das halbe Gesicht verglasen, und darüber einen Strohhut mit einer Krempe, die bei jedem mexikanischen Trompetenspieler neidvolle Blicke geweckt hätte. Sie löste sich aus Avalon oder wo immer sie ge-

rade herumgeflogen war, und zwei dunkelbraune Glasschüsseln starrten mich an.

»Nein«, sagte sie. »Wie lange denn?«

Ich denke, ich rede manchmal über die falschen Dinge in einem richtigen Moment oder über richtige Dinge im falschen Moment. Mir fehlt ein wenig das Gefühl für den emotional perfekten Zeitpunkt. Ehe Annie mich liebevoll trainiert hatte, war ich der Meinung gewesen, es wäre ein Zeichen von Verbundenheit, wenn man nützliche oder interessante Informationen mitteilt. Das stimmt vielleicht auch, aber es geht immer darum, in welchen Momenten und auf welche Art man es macht. Auf jeden Fall war Annie ein Engel mit Schwingen aus himmlischer Geduld.

»Dreißig Sekunden«, sagte ich mit einer gewissen Dramatik in der Stimme. »Maximal zwei Minuten.«

»Wie interessant«, sagte Annie. »Dann muss man sich ja nicht sonderlich beeilen.«

»Oh doch«, sagte ich. »Denn wenn der Wagen im Wasser ist, bekommt man die Türen nicht mehr auf. Wegen des Außendrucks. Und falls doch, wäre das eine Katastrophe, denn sobald eine Tür offen ist, versinkt jedes Auto in fünf bis zehn Sekunden, und niemand im Innenraum kommt gegen den Wasserschwall an.«

»Das hätte ich nicht vermutet«, sagte Annie und drückte mit ihrer freien Hand ihre Brille in Richtung Nasenwurzel.

»Ich auch nicht«, sagte ich. »Das Auto wird richtiggehend ein stählerner Sarg.«

»Wie gut, dass du dich über diese Dinge informierst.«

»Ja, für den Fall der Fälle ist es nicht schlecht, so etwas zu wissen«, sagte ich.

Sie lächelte mich an und wendete sich wieder Glastonbury zu oder wo auch immer sie gerade gewesen war.

Ich las weiter in meiner Zeitschrift und vertiefte mich in die Vorstellung, was in einer solchen Situation zu tun wäre und wie ich es spielend schaffen würde, die richtigen Handgriffe in der richtigen Reihenfolge zu machen. Erst in Ruhe den Gurt ablegen, weil das oft vergessen wird und in Panik unter Wasser kaum noch vernünftig geht. Fünf Sekunden. Dann die Fenster öffnen, solange der Fensterheber noch funktioniert. Fünf Sekunden. Dann behutsam aus dem Fenster aussteigen, damit das Auto nicht kippt. Sagen wir zwanzig Sekunden. Macht dreißig. Laut Statistik schwimmt jeder Wagen nach dreißig Sekunden ganz sicher noch. Also sollte es kein Problem sein, das Ganze zu überleben. Ich wunderte mich damals, wie Menschen so dumm sein konnten, trotz dieser einfachen drei Handgriffe mit ihrem Auto auf den Grund zu sinken.

»Die Windschutzscheibe bekommt kein Mensch jemals heraus. Das Seitenfenster ist der Ausweg«, platzte ich wieder in Annies Welt.

»Sehr gut«, sagte sie, ohne aufzusehen, was mich ein wenig ärgerte. Ich las in meinem Bericht weiter.

»Du solltest so einen roten Hammer bestellen«, sagte sie ein paar Sekunden später, ohne sich dabei von ihren Seiten zu lösen. »Mit dieser Metallspitze, wie sie im Zug hängen.«

Ich starrte sie an, als hätte sie mir gerade erklärt, wie man auf dem Mars überlebt.

»Ja, das ist eine gute Idee«, sagte ich.

Ich spürte, wie sich in meinem Hals ein Kloß bildete und eine Faust auf mein Herz drückte. Annie hörte mir wirklich zu, wenn ich etwas sagte. Selbst wenn sie gerade im schönsten Paradies schwebte, kam sie ohne einen Groll zur Erde zurück und hörte sich meine Banalitäten wirklich ernsthaft an.

Ich tat das meinerseits oft nicht, weil mich viele ihrer Welten nicht interessierten. Mir fiel auf, dass ich nicht einmal versuchte,

sie wirklich zu verstehen. Nie hatte ich wirklich wissen wollen, was sie an ihren Buchwelten so faszinierte. Nie hatte ich versucht zu verstehen, warum sie so gerne kleine Muscheln sammelte, wenn wir am Strand entlangspazierten, obwohl sie sie am Ende meistens am Ort zurückließ. Was für ein ignoranter Esel ich im Vergleich zu ihr war. Egoist nennt man so etwas wohl – oder Egozentriker.

Der Herr Doktor Winston war nicht der einzige Mensch mit guten Ideen, sagte eine Stimme in mir. Annie hatte ebenfalls wirklich gute Einfälle, so wie gerade mit dem roten Hammer. Rückblickend gesehen war dies der Moment, in dem ich beschloss, mich zu ändern und Annies Welt viel mehr in meine einzubeziehen. Ich würde sie viel häufiger fragen, wie es ihr ging und was sie gerade dachte. Ich würde ihr meine Gedanken berichten und sie fragen, was sie davon hielt, statt zu glauben, ich wäre der einzige Dreh- und Angelpunkt meiner Welt. Ich wollte mich mit ihr austauschen und war bereit, meine Meinung zu verändern, wenn ihre Meinung einfach besser war.

Auf jeden Fall spielte sich diese Szene am Strand blitzschnell vor meinem inneren Auge ab, während das erste Wasser ins Auto eindrang und meine Schuhe durchnässte. Mit dem, was mir Annie damals geraten hatte, würde sie mir jetzt das Leben retten, obwohl sie selbst ein paar hundert Kilometer entfernt im Koma lag.

Ich kann Ihnen nur von ganzem Herzen empfehlen, falls Sie jemals eine gute Frau oder einen guten Mann an Ihrer Seite haben, diesem Menschen an jedem einzelnen Tag Ihre Wertschätzung auszudrücken. Wirklich. Denn die Zeit und unser Gehirn wollen erreichen, dass man den anderen irgendwann für so selbstverständlich hält wie das Tonnenhäuschen vor der Haustür oder wie eine Küchenmaschine. Damals war mir das noch nicht ganz klar gewesen, aber heute würde ich es so ausdrücken:

Ich glaube, es gibt ein normales Zuhören und ein Zuhören, das wie Liebe ist. Beim normalen Zuhören achtet man auf die Informationen und wartet gleichzeitig auf Gelegenheiten, etwas von sich selbst zu berichten.

Beim Zuhören, das wie Liebe ist, achtet man nur auf den anderen, macht ihn eine Zeitlang zum wichtigsten Menschen im Universum. Man schenkt ihm ganz und gar die eigene Lebenszeit, ohne etwas dafür zu wollen. Man ist bei ihm. So gesehen ist diese Art von Zuhören Liebe.

Gute Ideen – und dann?

Nach ein paar Takten Musik wurde ich doch etwas unruhig. Ich beugte mich nach links und öffnete die Klappe des Handschuhfachs. Dabei spürte ich einen kleinen Stich im Herzen wie immer, wenn ich Annies Sachen dort sah. Ich kramte mich durch Schminkutensilien, Sonnencreme, Sonnenbrille, Haarbürste, Taschentuchpäckchen, Lippenstift, Stadtplan (wer hat denn heute noch einen Stadtplan aus Papier dabei?) bis zur hinteren Mulde, in die der schwerste Gegenstand im Fach natürlicherweise mit der Zeit rutschte. Aber der schwerste Gegenstand war nicht dort.

Der verdammte rote Hammer war weg!

Ich reckte mich noch weiter über den Beifahrersitz und wühlte alles zum zweiten Mal durch. Es war vollkommen unmöglich, denn ich hatte dieses Fach niemals ausgeräumt. Selbst als der Wagen in der Werkstatt gewesen war, hatte ich es nur abgeschlossen, aber nicht geleert. Der Hammer musste einfach dort sein. Es sei denn, Annie hatte ihn entfernt.

Nachdem inzwischen der Fußraum bis auf Knöchelhöhe unter Wasser stand und der Peugeot sowieso nicht mehr zu retten war, scharrte ich den Inhalt des Handschuhfachs heraus und ließ alles zu Boden fallen. Der rote Hammer war definitiv nicht dabei. Ich robbte bis zur Türablage auf der Beifahrerseite vor, fand dort aber nur ein Paar Winterhandschuhe und einen Seidenschal.

In der Türtasche auf meiner Seite gab es nur die Dinge, die ich selbst hineingelegt hatte. Meine Brieftasche, die Sonnenbrille, eine Parkscheibe aus Plastik und zwei Münzen. Ich musste zugeben, dass ich jetzt nicht mehr ruhig und gelassen an meiner

einzigen Aufgabe im Leben arbeitete. Die Wahrheit war, dass ich Panik hochkommen fühlte. Ich durchsuchte noch mal alles, zwischen, hinter und unter den Sitzen, aber in diesem schwankenden Auto gab es nicht einmal eine verdammte Taschenlampe oder einen verfluchten Klappschirm. Nichts aus Metall, das in Größe und Härte einen Lippenstift übertroffen hätte. Ich dachte an die Weinflasche, aber sofort fiel mir ein, dass sie im Kofferraum in die Decke eingewickelt war.

Ich erwog kurz, doch schnell die Tür zu öffnen und mich vom sinkenden Wagen abzustoßen, aber Lizzies mahnende Stimme rief in meinem Kopf, dass ich das auf keinen Fall tun sollte. Vor meinem geistigen Auge sah ich das Auto in Sekunden volllaufen und dabei in Richtung Fahrerseite kippen.

Ich zog den linken Ärmel meiner Jacke so weit nach vorn, dass er meine Hand bedeckte, hielt das Ende zwischen den Fingern und ballte eine Faust. Ich dachte mir, dass ich vielleicht nur einen einzigen Schlag hätte, weil ich mir dabei die Hand verletzen würde oder weil es so schmerzhaft wäre, dass ich beim zweiten Mal weniger fest zuschlagen würde. Also war es wahrscheinlich eine gute Idee, die Unwissenheit des ersten Versuchs voll auszunutzen und alle verfügbare Kraft in ihn hineinzugeben. Ich holte aus und stellte mir vor, ich wäre der Weltmeister im Schwergewicht, der seinem Kontrahenten gerade den finalen Rumms auf die Zwölf verpasste.

Es ist unglaublich, wie stabil ein Autofenster ist, wenn man kein Werkzeug hat. Dünner als der kleine Finger und dennoch eine unüberwindbare Barriere, wenn das härteste Material die eigenen Knöchel sind und man zudem aufgrund der Sitzposition mit der schwächeren Linken zuschlagen muss. Die Erschütterung des Aufpralls zog meinen Arm hinauf, die Schulter entlang durch den Nacken bis in meinen Kopf. Was jedoch das Glas betraf, war die Wirkung gleich null.

Stellen Sie sich vor, es ist Nacht, silbrig schwarzes Wasser klatscht von allen Seiten gegen den Rumpf Ihres Gefährts, Ihre Knöchel bluten, Ihr Kopf dröhnt wie eine Kirchenglocke, Ihre Füße stehen bis zu den Knöcheln in kaltem Wasser, und im Fahrgastraum verteilt befinden sich drei Plüschfiguren, die plötzlich anfangen, mit Ihnen zu reden.

Wenn du nicht gleich hier rauskommst, wird das dein Sarg werden, meldete sich Lizzies Stimme hinter mir. Sie schwamm offenbar hinter dem Fahrersitz herum.

»Ich weiß«, sagte ich. »Hat vielleicht jemand eine Idee?«

Ich habe eine, rief Henry aus dem Schlitz zwischen dem linken Sitz und der Tür in einem Tonfall, als würde er wie Kapitän Ahab in »Moby Dick« eine Golddublone für die Mannschaft in die Luft halten.

»Dann schnell«, sagte ich. »Wir haben keine Zeit mehr für Experimente.«

\\ | /
Winstons Flash #17 | Meine Pflicht bei Erkenntnissen

Wenn man erkennt, dass eine Sache wichtig ist und getan werden muss, sollte man sie sofort in Gang setzen. Denn im Hintergrund könnte gerade ein Zeitfenster offen sein, das sich im nächsten Moment schließt. Oder wir könnten die Erkenntnis auch ungewollt vergessen.

Was Gedanken in Kisten machen

Ich muss Ihnen etwas über mich gestehen, das ich bislang keinem Menschen außer Annie anvertraut habe. Aber Sie müssen es wissen, sonst würden Sie nicht verstehen, was ich Ihnen nachher über die Begegnung mit Beverly Cunningham erzählen werde, und diese wiederum hat eine große Bedeutung für meine letzten Sekunden im Auto. Aber der Reihe nach.

Unser Gehirn denkt jeden Tag etwa sechzigtausend Gedanken. Neunzig Prozent davon sind Wiederholungen, die es bereits seit Jahren, Monaten oder Tagen denkt. Je öfter eine Wiederholung gedacht wird, umso mehr schleift sie eine feste Kerbe in unser Gehirn und wird zu einem Gedankenmuster. Irgendwann glauben wir das, was wir denken, ohne es weiter in Frage zu stellen. Wir haben dann eine stabile persönliche Sichtweise. Das ist bei praktisch allen Menschen so.

Nur bei mir nicht.

Ich vermute, es liegt an dem Unfall mit dem Zaunpfosten. Mein Kopf denkt die Dinge immer wieder auf neuen Wegen, fast so, als würden sie mir zum allerersten Mal auffallen. Deshalb gibt es auch so viele Fragen und Rätsel, die mich ständig beschäftigen. Für das, was ich jeden Tag neu herausfinde, brauche ich ein System im Kopf, denn mir fehlt ja das Werkzeug der eingeschliffenen Denkmuster. Und der Aufwand, alles in jeder Sekunde vollkommen neu zu denken, würde die Kapazität meines Gehirns übersteigen.

Mein System für die unmittelbare Umgebung besteht darin, dass ich immer eine klare Ordnung halte. Wenn die Dinge einen logischen Platz haben, muss ich nicht ständig aufs Neue darüber

nachdenken und fühle mich nicht abgelenkt oder aufgehalten. Deshalb mag ich auch Ablagen und Klappen in Autos oder Schubladen in Kommoden und Schreibtischen, sofern ich sie selbst befüllt habe.

So praktisch Schubladen für die Gegenstände des Alltags auch sind, als System im Kopf mag ich sie nicht. Geistige Schubladen sorgen dafür, dass man aufhört, neugierige Fragen zu stellen. Und wer aufhört, Fragen zu stellen, löst keine Rätsel und hat folglich haufenweise ungelöste Rätsel im Kopf. Schubladen im Kopf sind auch deshalb nicht gut, weil man sie schließen und den Inhalt vergessen kann.

Deshalb verwende ich in meiner Vorstellung gerne offene Kisten, die ich »Themenkisten« nenne. Darin sammle ich all meine Fragen und Erkenntnisse, ähnlich wie ein Kind seine Dinge in einer Spielzeugkiste aufbewahrt. Auf diese Weise habe ich immer eine Ordnung, kann sie aber jederzeit verändern, erweitern oder umsortieren. Für meinen Kopf bedeutet das Entspannung. Man kann mich kaum verwirren, weil ich alle Informationen sofort einordne.

Wenn Sie mir zum Beispiel etwas über Ihren letzten Urlaub erzählen, schwebt in meinem Kopf eine unsichtbare Hand über den Kisten hin und her und sucht danach, wo ich Ihre Informationen hineinfallen lassen kann. Wahrscheinlich geht es eher um schöne Erlebnisse, Wetter, Kultur, interessante Begegnungen, tolle Landschaften und weniger um lebensverändernde Fragen. Nach ein paar Sekunden weiß ich, was wir hier gerade machen, und lasse das Gespräch in die Themenkiste »Urlaubsberichte« fallen. Das entspannt mich, weil ich dann weiß, dass Sie nichts von mir erwarten außer Zuhören und Zustimmung. Ich kann dann Ihren Rotwein trinken, Ihre Käsehäppchen essen und Ihnen ab und zu aufmerksam nickend zuprosten. Das mache ich gerne, und meine Kiste hilft mir dabei.

Wenn Sie jedoch im Laufe Ihrer Erzählung berichten, dass Ihr Partner eine Affäre mit der hoteleigenen Masseurin oder Ihre Partnerin ein Techtelmechtel mit dem Surflehrer hatte, muss ich Ihre Geschichte aus der Urlaubskiste herausholen und in die Beziehungsproblemkiste fallen lassen. Ab da ist es für mich nicht mehr so entspannend, und vielleicht habe ich keine so große Lust mehr auf den Rotwein und den Käse, die Sie auf den Gartentisch gestellt haben. Dennoch macht es mir nichts aus, denn so ist das Leben, ich finde das interessant.

Falls ich einmal keine vorhandene Kiste für ein Thema finde, mache ich einfach eine neue auf, mit einem unbeschrifteten Schild. Mit dieser leeren Kiste im Kopf höre ich Ihnen aufmerksam zu, und alles, was Sie sagen, ist für mich so spannend, als wäre es ganz neu – weil ich versuche, die Beschriftung für das Schild herauszubekommen. Ich habe auch nie etwas gegen das, was Sie sagen, weil mich daran zunächst nicht interessiert, ob es wahr ist, sondern in welche Kiste ich es einordnen kann.

Mit dieser Methode – die mein Kopf automatisch einsetzt, also ist es vielleicht gar keine Methode – wird fast jedes Erlebnis mit anderen Menschen ein wertvoller Schatz für eine meiner Kisten. Selbst bei Annie ist das so. Wenn sie mir ihre Meinung zu etwas sagt, und ich finde es gut, stimme ich ihr zu und lege ihre Gedanken in die passende Erklärungskiste. Wenn ich es nicht gut finde, kommt es in die Kiste, über die ich noch nachdenken muss. So muss ich kein Urteil abgeben, und es kommt selten zum Streit. Möglicherweise ist das eine Art Beziehungsgeheimnis, aber ich habe zu wenig Erfahrung damit, wie andere Menschen ihre Partnerschaften pflegen.

Nun könnten Sie denken, das alles sei verwirrend, weil im Laufe der Zeit immer mehr Kisten im Kopf entstehen. Aber es ist genau umgekehrt. Im Laufe der Zeit werden die Kisten in meinem Kopf immer übersichtlicher und weniger, und meine Er-

kenntnisse zu bestimmten Dingen werden größer, klarer und einfacher.

Innerhalb jeder meiner Themenkisten gibt es kleinere Schachteln – so wie diese hübschen bunten Geschenkkartons aus den Papierläden. In diesen Schachteln befinden sich die betreffenden Unterthemen, Unterrätsel und Untererklärungen. Die sammle ich mit Leidenschaft, und an jeder neuen Schachtel habe ich meine helle Freude. Ich nenne es »Erkenntnisglück«. Mir ist schon klar, dass mich mein Gehirn dabei in Wahrheit mit Glückshormonen aus Jäger- und Sammlerzeiten belohnt. Aber das macht nichts, denn ich finde das viel besser, als wenn mein Lebensglück vom Verhalten anderer Menschen abhängig wäre.

Eine sehr große Kiste ist bei mir zum Beispiel das Rätsel der zwischenmenschlichen Kommunikation. In ihr befindet sich eine rosa Schachtel mit dem Unterrätsel der weiblichen Kommunikation und eine blaue Schachtel mit dem Rätsel der männlichen Kommunikation. Und eine graue mit einer Menge geschlechtsunabhängiger Fragen. Natürlich gibt es weitere Schachteln mit den Rätseln zu Körpersprache, Wortwahl und so weiter. Was immer ich irgendwo herausfinde, bereichert meine Sammlungen. Meine Kisten mit Fragen, Ideen und Wissen zu füllen und dabei immer wieder etwas Neues zu entdecken, ist ganz sicher ein bedeutsamer Teil vom Sinn meines Lebens. Ich denke, wenn ich das nicht hätte, würde ich Star-Wars-Figuren sammeln oder Armbanduhren oder Eisenbahnmodelle oder bedruckte Tassen mit Bildern der königlichen Familie. Hinsichtlich der Einrichtung in unserem Haus bin ich froh, dass sich meine Sammelleidenschaft nur auf Erkenntnisse bezieht.

Eine sehr große Kiste – mit einer enormen Menge an Schachteln in verschiedenen Farben, Formen und Größen – ist bei mir die Frage nach dem Sinn des Lebens. Alle Antworten haben fast gleichwertige Schachteln, denn jeder Mensch hat seine eigene

berechtigte Meinung dazu. Dennoch gibt es einen größeren Sinn, eine Art Übersinn des Lebens, der für alle Menschen und Schachteln gleichermaßen gilt. Ich habe ihn schon ziemlich gut eingekreist und weiß, dass ich ganz nah dran bin.

»Da sind also viele Kisten und Schachteln in Winstons Kopf«, könnten Sie jetzt denken. »Prima, und was nützt mir das?«

Ich erzähle Ihnen ein Beispiel.

Rebecca Woods, die Mutter der kleinen Laura, bat mich eines Tages um ein paar Minuten Zeit. Sie weiß schon, dass ich offiziell nicht mit Erwachsenen arbeite, aber sie mogelt sich dennoch immer wieder hinein. Ich mache das letztlich auch gerne, wenn es nette Menschen sind. Rebecca nahm also auf dem Besucherstuhl vor meinem Schreibtisch Platz, und ich zog meinen Sessel herum und setzte mich neben sie.

»Doktor Flash, ich glaube, ich bin verliebt«, sagte sie.

»Herzlichen Glückwunsch, wie schön«, sagte ich und steckte geistig eine rosa und eine blaue Schachtel in eine Kiste mit der Aufschrift »Liebe von Rebecca & einem Mann«.

»Wie heißt denn der Glückliche?«, fragte ich.

»Robert.«

In meinem Kopf veränderte sich das Schild in »Liebe von Rebecca & Robert«.

»Aber es ist ein wenig problematisch«, sagte sie, »denn er ist verheiratet.«

Und nun passiert Folgendes: In meiner Welt erlebe ich, wie die blaue Robertschachtel aus der Rebecca-&-Robert-Kiste genommen wird und in eine andere Kiste fliegt, in der sich bereits eine rosa Schachtel befindet.

»Hat er Familie?«

»Ja, drei Kinder.«

In der anderen Kiste erschienen drei kleine gelbe Schmuckschachteln.

»Lebt er zu Hause?«, fragte ich.

Sie nickte. Neben der Robertschachtel tauchte ein Haus auf.

»Hier in London?«

»Nein, in Leeds.«

Das ist in der Nähe von Annies Heimatstadt, also über dreihundert Kilometer im Norden, fast vier Stunden mit dem Auto. Alles, was mit Robert zu tun hatte, rutschte in meinem Kopf so weit von der Rebecca-&-Robert-Kiste weg, dass es so gut wie verschwunden war. Wenn sich zwei Beziehungspartner wirklich lieben, gehören in meiner Welt ihre beiden Schachteln in dieselbe Kiste. Und davon erzählte Rebecca gerade nichts.

»Er ist geschäftlich öfter in London«, sagte Rebecca.

Ich nickte verständnisvoll. Es wird niemals schön, wenn jemand in zwei Kisten gleichzeitig sein will. Das ist kein gutes Leben. Es ist vielleicht aufregend, stressig, abenteuerlich, leidenschaftlich, anstrengend und so weiter. Aber gut ist es nicht.

»Das ist nicht gut«, sagte ich.

Sie nickte.

»Aber er sagt, er will sich scheiden lassen«, sagte sie.

Und jetzt kommt etwas, das Sie vielleicht nicht auf Anhieb wissen können: Die Worte, die ein Mensch sagt, haben keinerlei Bedeutung für seine Zuordnung zu einer Kiste. Nur die Taten.

»Ich verstehe«, sagte ich. »Wann denn?«

Sie starrte mich verwundert an. Ich glaube, sie hatte sich diese Frage noch nie gestellt.

»Keine Ahnung«, sagte sie.

»Das wäre für das Thema von ziemlicher Bedeutung.«

»Aber wir lieben uns, das ist doch am wichtigsten«, sagte sie.

Ich nickte, weil Nicken auf viele Menschen, die gerade dabei sind, durchzudrehen, beruhigend wirkt.

»Das ist eine wichtige Grundlage«, sagte ich. »Aber es ist nicht die fertige Kiste.«

»Wie bitte?«, fragte sie irritiert.

»Entschuldigung. Ich meinte, für ein gemeinsames Leben braucht es klare Entscheidungen ...«

»Die gibt es!«, unterbrach sie mich.

»... die man auch praktisch in die Tat umsetzt. Sonst ist es kein gemeinsames Leben. Wie lange kennen Sie sich denn schon?«

Sie lächelte. »Nächste Woche feiern wir unser erstes Jubiläum. Dann wird es ein Jahr.«

»Wie zauberhaft«, sagte ich. »Und für wann wäre die Scheidung geplant?«

Plötzlich veränderte sich ihr Gesichtsausdruck: »Wollen Sie damit ausdrücken, dass er mich nicht liebt?«

Sie holte ein Taschentuch aus ihrer Handtasche und schnäuzte sich.

»Überhaupt nicht!«, sagte ich und wusste schon, während ich es aussprach, dass es zu spät war. Ich war wieder einmal über diese unsichtbare Grenze getrampelt, an der normale Therapeuten jahrelang geduldig mit ihren Klienten entlangbalancieren.

Jetzt verstehen Sie vermutlich besser, warum ich kein guter Erwachsenentherapeut sein kann. Die Art, wie ich denke, weicht zu sehr von der Art ab, wie die meisten volljährigen Menschen denken. Deshalb sind meine Ratschläge für viele Erwachsene nicht sehr hilfreich. Aber ich kann nichts dafür, mein Kopf tickt eben einfach so. Es ist auch überhaupt nicht persönlich gemeint. Es geht mir immer nur darum, dass alle Schachteln in den richtigen Kisten stecken, denn dann ist das Leben im bestmöglichen Zustand. Wie wohl jeder bestätigen kann, bringt es uns trotzdem noch genügend Unwägbarkeiten. Gerade deshalb finde ich, dass man alles, worauf man Einfluss hat, in die richtige Ordnung bringen sollte.

Wenn also jemand zu mir kommt und etwas in einer falschen Kiste steckt, ist die beste Leistung, die ich erbringen kann, ihm

zu helfen, die Unordnung zu erkennen, sie zu verstehen und den richtigen Schritt zu finden, damit es sich wieder sortiert und friedlich wird.

Ich spürte, dass Rebecca Woods diese Leistung im Moment nicht weiter in Anspruch nehmen wollte, denn sie verabschiedete sich.

»Annie, was würdest du sagen, wenn ich jemandem raten würde, er solle die Ordnung erschaffen, die eigentlich richtig ist, weil dann sein Problem verschwindet?«, fragte ich Annie am Abend in der Küche.

»Ich würde sagen, dass das niemand versteht«, sagte Annie.

Ich liebe sie, und oft hat sie recht, aber ich bin nicht immer ganz frei davon, mich ein wenig zu ärgern, wenn es wieder einmal so ist.

»Aber es ist wahr«, sagte ich. »Rebecca Woods liebt einen verheirateten Mann, der sich auch nach einem Jahr nicht für sie scheiden lässt. Und wenn ich andeute, wie es eigentlich richtig wäre, weint sie. Aber verändern will sie auch nichts.«

»Siehst du, deshalb klappt das mit der Ordnung auch nur bei dir so gut«, sagte Annie.

»Aber es könnte jedem helfen«, sagte ich.

»Winston-Schatz, wenn man den Menschen einen geheimen Zaubertrick erklärt, bedeutet das nicht, dass man sie damit begeistert. Viele wollen ganz einfach verzaubert bleiben.«

»Ich verstehe es zwar nicht, aber ich denke, du hast dennoch recht«, sagte ich.

Ich weiß, ich bin ein seltsamer Mensch und durfte glücklich sein, dass Annie in meinem Leben war mit ihrer unendlichen Geduld, die mir selbst oft fehlte.

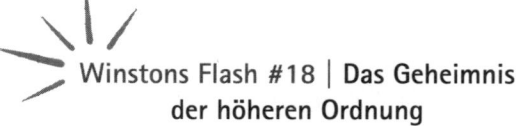

Winstons Flash #18 | Das Geheimnis der höheren Ordnung

Für alles in der Natur und im Leben gibt es eine Art perfekten Zustand. Man könnte dazu auch sagen: »So, wie es eigentlich richtig wäre.« Wenn dieser Zustand gestört ist, erleben wir an der betreffenden Stelle ein Durcheinander. Im Kopf, in den Gefühlen und im Lebensablauf.

Das Gute an diesem Naturgesetz ist, dass wir es umdrehen können. Wann immer wir ein Chaos erleben, können wir nachsehen, was gerade gestört ist und wie es eigentlich richtig wäre. Und dann aufräumen.

Baldwins Patent

★ Minute 1:30

Das Wasser klatschte leise gegen die Blechhaut der Türen. Und langsam wurde ich wirklich ungeduldig.

»Was ist jetzt mit deiner Idee?«, fragte ich in Richtung Henry.

Mir war klar, dass die Plüschfiguren nicht lebten, und dennoch redete ich mit ihnen, weil ich das Gefühl hatte, sie würden in meinen Gedanken mit mir sprechen. Vielleicht passiert das, wenn man viele tausend Stunden damit verbringt, ihnen Leben einzuhauchen. Irgendwann werden sie so sehr zu einem Teil der eigenen Gedanken, dass man ihre Stimmen wie von selbst sprechen hört.

Schraub die Gangschaltung ab, dann hast du einen Säbel, mit dem du die Scheibe einschlagen kannst, sagte Henry und starrte mich mit seinem funkelnden Auge aus der Ritze zwischen Sitz und Türablage heraus an.

»Das ist keine Gangschaltung, sondern ein Automatikhebel«, sagte ich.

Dennoch ruckelte und drehte ich kräftig an dem Griff.

»Geht nicht«, sagte ich schließlich. »Das Ding lässt sich nicht bewegen.«

Okay, dann gehen wir mit Mann und Maus unter!, rief Henry.

»Und das war deine grandiose tolle Idee?«, sagte ich.

Nimm das Gurtschloss, sagte Professor Baldwin in seinem verschnupften Tonfall. Er dümpelte mit dem Rüssel nach oben und der Quaste seines Doktorhutes nach hinten im Fußraum vor dem Beifahrersitz hin und her. Ich nahm ihn hoch und setzte ihn vor mich auf die Abdeckung über dem Tacho.

»Das ist genial! Das sollte man patentieren lassen.«
Ich weiß. Kein Problem, sagte Professor Baldwin.

Das Schloss war das einzige Stück Metall in meiner Reichweite, und ich fragte mich, wie ich das übersehen konnte. Ich zerrte den Gurt bis zum Anschlag aus dem Aufroller, schob die Schlosszunge so weit am Gurt entlang, bis sie ans Fenster reichte, holte aus und schlug zu.

Das Folgende ist einer der Gründe, warum Sie lieber einen roten Hammer dabeihaben sollten: Es tut sich nichts, wenn Sie mit der Gurtschlosszunge gegen die Scheibe schlagen. Gar nichts. Sie können so fest, wie Sie wollen, mit den abgerundeten Metallkanten auf Ihr Wagenfenster einhämmern – Sie werden dem Sicherheitsglas nicht einmal einen Sprung verpassen. Die kinetische Energie pro Fläche ist zu gering. Einfach gesagt, das Ding ist zu stumpf, zu sanft, Sie bekommen nicht genügend Schwung zustande, und damit ist es für Fluchtversuche ungeeignet! Ich sagte mir, dass ich mir das merken sollte, um den Autoherstellern eine Gurtschlosszunge mit richtiger Form als Verbesserungsmöglichkeit anzubieten. Doch langsam befürchtete ich, dass ich diese Chance nie mehr bekommen würde.

Beverly Cunnigham
und das Rätsel der Esoterik

Manchmal gingen wir indisch essen. Meistens zu zweit, manchmal auch zu viert. An jenem Abend, an dem ich eine meiner wertvollsten Entdeckungen machte, waren wir mit Beverly Cunnigham und ihrem Lebenspartner Andrew Dickmore verabredet. Beverly hütete ihr Alter mit der Was-bedeuten-schon-Jahre?-Methode als eines der zahlreichen unergründlichen Geheimnisse ihres Lebens. Meiner Schätzung nach war sie Ende dreißig. Als begeisterte Indienreisende hatte sie ein leidenschaftliches Hobby, mit dem ich ganz und gar nichts anfangen konnte: Esoterik.

Sobald Beverly einen Raum betritt, denkt jeder Anwesende automatisch daran, sich mal wieder die Karten legen zu lassen. Man fragt sich, ob sie eine Glaskugel in ihrer bunt gemusterten peruanischen Indianertasche trägt, ob man noch schnell ein Karma abarbeiten sollte oder ob sie einem die aktuelle, verbotene Affäre ansieht. In Beverlys Gegenwart beschleicht einen der Verdacht, sie würde über ein geheimes Wissen verfügen, das ihr von einem geheimen indischen Meister in einer geheimen Zeremonie an einem geheimen Ort übertragen wurde, um damit so geheimnisvoll überlegen lächeln zu können wie jetzt gerade. Was wohl die meisten im Geheimen beeindruckt.

Mich aber nicht. Doch ich muss zugeben, dass sie eine Aura von Unergründlichkeit um sich trägt.

Beverly hüllte sich in diese weiten Gewänder aus buntem, dünnem Stoff, die für heiße Länder entwickelt wurden. Weil es in London eher selten heiß ist, Beverly sich aber gerne wie in Indien fühlt, trug sie über der sommerlichen Kleidung oft Strick-

jacken, Ponchos und Wollmützen, die allesamt aussahen, als wären sie von Schamanen aus Bolivien gewebt worden – speziell als Test für die spirituelle Selbstdisziplin von westlichen Menschen mit sensibler Haut. Ich weiß nicht, ob es eher an den Ponchos oder an den Mützen lag, aber Beverly roch immer ein wenig, als wäre sie gerade zehn Stunden auf einem Lama geritten und brächte nun die Satteldecke mit herein. Vielleicht aber fallen fremdländische Dinge in einem gehobenen Londoner Abendrestaurant einfach nur besonders auf, und der Rest war meine Einbildung.

Wissen Sie übrigens, wo es die meisten original australischen Bumerangs der Welt gibt? In New York. Und die meisten Besitzer von Didgeridoos pro Quadratkilometer? Ebenfalls in New York. Und die meisten in Wohnungen gehaltenen Alligatoren? Sie können es sich denken ...

Beverly wohnt nicht in New York, aber irgendwie würde sie dorthin passen. Falls sie nicht gerade in Indien oder Bolivien herumreist. Auf jeden Fall trafen wir uns mit ihr und ihrem Andrew zum Dinner im *Mahal* in der Wellington Terrace, nicht weit von unserem Haus.

Nachdem Beverlys Welt eine der wenigen war, die ich in keine meiner Kisten bekam, machten mir Gespräche mit ihr mehr Mühe als mit all unseren anderen Bekannten. Um den Abend nicht völlig passiv am Tisch zu verbringen, hatte ich mir einige Fragen überlegt, die ich zum richtigen Zeitpunkt einwerfen wollte. Ein richtiger Zeitpunkt war, wenn Annie und Beverly sich festgeredet hatten und irgendwann bemerkten, dass ihre beiden Männer stumm am Tisch saßen. Für gewöhnlich machte Annie dann eine kleine Pause und sah mich auffordernd an. Um nicht so still am Tisch zu sitzen wie Andrew, mit dessen Leben als Fahrer eines städtischen Kehrwagens ich einfach keine Schnittmenge fand, hatte ich mir etwas ausgedacht.

»Beverly, warum fährst du eigentlich so oft nach Indien? Ist das nicht sehr heiß und schmutzig?«, fragte ich, als Annie ihren speziellen Blick in meine Richtung schickte.

»Schmutz ist relativ«, sagte Beverly. »Wichtig ist ein sauberer Geist.«

Es war kein leichtes Spiel, sie auf etwas festzunageln, das brauchbar war, aber ich wollte unbedingt das Rätsel über die Anziehungskraft der Esoterik ergründen und hatte mir fest vorgenommen, an diesem Abend nicht ohne Antworten für meine neue Kiste nach Hause zu gehen.

»Hat die Kleidung einen Einfluss auf das, was man dort spirituell erlebt?«, erkundigte ich mich.

»Winston, das fragt man nicht«, sagte Annie.

»Nein, lass ihn nur«, sagte Beverly und legte Annie eine Hand auf den Unterarm. »Wenn ein Mann sich für diese Dinge interessiert, ist das eine große Leistung. Das muss man unterstützen.«

Ich fühlte mich plötzlich wie ein Meerschweinchen, das zum ersten Mal versucht, in ein schon ewig herumstehendes Laufrad zu klettern. Gaaanz lobenswert, weil normale Meerschweinchen niemals Laufräder benutzen.

»Danke«, sagte ich.

»Also frage nur, Winston«, sagte Beverly.

»Ich suche seit einiger Zeit nach den Antworten auf zwei große Fragen«, sagte ich.

»Sehr gut«, sagte Beverly und klang dabei wie eine Kindergärtnerin, die einen Knirps für eine Bastelarbeit lobt.

»Die erste Frage lautet: Was ist der Sinn des Lebens?«, sagte ich also.

Beverly lächelte Annie mit einem Seitenblick an, als hätten die beiden schon seit geraumer Zeit eine Verschwörung laufen, die nun endlich Wirkung zeigt. Ich wusste aber, dass Annie Beverly auch nicht öfter sah als ich, deshalb war ich beruhigt.

»Willst du es ihm beantworten, Annie?«, fragte Beverly.

Annie schreckte ein winziges bisschen zusammen, eine Regung, die wahrscheinlich nur ich bemerkte, und antwortete dann: »Ich? Ach nein, Winston hat ja dich gefragt.«

»Das ist eine gute Frage, Winston«, sagte Beverly. »Die Antwort lautet ...« Sie breitete die Arme aus und drehte beide Handflächen in Richtung Restaurantdecke: » ... die Liebe.«

»Das liegt in der Kiste mit den Möglichkeiten, die ich auch schon gefunden habe«, sagte ich. »Und deshalb lautet die zweite große Frage: Was ist Liebe?«

Beverly lächelte noch immer in einer Art wissender Verzückung und breitete ihre Arme noch ein wenig weiter aus.

»Alles«, sagte sie. »Alles ist Liebe.«

Ich beugte mich ein Stück nach vorn und sah sie ehrlich verwundert an. In Gedanken suchte ich nach der passenden Kiste für diese Antwort, fand keine und machte eine neue auf mit der Beschriftung »zu überprüfen«.

»Alles?«, fragte ich und ließ meinen Blick durch das Restaurant schweifen. »Also einfach wirklich alles?«

Sie nickte.

»Du selbst bist auch Liebe«, sagte sie.

Ich entfernte das Schild von der Kiste, suchte ein passenderes Wort, fand keines und klebte übergangsweise ein Clowngesicht drauf. So kann ich besser zuhören, ohne mich entscheiden zu müssen, ob etwas stimmt oder nicht.

»Das ist ein Ansatz, den ich nicht erwartet hätte«, sagte ich. »Wie kommt man darauf?«

»Deshalb fahre ich zweimal im Jahr nach Indien«, sagte Beverly. »Wenn du möchtest, kannst du beim nächsten Mal mitkommen.«

Ich sah Annie an, und sie schlug die Augen zu Boden, was ich als Wir-machen-da-nicht-mit-Zeichen kannte.

»Danke für die Einladung«, sagte ich. »Gibt es vielleicht eine Erklärung, die ein wenig mehr für den Verstand ist? Du weißt ja, mein Beruf, mein Kopf und so ...«

Beverly nickte verständnisvoll.

»So ging es mir auch einmal vor« – sie überlegte kurz – »inzwischen vierzehn Jahren. Ich war wie du, studiert, hatte den Kopf voller Fakten und gleichzeitig viele große Fragen.«

»Prima«, sagte ich. »Was ist denn dann die Liebe?«

»Winston!«, sagte Annie, und das in einem deutlich schärferen Ton als zuvor.

»Ja?«

»Er hat Fragen, das lässt ihn wachsen«, sagte Beverly lächelnd und machte eine beschwichtigende Handbewegung in Annies Richtung.

»So ist es«, sagte ich.

Annie schüttelte den Kopf und widmete sich ihrer Suppe.

»Liebe ist ein Zustand der Erleuchtung, in dem man nichts mehr braucht und nichts mehr sucht, weil man alles in sich selbst gefunden hat«, sagte Beverly.

Ich entfernte das Clowngesicht von der Kiste und klebte das Schild »kein schlechter Ansatz« darauf.

»Aber wenn man trotzdem einen Menschen liebt?«, fragte ich.

»Sagen wir, so wie ich Annie liebe. Ich denke, sie würde mir sehr fehlen. Nach dieser Definition ist keine Liebe in mir, weil ich Annie dafür brauche.«

»Eines Tages wirst du erleben, dass du Annie nicht brauchst, um zu lieben«, sagte Beverly.

»Ich finde, wir sollten jetzt das Thema wechseln«, sagte Annie. »Wie schmeckt euch die Suppe?«

Auf einer Wie-gerne-mag-ich-jemanden-Skala, die von minus zehn bis plus zehn reichte, hatte ich Beverly bisher bei null eingeordnet. Aber dieser letzte Satz hatte sie automatisch auf

minus neun gerückt. Ich riss das freundliche Clowngesicht von der Beverlykiste und klebte einen Horrorclown darauf.

»Ich will nicht mehr mit ihr essen gehen«, sagte ich auf dem Heimweg im Auto.

»Du hast sie provoziert, Winston«, sagte Annie.

»Ich habe nur eine Frage gestellt, um etwas über ihre Weltsicht zu erfahren. Das ist nicht schlimmer, als über den letzten Film mit Hugh Grant zu sprechen.«

»Ist es doch, wenn es darauf hinausläuft.«

»Worauf denn?«

»Das weißt du selbst.«

»Ja«, sagte ich, weil Annie natürlich recht hatte. »Es tut mir auch leid.«

Ich hatte sie provoziert, ein klein wenig, das musste ich zugeben. Keine Ahnung, warum, aber diese Beverly-Frau weckte in mir einen unerklärlichen Trieb, wie ihn wohl Boxer in sich tragen, wenn sie freiwillig in den Ring steigen, sich gegenseitig vermöbeln und hinterher Interviews dazu geben.

»Und was machen wir jetzt damit?«, fragte ich Annie.

»Womit?«

»Mit diesem Satz«, sagte ich. »Dass ich dich eines Tages nicht brauchen werde für die Liebe. Er ist wie eine Prophezeiung. Ich hatte noch nie so etwas Schreckliches in meinem Kopf, und ich will diesen Gedanken da raushaben.«

Ich zitterte innerlich vor Aufregung.

»Genau das hasse ich an diesen Esoterikern, wirklich«, sagte ich. »Das macht man einfach nicht. Man gibt nicht ungefragt seine Ansichten über andere Menschen in deren Gegenwart ab. So ein unhöflicher Mist.«

Ich wusste gar nicht, woher all diese Gefühle in mir kamen und wie ich sie unter Kontrolle bringen sollte. Am liebsten wäre ich zu Beverly Cunnigham gefahren und hätte ihr ihre Lama-

mütze in den Mund gestopft und sie angeschrien, sie solle ihre dummen Weisheiten über das Leben anderer Menschen für sich behalten. Was natürlich ein Witz gewesen wäre angesichts meines eigenen Berufs, meines Erkenntnistagebuchs und meiner Kinderbücher und Cartoons.

Annie sagte nichts. Sie starrte nur in die von Straßenlaternen unterbrochene Dunkelheit vor uns, ein Zustand, der mir Beklemmungen bereitete. Wenn ich zurückdenke, glaube ich, sie hat in diesen Sekunden ihre Zukunft gesehen oder zumindest geahnt, und deshalb war sie so still. Vielleicht hat sie gewusst, dass ich eines nicht so fernen Tages allein sein würde.

»Annie, meinst du wirklich, wir lieben uns? Wenn ich Beverly höre ...«

»Winston, bitte lass es.«

Ich kannte Annie selten zornig oder ablehnend. Aber jetzt gerade hatte sie keine gute Laune.

Zu Hause angekommen googelte ich die Worte Esoterik und Liebe und kam schnell auf die griechischen Philosophen und natürlich auf Sokrates und dessen Schüler Platon. Zum Glück waren die nicht in Indien gewesen und hatten dennoch etwas über die Liebe herausgefunden, das mir mehr lag als Beverlys Ausführungen. Platon sagte, es gäbe drei Arten von Liebe. Die Liebe zu Dingen, die Liebe zu Menschen und die Liebe zu immer höheren und damit schöneren Erkenntnissen. Letzteres ist die größte Liebe der Philosophen, und man nennt sie noch heute aufgrund der Entdeckerleistung von Platon auch die platonische Liebe. Alle drei können einzeln und abwechselnd in einem Menschen sein oder auch miteinander und ständig.

Seitdem hat die Liebe für mich drei Ecken. In einer sind die Menschen, die man liebt. In der anderen die Dinge und Ziele, die man liebt. Und in der dritten ist die Liebe zur höchsten Wahrheit und Weisheit.

In mir entspannte sich etwas. Ich durfte Annie ganz und gar lieben. auch ohne erleuchtet zu sein.

Winstons Flash #19 | Die drei Arten von Liebe

Für den inneren Frieden ist es gut zu wissen, dass es drei Grundarten von Liebe gibt und dass zwei davon nichts mit Menschen zu tun haben. Falls man das nicht weiß, wird man vielleicht immer wieder Menschen für das Fehlen von Liebe verantwortlich machen. Und daraus entsteht dann Unglück. Unsere Sehnsucht nach Liebe mit der richtigen Art von Liebe zu füttern erspart uns viele Probleme.

Wenn es mal schlecht läuft

★ Minute 1:45

Der amerikanische Ingenieur Edward Murphy stellte vor über sechzig Jahren erstmals eine Hypothese in den Raum, die uns alle bis heute nicht loslässt. Sie lautet: Wenn es mehrere Möglichkeiten gibt, eine Aufgabe zu erledigen, und wenn eine davon mit viel Ärger oder in einer Katastrophe endet, dann wird jemand kommen und es genau so machen. Später vereinfachte man es auf den Satz: »Alles, was schiefgehen kann, wird schiefgehen.« Man hat viel geforscht, warum das so ist. Ein wesentlicher Grund sind geheime Sabotageaktionen unseres Unterbewusstseins.

Wir machen Kratzer oder Flecken in nagelneue Autos (und dann nie wieder), lassen frisch erworbene Smartphones in den ersten Tagen zu Boden fallen (kaufen dann eine Schutzhülle, aber es passiert dennoch nie wieder), wir verschütten Kaffee auf dem neuen Sofa (auf dem alten noch nie), bekleckern frische, helle Blusen kurz nach dem Anziehen (mit etwas, das nie mehr ganz heraus geht), vergessen unseren Ausweis genau dann, wenn er einmal in fünf Jahren wirklich gebraucht wird. Wir werden plötzlich krank, obwohl wir beschlossen haben, das ungeliebte Familienfest ganz ehrenhaft zu besuchen. Wir gehen versehentlich fremd (oder zumindest fast), obwohl wir von ganzem Herzen immer treu sein wollten.

Wir nehmen Füße zu spät vom Gas, lassen Schuhe unter Bremspedale rutschen und entfernen rote Hämmer aus unseren Fahrzeugen, obwohl wir unser ganzes Leben lang alles doppelt absichern wollten. Selbst wenn wir die allerbesten Vorsätze fas-

sen und uns alle Mühe der Welt geben, haben wir einfach keinen Einfluss auf die Aktionen im Keller unseres Gehirns. Das ist eine der wichtigsten Erkenntnisse zu Murphys Gesetz.

Ich dümpelte inzwischen seit geschätzten anderthalb Minuten im See, und Annies Peugeot war bereits spürbar tiefer gesunken. Die Wasserlinie außen um den Wagen herum stand nicht mehr in der Mitte der Türen, sondern auf Türgriffhöhe. Wie zum Ausgleich war der Pegel im Innenraum bis zum Rand der Türtaschen angestiegen.

Murphys Gesetz sagte, dass ich gerade in einem Ergebnis der Arbeit meines eigenen Unterbewusstseins saß. Ich überlegte, ob das stimmen konnte. Eigentlich ist so etwas in einer lebensbedrohlichen Lage egal, aber ich wusste, warum sich mein Kopf das gerade fragte: weil schwierige Ziele nicht mit halbem Herzen und halber Kraft erreicht werden. Und hier herauszukommen entwickelte sich gerade zu einem schwierigen Ziel. Wenn aber in einer schwierigen Lage ein lebensmüdes Unterbewusstsein keine Lust hat mitzumachen, wird man einen nächsten Fehler machen, der in eine letzte, endgültige Katastrophe führt. Also ging es gerade darum, ob ich wirklich hier herauswollte oder ob mein Unterbewusstsein aufgegeben hatte. Ich wusste, dass diese Frage wichtig war, aber ich konnte sie jetzt nicht beantworten, und genau diese Erkenntnis drehte mir fast den Magen um.

Plötzlich fiel mir mein Handy ein. Wenn es nicht gerade in der Halterung steckt, bewahre ich es in der Seitenablage der Fahrertür auf. Doch da war es nicht, sonst wäre ich schon während der Suche nach dem Hammer darauf gestoßen. Das trübe Licht der Leuchte am Wagenhimmel reichte nicht aus, um jeden Winkel am Boden zu erhellen. Also tastete ich meine Umgebung ab und erwischte es nach kurzem Suchen direkt unter meinem Sitz. Beim Sturz in den See musste das Handy irgendwie in den Fußraum geraten sein. Ein paar Handgriffe später wusste ich,

dass ich kein wasserdichtes Modell hatte, auch nicht, wenn man es trocken schüttelt und abreibt. Eine wirklich gute Frage war, warum ich nicht sofort nach meinem Telefon gesucht hatte, statt das Radio einzuschalten und Opernmusik zu hören. Ich denke, es war wegen Murphy.

Winstons Flash #20 | Die zwei Arten von Wollen

Manchmal will man etwas unbedingt und ist unglücklich, weil es einfach nicht eintrifft. Dann hilft das Wissen um die zwei Arten von Wollen.
Es gibt das, was unser Verstand will. Und es gibt das, was wir unterbewusst wollen. Wenn etwas nicht klappt, nützt es oft wenig, den Willen zu verstärken. Viel besser ist es nachzuforschen, was tief in uns in eine andere Richtung arbeitet, und daran etwas zu verändern.

Kinder?

Wenn wir etwas ganz besonders vermeiden wollen, produzieren wir es damit erst recht. Dieser Teil des Murphy-Gesetzes macht uns oft im Hintergrund das Leben schwer. Ich wollte immer vermeiden, privat in die Lebensprobleme anderer Menschen hineingezogen zu werden. Es genügte mir, dass ich anderen beruflich half, aber in meiner Freizeit mochte ich die heile Welt mit Annie und liebte es, wenn die Dinge immer gleich blieben.

Aber eines Tages kamen Jason und Jenny Nigel mit ihrem Sohn Brian Jason Nigel junior in meine Praxis und schleppten ihr Thema ganz unbeabsichtigt bis in meinen persönlichen Teil des Hauses.

Der kleine Brian war ein bemitleidenswerter Junge. Im Moment wurde er von beiden Elternteilen als Spielball in deren Trennungsstreit benutzt. Warum man sein Kind für persönliche Ziele im Konflikt mit dem Partner benutzt, ist eines der Dinge, die ich am allerwenigsten auf der Welt verstehen kann und die gleichzeitig am allermeisten in meiner Praxis auftauchen. Beruflich weiß ich natürlich, was zu tun ist, aber ganz privat, tief im Winstonland, habe ich absolut keine Ahnung, warum man sein eigenes Kind wie eine Waffe einsetzt, um sich einen persönlichen Sieg zu verschaffen.

Wenn es sieben Siegel auf dem Buch des Menschseins gäbe, dann wäre das eines davon. Ich vermute, mein Unverständnis liegt daran, dass siegen zu wollen kein Bestandteil meines Gehirns ist. Mein Kopf sucht immer nur die besten sachlichen Lösungen für Probleme.

»Annie, ich glaube, ich habe ein Problem«, sagte ich.

»Geht es noch immer um die Frage, warum die Psychologie die Seele nicht erklären kann, obwohl sie die Wissenschaft rund um die Seele ist?«, fragte Annie.

Ich war voller Bewunderung dafür, wie gut sie sich Dinge merkte, die mich beschäftigten. Ich glaube, diese Fähigkeit ist ein Merkmal von Liebe, weil man es einfach kann, wenn man jemanden wirklich liebt.

»Nein, das habe ich gelöst«, sagte ich.

»Tatsächlich?«, sagte Annie. »Das hast du mir noch gar nicht erzählt.«

Ich nickte. »Es hat mit der Wissenschaftstorte und dem Kuchenmesser zu tun. Irgendwann im Mittelalter wurden Schnitte durch das Wissen der Menschheit gemacht, weil man sich auf einzelne Teile besser konzentrieren konnte. Medizin, Astronomie, Physik und so weiter. Alles rund um die Herkunft und Beschaffenheit der Seele kam zur Religion, und nun fehlt es natürlich in der Psychologie. Weil das für den Klienten unbefriedigend ist, haben die Psychologen einfach die Gefühle in eine Kiste mit der Aufschrift Seele gepackt. Aber das geht natürlich am Ende nicht auf, weil viele Gefühle und Emotionen überhaupt nichts mit der Seele zu tun haben. Deshalb sind viele Klienten mit der Psychologie unzufrieden.«

»Das klingt logisch«, sagte Annie.

»Ja, und es ist sehr wahrscheinlich auch wahr«, sagte ich. »Aber es ist nicht mein Problem. Mein Problem ist, dass ich unten gerade zwei Eltern in der Sprechstunde habe, die sich um ihr Kind so sehr streiten, dass das Kind jetzt lieber mich als Vater haben will.«

»Das ist allerdings ein Problem«, sagte Annie.

»Brian sagt wörtlich: ›Ich will, dass Dr. Winston mein Daddy ist. Ich will nicht nach Hause.‹ Ich könnte das lösen, wenn nicht beide Eltern ihr Kind loswerden wollten.«

»Ich dachte, sie streiten sich darum?«

»Annie, genau das ist das Problem. Sorgerecht und Geld. Sie streiten sich darum, wer es wie lange bei sich haben darf und muss, und gleichzeitig schieben sie es sich gegenseitig zu, als wollten sie es nicht haben. Sie sagen Dinge wie: ›Es ist auch dein Sohn‹ und so weiter. Jetzt wollen sie ihn in ein Internat abschieben. Ich wusste nicht, dass sie zu zweit kommen, sonst hätte ich es verhindert.«

»Oh, Winston«, sagte Annie. »Das ist sogar ein großes Problem.«

»Ja«, sagte ich. »Kommst du mit runter?«

»Warum?«

»Wegen des kleinen Brians. Ich sage doch, er will nicht nach Hause gehen. Er will hier wohnen. Ich dachte, deine Erfahrung als Lehrerin könnte helfen.«

»Du meinst das ernst?«, fragte Annie.

»Natürlich«, sagte ich. »Kannst du mir helfen?«

Annie ist manchmal der bessere Kinderpsychologe von uns beiden. Ich glaube, es liegt daran, dass sie eine Frau ist, und manche Kinder hören auf Frauen einfach mehr als auf Männer.

Brian war fünf, hatte blonde Haare wie einer von den Simpsons und trug eine rote Brille mit kreisrunden Gläsern. Ich mochte ihn, weil er mich ein wenig an mich selbst in diesem Alter erinnerte. Unter allen heiklen Situationen ist es natürlich eine besonders brisante, wenn ein Kind nach einer Sitzung auf keinen Fall nach Hause gehen will.

Annie zupfte sich die Haare zurecht und begleitete mich nach unten in die Praxis, in der Jason und Jenny Nigel mit ihrem Jungen saßen. Annie öffnete die Tür, und das Erste, was sie laut sagte, war:

»Vielen Dank, wir nehmen ihn!«

»Da liegt ein Missverständnis vor«, sagte Mrs Nigel.

»Wir sind seine Eltern«, sagte Mr Nigel.

»Oh, entschuldigen Sie«, sagte Annie. »Mir wurde gesagt, dass es hier einen Jungen gibt, den niemand bei sich haben möchte.«

»So kann man das nicht sagen«, entgegnete Mr Nigel. »Wir haben beide neue Partner, und das bringt gewisse Schwierigkeiten mit sich.«

»Winston und ich lieben Kinder«, sagte Annie. »Wenn Brian bei uns wohnen möchte, bringt das überhaupt keine Schwierigkeiten mit sich. Wir freuen uns vielmehr sehr und sind sofort einverstanden.«

Ich war so durcheinander, dass ich die Situation in keine Kiste einordnen konnte. »Annie ...«, sagte ich heiser.

»Ich weiß, Winston«, unterbrach mich Annie. »Seit so vielen Jahren wünschen wir uns einen Sohn, und jetzt ist er da. Das bewegt mich auch.«

»Wir gehen jetzt«, sagte Mrs Nigel.

»Das verstehe ich«, sagte Annie. »Komm, Brian, ich zeige dir dein neues Zimmer.«

Brian starrte seine Eltern abwechselnd an, und seine Eltern starrten ihn und uns abwechselnd an.

»Er wohnt bei mir«, sagte Mr Nigel plötzlich. »Solange er will.«

»Das steht noch gar nicht fest«, sagte Mrs Nigel. »Es ist auch mein Sohn.«

»Sie wollen Brian behalten?«, fragte Annie. »Aber das können Sie doch nicht tun!«

»Brian ist mein Sohn!«, rief Mr Nigel nun deutlich lauter. »Und niemand wird mir meinen Jungen wegnehmen.«

»Nun, dann geht es wohl eher um die Klärung der Besuchsrechte«, sagte Annie. »Wie schade. Winston und ich hatten uns so gefreut. Sie müssen wissen, dass viele kinderlose Paare jahrelang auf eine Adoption warten und sich für manche diese Sehnsucht nie erfüllt.«

In den Augen von Brians Eltern lag ein Blick wie von jemandem, der gerade einen Bombenangriff überlebt hat. Der pure
Schrecken. Ich fand es toll.

»Wir wollen unseren Jungen auf keinen Fall zur Adoption
freigeben«, sagte Mrs Nigel.

»Aber Sie wollen ihn auch nicht bei sich haben und ihm keine
Familie sein«, sagte Annie.

»Doch, das wollen wir!«, rief Mr Nigel, der inzwischen ziemlich rosa angelaufen war. »Und jetzt ist Schluss damit. Komm,
mein Junge.«

Annie hatte mich gerade einen Klienten gekostet, aber es war
das Beste, was man aus der Situation machen konnte. Manche
Menschen brauchen einen gezielten Tritt zur richtigen Zeit,
dann wachen sie auf. Selbst wenn sie danach vielleicht nie wie-
derkommen, hat man als Therapeut doch etwas Positives bewirkt, und deshalb arbeitet man in diesem Beruf.

»Annie! Was war denn das?«, fragte ich, als wir zusammen in
den ersten Stock gingen.

»Äpfel«, sagte Annie. »Mache sie begehrenswert, und jeder
will sie haben.«

»Nein, das habe ich verstanden«, sagte ich. »Ich meine, du hast
zu den Nigels gesagt, dass wir uns nach Kindern sehnen.«

»Ja«, sagte Annie.

»Meinst du das wirklich?«

»Ich weiß nicht«, sagte Annie. »Es ist mir so rausgerutscht,
und jetzt bin ich selbst davon überrascht.«

»Das ist eine wichtige Frage«, sagte ich. »Darüber müssen wir
gut nachdenken.«

Drei mögliche Gründe für
Lebensmüdigkeit

★ Minute 2:00

Während ich hörte, wie das Wasser im Kofferraum gluckste, weil
es wahrscheinlich gerade dabei war, den Hohlraum um das Re-
serverad herum auszufüllen, blitzte in mir noch mal die irrsinnige Szene kurz vor der Kurve auf.

Sie können sich das vielleicht nicht gut vorstellen, aber in
einer wirklich lebensbedrohlichen Situation laufen alle Vorgänge im Gehirn so schnell ab, als hätte jemand den Überlicht-An-
trieb aktiviert: Ein Gedanke erscheint in Ihrem Kopf und – Blitz
– schon sind Sie am Ziel. Auf herkömmlichem Weg muss man
lange von etwas erzählen, das in Wahrheit in Sekundenbruchteilen geschieht.

Auf jeden Fall lief vor meinem inneren Auge gerade der ganze Unfall vom Gasgeben vor der Kurve bis zum Eintauchen in
den See ab. Die Situation, an der ich immer wieder hängenblieb,
war der Moment mit dem unkontrollierbaren Druck auf das Gaspedal – wie im Körper eines Irrsinnigen auf seinem Sturzflug in
die Hölle.

»Gott noch mal, das kann doch alles nicht wahr sein«, sagte
ich laut und schlug auf das Lenkrad.

Ich fühlte mich wie in einer Sendung mit versteckter Kamera
und wartete darauf, dass jeden Augenblick ein Schlauchboot mit
einem Rettungsteam und Moderator käme, um mich schulter-
klopfend zu interviewen.

Der Grund für den Drang, sich umzubringen, ist die Liebe,
mischte sich Professor Baldwin mit seiner näselnden Stimme in

meine Gedanken ein. *Wenn sie fehlt, gehört man nirgendwo dazu und fühlt sich ausgestoßen, einsam und sinnlos.*

»Ich will mich nicht umbringen«, sagte ich.

So klar ist das nicht, werter Kollege, sagte Henry von seinem Türplatz aus nach oben zu Professor Baldwin. *Wenn das Abenteuer fehlt und man nichts Neues mehr erlebt, wird das Leben monoton und sinnlos. Da hilft einem auch die Liebe nichts.*

»Hört sofort auf damit!«, sagte ich.

Ich finde, es sind die Ängste, die einem das Leben so schwer machen, dass es nicht mehr lebenswert erscheint, piepste Lizzie. *Wenn man Angst hat ...*

»Und ich finde, ihr solltet jetzt mal alle den Mund halten!«, rief ich. »Ich muss mich konzentrieren, sonst werden wir hier zusammen ersaufen.«

Aber ganz unrecht hatten sie nicht. Das mit der fehlenden Liebe bewegte mich tatsächlich. Der Zustand fühlte sich an wie ein Mann, der an einer Bar sitzt und einfach kein Bier bekommt. Alles in seinem Leben kann in Ordnung sein, der Tag war gut, die Geschäfte laufen toll, die Frau wartet zu Hause, die Kinder wachsen anständig auf. Aber wenn er nun einmal ein Bier bestellt hat, erwartet er es auch. Wenn es nicht kommt, spürt er eine Lücke in seinem Leben, obwohl sein Leben in Wahrheit wunderbar ist. Und falls das Bier länger nicht geliefert wird, gerät seine ganze schöne Welt aus dem Gleichgewicht. Dann kann er einen richtig miesen Abend haben.

Was ein Bier mit meinem Kopf anstellt

Wenn Sie mir ein Bier hinstellen, lösen Sie damit etwas anderes aus als bei den meisten normalen Menschen. Sagen wir, ich sitze an einem Tisch, und Sie bringen mir ein Bierglas, eine Flasche und eine Schale Erdnüsse. Vielleicht noch eine Papierserviette.

Sie werden es irgendwie vor mir abstellen. Aber irgendwie ist nicht gut. Denn wenn ich auf etwas blicke, sehe ich Dinge, die stimmen, und Dinge, die fehlerhaft sind.

Wenn die Schale, das Bierglas und die Flasche vor mir stehen, stelle ich als Erstes das Glas und die Flasche nebeneinander und drehe die bedruckte Glasseite und das Flaschenetikett in meine Richtung. Und zwar so, dass jeweils die Mitte des Aufdrucks zu mir zeigt, damit ich das ganze Bild sehen kann. Ich möchte, dass die Flasche mich ansieht, wenn ich sie ansehe.

In meiner Welt gehören eine Bierflasche und ein Bierglas eher zusammen als eine Bierflasche und eine Erdnussschale. Glas und Flasche sind sozusagen ein Paar, und die Erdnussschale ist ein Single, der sich dazugesellen will. Er ist zwar zur Tischparty eingeladen, aber er kommt eben allein, und deshalb steht er vor den beiden.

Die Serviette kann das ein wenig verbessern, denn eine Serviette und eine Erdnussschale sind eine Art Team, sie gehören eher zusammen als eine Serviette und eine Bierflasche. Manchmal falte ich die Serviette auseinander und benutze sie wie eine kleine Tischdecke. Und plötzlich habe ich einen klar abgegrenzten Raum für die Party, in dem sich alle drei gleichberechtigt aufhalten. Jetzt dürfen alle die gleichen Abstände zueinander haben, wenn sie wollen.

Ich habe Menschen an Biertresen viele Male sorgfältig beobachtet und festgestellt, dass ich nicht allein bin. Fast alle rücken sich ihre Sachen zurecht und folgen dabei einer erkennbaren Ordnung. Wenn sie ein Glas unabsichtlich zu weit entfernt von der Flasche abgesetzt haben, rücken viele es früher oder später zurecht.

Der Unterschied ist nur, dass ich es ganz bewusst und absichtlich mache und die Anordnung für mich zur wichtigsten Sache an diesem Ort wird, solange sie nicht stimmt. Wenn etwas daran falsch ist, stört es mich so sehr, wie es Sie stören würde, wenn jemand Sie unablässig in die Seite knufft oder wenn Ihnen pausenlos einzelne Wassertropfen auf den Kopf fallen. Ich kann Dinge nicht untätig ignorieren, wenn man sie ganz einfach richtigstellen könnte.

Exakt so geht es mir auch, wenn ich über ein wichtiges Thema nachdenke und dabei einfach keine harmonische Ordnung herstellen kann. Eines der größten Unordnungsthemen meines Lebens war die folgende Frage:

Sex = Liebe = Sex?

Ich gebe zu, dass das ein heikles Thema ist. Ich würde Sie auch nicht damit belästigen, wenn es nicht ein Puzzleteil zu meinem Tod gewesen wäre, das Sie sich vielleicht selbst ersparen können.

Ich weiß nicht, wie es Ihnen ergangen ist, aber ich war einer der am schlechtesten aufgeklärten jungen Menschen meiner Schule, obwohl mein Vater als Psychotherapeut arbeitete. Denn Dr. Ruphus Flash konnte zwar gut zuhören, und er verstand bestimmt auch viel davon, was in erwachsenen Köpfen vor sich ging, aber gut erklären konnte er nicht. Zumindest nicht Kindern das Thema Sex.

Nach einem gescheiterten Versuch aus der Insektenwelt und einigen Anstalten, rein zufällig nackt im Bad aufzukreuzen, was

beides nicht die erhoffte Neugier in mir weckte, gaben meine Eltern das heikle Thema in die Hände von Profis. Kurz gesagt hofften sie, die Schule würde es mir im Rahmen des Erziehungsauftrages schon irgendwann beibringen.

Hat sie aber nicht. Entweder war ich krank, als das Thema dran war, oder es hat nie auf dem Lehrplan gestanden. Irgendwann hantierten meine Klassenkameraden in jeder erdenklichen Ecke mit Mädchen herum, während ich hinter Bäumen und Autos herumlungerte und sie durch die kreisrunden Gläser meiner Hornbrille aus der Ferne beobachtete.

Es ist kein gutes Gefühl, etwas nicht zu erleben, das alle anderen erleben. Es sei denn, man erschafft sich seine eigene Welt und findet diese besser. Ich stellte mir vor, ich wäre ein Forscher, der aus einem Sicherheitsabstand heraus wichtige Studien an einem der letzten unberührten Urvölker dieses Planeten durchführte. Verdeckte Beobachtung war erlaubt, eine Kontaktaufnahme jedoch nicht, um das soziale Gefüge nicht zu stören.

Ich glaube, zu dieser Zeit kam in mir zum ersten Mal die Sehnsucht danach auf, mein Notizbuch immer dabeizuhaben, und natürlich der Wunsch nach einer Umhängetasche, wie Harrison Ford sie auf der Jagd nach der Bundeslade trug. Meine Teenagerzeit war im Hinblick auf Beziehungen wirklich ein großes Abenteuer, aber ganz anders als bei den anderen.

Einer der Einträge in mein Forscherbuch lautete: »Warum streicheln sich Menschen gegenseitig, auch wenn sie sich gar nicht lieb haben?«

Es stand damals noch nicht »Winstons Flash« darüber, und wenn ich es heute durchlese, gebe ich zu, dass die Ausdrucksweise etwas ungelenk war, aber Sie verstehen wahrscheinlich trotzdem, was ich gemeint habe.

Während die Jungs die Mädchen entdeckten und die Mädchen die Jungs entdeckten, beobachtete Winston alle zusammen und

versuchte herauszubekommen, was sie da machten. Ich habe sehr lange gebraucht, um zu meiner ersten gesicherten Erkenntnis zu kommen, die lautete: »Sie üben.«

Mir war aufgefallen, dass weder die Mädchen noch die Jungen sich während der gemeinsamen Kontaktzeit normal oder auch nur berechenbar verhielten. Mir schien es, als studierten sie ein Theaterstück ein, zu dem ihnen nie jemand das Drehbuch erklärt hatte. Außerdem gingen die Kontakte selten lange gut, denn relativ zügig war ein anderer Partner interessanter. Was mich eben zu dem Schluss brachte, dass sie einfach nur übten. Nur wusste ich nicht, was genau sie übten. Bis der Biologieunterricht das Thema aufgriff und ich die Evolution verstand.

Meine nächste Erkenntnis lautete deshalb: »Sie üben, sich näherzukommen, um sich danach vielleicht zu vermehren.«

Ich sah auf meinen Satz und fand ihn plausibel. Gleichzeitig erschreckte er mich, weil ich persönlich keine Lust hatte, mich zu vermehren. Was wieder einmal dafür sorgte, dass ich der Außenseiter war.

Doch das Leben legt jedem von uns seine Chancen vor die Füße – oder wie in meinem Fall ins Bett.

Es war während eines Schulausflugs in einem Landheim in Cornwall. Drei Mädchen- und vier Jungenklassen. Ich erinnere mich nicht genau, wie alt ich war, vielleicht dreizehn. Auf jeden Fall nicht alt genug, um zu verstehen, was zu tun ist, wenn sich ein Mädchen, das man nur vom Sehen kennt, nachts zu einem ins Bett schleicht. Ich erinnere mich, dass sie Kathy hieß, und ich glaubte ihr aufs Wort, dass ihr kalt war. Aber ich hatte keine Ahnung, was mein Bett damit zu tun hatte und wie ich ihren Zustand verbessern sollte.

Es war schlimm, denn das Bett war nur für eine Person gedacht, und weil ich ihr viel Matratzenplatz und genügend von meiner Decke geben wollte, eben damit sie nicht fror, verbrachte

ich den Rest der Nacht auf einer Seite liegend mit dem blanken Rücken gegen die Zimmerwand gepresst. Ich denke, es war für uns beide kein besonders sinnliches Erlebnis, und ich konnte noch weniger verstehen, welchen Zweck es haben sollte, sich auf diese Weise mit Mädchen zu beschäftigen.

Ich dachte danach viel über das Thema Jungs und Mädchen und Männer und Frauen nach, und eines war mir klar: Sollte ich jemals eine Frau an meiner Seite haben, dann musste es Liebe sein. Liebe war etwas, das ich toll fand. Ich stellte mir vor, dass man dann für immer zusammen war und wirklich abenteuerliche Dinge erlebte, an die man sich im Alter gemeinsam erinnern würde. Liebe fand ich schon immer prima, weil ich dachte, sie bedeutete, sich niemals Ärger zu machen und sich immer zu unterstützen.

Ich konnte nie verstehen, warum man mit einem Menschen im Bett liegen soll, den man kaum kennt und von dem man keine Ahnung hat, ob er einen liebt und wie lange er bleibt.

Inzwischen weiß ich, dass viele erwachsene Menschen dasselbe Problem haben wie ich damals und sich nur nicht trauen, es einzugestehen. Ihr Intellekt sagt: »Ist doch klar, dass Sex und Liebe unabhängig sein können, das ist alles nur ein Frage der Vereinbarung. Nur Typen wie Winston können das einfach nicht auseinanderhalten.« Aber ihr Herz sagt: »Ich will nicht, dass es sich am Ende nur nach Sex und sonst nichts anfühlt. Ich will geliebt werden.«

Seien Sie froh, wenn Sie zu den Glücklichen gehören, die Liebe und Sex sauber trennen können, denn ich kann es bis heute nicht. Falls Sie Ihren Mitmenschen gerne helfen, könnten Sie ein Buch darüber schreiben – ich bin fast sicher, es hätte das Zeug zu einem Langzeitbestseller. Vermutlich hat es mit irgendeiner Technik zu tun, mit der man das Herz ausschalten kann. Aber ich bin da, wie gesagt, kein Experte. In mir war das ganze

Thema von Anfang an sehr verworren, deshalb hatte ich auch so viel Angst, als ich mit Annie zum ersten Mal ohne Fluchtmöglichkeit zusammen sein sollte – Sie erinnern sich an die Zugfahrt nach Newcastle upon Tyne ...? Ich dachte damals, Sex wäre für alle außer mir wichtiger als Liebe, und falls man ihn nicht ordentlich hinkriegt, verliert man auch die Liebe. Mir war nicht klar, dass Sex einfach nur der kleine Begleiter von Liebe sein kann. Ich dachte wirklich, er wäre der Chef.

Nach dem Erlebnis im Schullandheim notierte ich mir: »Sie üben, sich näherzukommen, um sich danach vielleicht zu vermehren, plus Grund X.«

Ich war ziemlich gut in Algebra, und X war meine Unbekannte: definitiv vorhanden, aber eben noch nicht ausgerechnet. Die Lösung bekam ich, als Charles Ignatius Chapelfolk, unser Religionslehrer, im Unterricht das Thema Sehnsucht aufgriff. Sie ist das unbekannte X, das die Menschen zueinander treibt, selbst wenn nicht gleich Liebe oder Vermehrung im Spiel ist. Die Sehnsucht ist der Magnet, der Menschen sich finden lässt, und sie ist der Klebstoff, der sie es miteinander versuchen lässt. Falls die Sehnsucht unerfüllt bleibt, ist das der Grund, warum sie sich streiten und trennen.

Viele wichtige Dinge im Leben drehen sich letztlich so sehr um eine bestimmte Sehnsucht, dass der Sinn des Lebens verlorengeht, falls keine Erfüllung eintritt – was unseren unterbewussten Murphy-Teil zu überaus dummen Handlungen treiben kann, so wie in meinem Fall. Ich hatte nie die Absicht zu ertrinken, und dennoch hatte ich es irgendwie herbeigesehnt.

Winstons Flash #21 | Leben und Sinn
und die Sache mit dem Sex

Man hört oft, guter Sex sei ein wichtiger Baustein für ein glückliches Leben. Falls man diesen Gedanken ungefragt übernimmt, würde fortan die Qualität von Sex über das Glück des eigenen Lebens mitbestimmen. Und falls man das weiterhin bejaht, wäre man abhängig davon, guten Sex zu erschaffen. Was wiederum großen inneren Druck ausübt, der dann nicht zu einem guten Leben beiträgt. Also stimmt an der Bausteintheorie über Sex etwas nicht.

Ich vermute, man kann ein wunderbares, erfüllendes Leben ohne Sex haben. Oder mit. Ganz wie es einem beliebt. Für manche Beziehungen kann das sehr erleichternd sein. Und für Menschen ohne eine Beziehung auch.

Die Frage, warum Frauen
Vampire lieben

Wenn man den Erfolg mancher Fernsehserien betrachtet, gehören Sex, Liebe und Vampire für viele Frauen offenbar irgendwie zusammen. Annie war da keine Ausnahme.

»Annie, du hattest bestimmt sehr viele Verehrer«, sagte ich eines Abends, während sie eine Vampirserie anschaute, der ich bereits seit der achtundzwanzigsten Episode nicht mehr folgen konnte. Aber Annie war eine Art Expertin für diese Geschichte, und sie wollte keine Minute verpassen. Deshalb nahm sie die Fernbedienung und stoppte den Film an einer Stelle, an der gerade ein tausend Jahre alter Urvampir seine Zähne in den Hals einer erheblich jüngeren Schönheit schlug, die aber gar nicht war, wer sie zu sein schien, weil sie aufgrund eines Fluchs ihren eigentlichen Körper mit einer Werwölfin tauschen musste, welche zudem ein Hybrid war, was aber im Moment nur ihr Freund wusste, der ebenfalls ein körpervertauschter Hybrid war und deshalb versehentlich die falsche Frau liebte. Oder so ähnlich. Ich hatte viel davon verschlafen.

»Worüber denkst du denn nach, Winston?«, fragte Annie.

»Über das mit der Liebe und wie wenig ich darüber weiß«, sagte ich.

»Glaubst du, dass du etwas verpasst hast?«

»Nein, gar nicht«, sagte ich.

»Da bin ich erleichtert. Was dann?«

»Du hattest bestimmt viele Jungs vor mir«, sagte ich.

»Bist du etwa neugierig auf meine Vergangenheit?« Sie drehte sich zu mir hin und sah mich amüsiert an.

»Ein wenig schon«, sagte ich. »Aber nur, weil ich nie verstanden habe, was die Menschen suchen, wenn sie miteinander Sex haben, obwohl sie genau wissen, dass es nie ein gemeinsames Leben geben wird.« Ich deutete auf den Bildschirm. »So wie die dort. Seit vierundachtzig Folgen streiten sich die zwei Männer um diese Frau, und egal, wer sie gerade hat, es gibt keine Spur von einem gemeinsamen Leben. Der Streit darum, wer sie bekommt, ist die ganze Handlung.«

»Vielleicht hoffen sie einfach, dass es einmal zu einem Ende kommt«, sagte Annie.

»Das hoffe ich seit der dritten Episode auch«, sagte ich. »Aber die streiten sich seit siebenhundert Jahren um dieselbe Frau. Es kann gar nicht darum gehen, dass einer sie auf Dauer bekommt. Ich verstehe das nicht, deshalb schlafe ich auch immer ein.«

»Und was hat das alles mit meinem Vorleben zu tun?«, fragte Annie.

»Ich dachte gerade, dass du dieses Mädchen da sein könntest und ob sich die Kerle früher auch um dich gestritten haben.«

»Sie ist hübsch, das ist ein Kompliment. Danke!«

»Du bist hübscher, und ich liebe dich«, sagte ich. »Aber die eigentliche Frage ist gerade ...« Ich fand nicht die richtigen Worte und spürte, dass mein Gesicht heiß wurde. Das war nicht gut.

»Die große Frage ist: Wie wichtig ist Sex für den Sinn im Leben?«, fragte ich.

»Das ist deine Frage?«

»Ja.«

»Haben wir deiner Meinung nach zu wenig Sex?«

»Nein. Es geht um ein Rätsel. Verflixt!«

»Dann sag es doch einfach.«

»Wie kann es sein, dass Menschen nichts vermissen, wenn sie nur Sex ohne Liebe haben? Dass es ihnen nicht leer vorkommt oder falsch oder wie ein Verrat an der Liebe? Wie kann es sein,

dass sie sich so nahe kommen und gleichzeitig keine Bedürfnisse entwickeln, miteinander leben zu wollen? Wie kann es sein, dass sich diese Frau alle naselang für einen anderen entscheidet und sie das jedes Mal wieder toll findet – als wäre es die erste und beste und wichtigste Entscheidung, ihn zu küssen? Wie kann all das sein? Wie kann ...«

»Winston!«, unterbrach mich Annie in einem scharfen Ton.

»Ja?«

»Was ist denn mit dir los?«

»Ich verstehe das einfach nicht«, sagte ich. »Schon mein ganzes Leben lang. Und das macht mich verrückt und traurig und wütend und gibt mir das Gefühl, ich hätte etwas Grundlegendes über das Leben nicht verstanden. Ich komme mir vor wie der dümmste Esel auf dieser Erde, weil alle anderen diese Sexsachen machen und ganz offensichtlich kein Problem damit haben, ob es heute diese Person ist oder übermorgen jene.«

Annie starrte mich an, als hätte ich mich gerade in einen Werwolf verwandelt. »So kenne ich dich ja gar nicht«, sagte sie.

»Ich habe mit niemandem den Körper getauscht«, sagte ich. »Ich verstehe nur einfach die Sache mit dem belanglosen Sex nicht und dass sich jemand nicht ordentlich entscheiden kann.«

Es entstand eine Pause. Der Urvampir schwebte noch immer mit offenem Mund über dem Hals der jungen Frau. Zum Glück setzte jetzt endlich der Bildschirmschoner mit den schönen Tierbildern ein.

»Du hast mir nie gesagt, dass dich diese Frage so bewegt«, sagte Annie.

»Es bewegt mich gar nicht«, sagte ich. »Es ist einfach nur ein vertracktes Rätsel.«

»Natürlich«, sagte Annie. »Und ich finde das schön, Schatz. Ich liebe dich dafür.« Sie neigte sich zu mir herüber und gab mir einen Kuss.

»Obwohl ich so seltsam bin?«, fragte ich, während ein Zebra durchs Bild schwebte.

Sie nickte und lächelte. »Gerade deshalb. Ich mochte das vom ersten Moment an.«

»Das kann ich kaum glauben«, sagte ich.

»Aber es ist so«, sagte Annie.

»Und warum?«

»Kannst du dir vorstellen, dass man sich nach einigen Erfahrungen, die so ähnlich sind, wie du es gerade beschrieben hast, über einen Menschen freut, der von all dem keine Ahnung hat?«, fragte sie.

»Das ist der Grund?«, fragte ich.

»Nur ein wenig.«

»Weil ich über diese Dinge so wenig weiß und so wenig Erfahrungen habe, findest du mich nett?«

»Nein, ich finde dich nicht nett, Dr. Winston«, sagte Annie und wurde ernst. »Ich liebe dich. Ich liebe dich, weil du dir ständig diese Fragen stellst und weil ich dabei ebenfalls zu neuen Einsichten komme. Ich liebe dich, weil du von vielen Dingen, die für andere normal sind, keine Ahnung hast und sie so unschuldig betrachtest. Weil genau das unser Leben so lebendig hält. Und selbst wenn das alles nicht so wäre und es keinen Grund gäbe, den ich aufzählen könnte, liebe ich dich trotzdem. Ich möchte kein anderes Leben und keinen anderen Mann. Auch keinen Vampir und keinen Werwolf.«

»Nicht?«

Sie schüttelte den Kopf.

»Ich habe großes Glück«, sagte ich.

»Nein, ich habe großes Glück«, sagte sie.

»Annie, ich glaube, wir sind seltsam.«

»Vielleicht auch nicht«, sagte sie. »Jeder Mensch hat doch seine eigene seltsame Welt, und das hier ist eben unsere.«

»Wenn ich all das niemals verstehe, liebst du mich dann trotzdem?«, fragte ich.

»Ganz sicher«, sagte Annie.

»Ich glaube, ich bin ein fürchterlicher Psychologe«, sagte ich. »Ich gebe anderen Ratschläge und bekomme es selbst nicht hin.«

»Das stimmt nicht. Es ist doch alles gut«, sagte Annie.

An diesem Abend machten wir wunderschöne Liebe miteinander.

Dreifaltigkeit und Wahnsinn

★ Minute 2:15

Das Wasser außerhalb des Wagens hatte inzwischen die Türgriffe verschluckt, und innen stand es bis zur Mitte meiner Waden. Ich hatte eine Reihe wirklich ernsthafter Probleme. Das Fenster war versperrt, Innen- und Außenpegel stiegen ständig weiter, es war kein Mensch in der Nähe, und eine unsichtbare Uhr zählte mich sekundenweise rückwärts in Richtung Seegrund. Ich hätte jetzt Panik bekommen sollen, doch plötzlich geschah etwas völlig Absurdes. Eigentlich dürfte ich es Ihnen gar nicht sagen, nicht dass Sie es nachmachen! Völlig absurd war, dass ein Teil von mir diese Situation toll fand. Toll!!!

»Okay, Indiana, jetzt ist es so weit«, sagte ich zu meinem Spiegelbild in der Seitenscheibe. »Die Nuss hat übernommen, und du bist endgültig durchgedreht.«

So würde ich es nicht unbedingt ausdrücken, hörte ich die Stimme von Professor Baldwin sagen, der noch immer über dem Tacho thronte und mich beobachtete.

»Und du bist ein Beweis dafür«, sagte ich und deutete in seine Richtung. »Blaue Elefanten mit Doktorhüten gibt es nicht. Und sprechen kannst du auch nicht.«

Es sieht so aus, als hättest du damit nicht ganz recht, sagte Lizzie. *Ich kann bezeugen, dass der Professor hier ist.*

Ich holte sie endlich hinter dem Sitz hervor und platzierte sie tropfnass neben dem Professor.

»Dein Urteil ist in diesem Fall gar nichts wert«, sagte ich.

Hört auf zu streiten, wir müssen das sinkende Schiff verlassen und haben keine Zeit zu verlieren, quäkte Henry, der noch immer

zwischen Beifahrersitz und Tür festklemmte. Ich zerrte ihn heraus und setzte ihn rittlings zwischen Steuer und Tachoanzeige.

Wir könnten es mal mit Beten versuchen!, sagte Lizzie, und ich hatte das Gefühl, dass die beiden anderen ernsthaft darüber nachdachten.

»Schluss jetzt damit!«, sagte ich. »Euer Gefasel macht mich ganz konfus.«

Es gab eine klare Situation. Es gab ein klares Ziel. Es gab eine begrenzte Anzahl von Möglichkeiten. Einige waren schon ausgeschieden. Wie ich die verbliebenen Optionen nutzte, hing allein von mir ab. Nichts davon war Gottes Wille. Erst war es Murphys Job gewesen, und nun hatte ich es selbst in der Hand.

»Das Leben ist die Summe aller Entscheidungen«, sagte der französische Philosoph Albert Camus einmal. Ich glaube, er hatte zu fünfzig Prozent recht. Ich finde, unser Leben ist die Summe aller Entscheidungen plus die Summe aller Schicksalsereignisse. Aber wir können entscheiden, wie wir mit dem Schicksal umgehen. Was immer ich jetzt tat, würde meinen Erfolg bestimmen. Messbar, sichtbar und fühlbar. Das war besser als die letzten fünf Jahre, in denen ich praktisch nichts für Annie hatte tun können.

»Okay, okay, alles cool, das bekommen wir schon hin«, sagte ich mit fester Stimme und trommelte mit den Fingern gegen das Lenkrad.

Endlich denkst du in der Wir-Form, sagte Lizzie.

»So war das nicht gemeint«, sagte ich. »Es gibt kein Wir. Ich muss das allein lösen.«

Probier es doch mit Hupen, sagte der Professor. *Und dazu könnten wir alle um Hilfe rufen. Vielleicht hört uns jemand.*

»Es gibt kein Haus im Umkreis von fünf Kilometern«, sagte ich. »Also was soll das bringen außer Frust?«

Besser als nichts, rief Henry. *Blas das Horn!*

Ich drückte auf die Hupe. Sie ging noch, aber leider war sie bereits unter Wasser und nur dumpf zu hören. Es klang ein wenig wie »Gniiigniii«.

Gut, das war nichts, sagte Henry.

Dann rufen wir um Hilfe, sagte Lizzie. *Alle zusammen, jetzt ...*

»Nein!«, rief ich. »Ich muss nachdenken, und außerdem ist das Auto geschlossen, uns hört kein Mensch.«

Das Geplapper der drei nervte mich gerade unglaublich, auch wenn ihre Ideen natürlich ganz logisch waren.

»Das alles hier ist einfach lächerlich«, sagte ich. »Ihr seid nur Stoffpuppen, das ist nur ein Auto und ein See, und wenn ich will, kann ich meine Tür öffnen und die ganze Sache zu Ende bringen. Und zwar jetzt sofort.«

Irgendwie bereitete mir diese Vorstellung ein gutes Gefühl. Ich glaube, ein Teil von uns will immer eine einfache, letzte, alles rettende Option haben. Etwas, das man immer noch tun kann, wenn alles andere nicht funktioniert. Wie ein Pokerspieler, der ein Blatt überreizt, weil er weiß, dass er, selbst wenn er diese Runde verliert, einfach aufstehen und noch mit Gewinn nach Hause gehen kann. Man kann leicht erkennen, ob dieses Ding im Kopf gerade läuft, denn der rettende Gedanke beginnt mit »Ich kann ja immer noch ...«.

Laut dem Artikel in der Autozeitschrift sollte man warten, bis der Wagen abtauchte oder bereits am Grund stand. Dann sollte man einen großen Atemzug nehmen, eine Tür aufdrücken, das Wasser hereinlassen, die Tür ganz aufstoßen und hinaus nach oben schwimmen. Das Ganze hatte mit dem Außendruck zu tun, dem sich der Innendruck angleichen musste.

Jetzt mach endlich diese verdammte Tür auf – und fertig!, rief Henry.

Hauruckaktionen haben schon viele ins Grab gebracht, näselte der Professor. *Wir sollten in aller Ruhe die Frontscheibe her-*

auslösen und den Wagen gepflegt nach vorn hinaus verlassen.

Elegante Lösungen sind nicht automatisch die sichersten Lösungen, da überschätzt man sich leicht, sagte Lizzie.

»Himmel noch mal, ich will jetzt endlich meine Ruhe haben!«, rief ich. »Hört sofort auf, in meinem Kopf herumzureden, ihr Stofflappen!«

Ich wartete und lauschte, und es war still. Ich sah zu dem blauen Elefanten, der einfach nur ein blauer Elefant aus Plüsch war und tropfnass auf dem Armaturenbrett saß. Das grüne Ding neben ihm, mit den Pingpongbällen als Augen, war ebenso nur ein grünes Stofftier. Und der Hase mit der Augenklappe – nun gut, ein ganz klein wenig lebendig wirkte er noch. Aber weitgehend war er auch nur ein nasses Kuscheltier.

Immerhin hatte ich den Wahnsinn abgewendet und war nicht in Panik verfallen. Für diesen Moment.

Liebe im Supermarkt

Ich liebe es, einkaufen zu gehen. Aber nur in Supermärkten, nicht in Kaufhäusern. In Supermärkten gibt es einen Wagen, den ich herumschiebe, während Annie ihn befüllt. Ich muss nichts tun, außer in ihrer Nähe zu bleiben und mich auf verschiedene Arten auf den Wagen zu lehnen.

Für den, der schiebt, geht es gemütlich voran. Ich kann mir also die vielen bunten Dinge ansehen und mich wundern, was es alles gibt. Annie ist in meiner Nähe, und wenn ich sehe, was sie gerade macht, freue ich mich, dass sie bei mir ist. Manchmal beobachte ich sie dabei, wie sie Obst aussucht oder das Kühlregal nach Dingen durchforstet, die wir beide gerne mögen. Dann wird mir klar, dass wir wirklich ein gemeinsames Leben haben und dass ich dieses Leben sehr liebe. Ab und zu bemerkt es Annie, wenn ich sie so ansehe, und dann lächelt sie. Vielleicht weil sie spürt, was ich gerade denke. Sie ist der einfühlsamste Mensch, dem ich jemals begegnet bin.

Ich mag Supermärkte umso lieber, je größer sie sind, weil in den größeren die Gedanken freier fließen können. Man muss seltener auf andere Wagen aufpassen, und egal wohin man blickt, es ist viel Raum um einen herum. Das beflügelt mich.

Ich weiß nicht mehr genau, wann es war, aber es muss um die Weihnachtszeit gewesen sein, denn überall standen rotmützige Schokoladenfiguren herum. Was allerdings auch auf den Spätsommer hindeuten könnte. Aber egal, es geht um die Entdeckung, die ich an diesem Tag machte.

Während Annie in dem Regal mit Teegebäck nach Keksen suchte, fiel mein Blick auf eine Packung mit Lebkuchenherzen.

Das erinnerte mich an ein Thema, mit dem ich mich seit längerem beschäftigte. Ich schob den Wagen bis zu Annie, die gerade zwei rote Pakete Walkers Shortbread aus dem Regal fischte.

»Annie, mich beschäftigt eine Frage, die wahrscheinlich nicht einfach ist«, sagte ich. »Aber sie taucht inzwischen dauernd auf, und ich weiß keine Antwort.«

»Ausgerechnet hier bei den Keksen?«, sagte Annie und legte die Pakete in den Wagen. »Worum geht es denn?«

»Viele Kinder fragen mich, ob ihr Vater oder ihre Mutter sie noch lieb haben«, erklärte ich. »Oder ob die Eltern sich gegenseitig noch lieb haben. Das ist eine sehr berechtigte Frage und gleichzeitig ein echtes Problem.«

»Warum?«

»Weil ich nicht weiß, woran man bei Erwachsenen abliest, ob es Liebe ist. Es gibt auch keine Ausbildung dafür, und es ist niemals ein Thema der Psychologie gewesen. Verrückt, oder?«

»Ja«, sagte sie und ließ ihren Blick am oberen Keksregal entlangwandern. Sie konnte wirklich zwei Dinge parallel tun, und beide funktionierten gleichermaßen gut. Ich fand das immer wieder faszinierend.

»Was immer ich den Kleinen antworte, werden sie sich höchstwahrscheinlich für den Rest ihres Lebens merken«, sagte ich. »Wegen der frühkindlichen Prägung. Also möchte ich ihnen die beste Antwort der Welt geben.«

»Das verstehe ich gut«, sagte Annie und hielt mir dabei zwei verschiedene Packungen Gingerbiscuits entgegen. Ich tippte auf die linke.

»Die Frage lautet also: ›Was ist Liebe?‹«, sagte ich.

Annie hielt inne, und ich glaube, sie dachte nach. Sie hat zwei ganz ähnliche Gesichtsausdrücke: Mit dem einen wundert sie sich, weil sie meine Frage nicht versteht. Mit dem anderen hat sie die Frage verstanden und denkt bereits über die Antwort

nach. Beide liegen so nahe beieinander, dass ich sie gelegentlich verwechsle. Im Moment war ich ziemlich sicher, dass sie nachdachte.

»Darüber habe ich noch nie nachgedacht«, sagte sie nach einer Weile.

Ich nickte. Falsch geraten.

»Ich glaube, das geht vielen Menschen so«, sagte ich. »Dabei ist es so wichtig.«

»Wieso denn?«, fragte Annie und legte beide Sorten Gingerbiscuits in den Wagen. Das macht sie, wenn ich auf etwas getippt habe, das sie eigentlich weniger mag.

»Man sagt doch, letztlich würden die meisten Menschen immer nur die Liebe suchen«, sagte ich.

Annie nickte.

»Und man sagt, die Liebe zu finden wäre ein großes Glück, wenn nicht gar ein Sinn des Lebens.«

»Das sagen manche«, sagte Annie. Sie war wirklich schlau, deshalb mochte ich es auch so sehr, mit ihr zusammenzuleben. Sie legte sich nie zu schnell fest, wenn ich ihr eine Idee schilderte, weil damit immer die Möglichkeit offen blieb, an den Punkt zurückzugehen, an dem ich vielleicht einen falschen Schluss gezogen hatte.

»Wenn also Liebe ein wichtiger Teil vom Sinn des Lebens ist, dann wäre es doch für jeden Menschen hervorragend, wenn er klar denken und formulieren könnte, was die Liebe ist. Sonst sucht man vielleicht sein Leben lang nach etwas, von dem man gar nicht genau weiß, was es ist. So als würde man sich nach Buttershortbread zum Tee sehnen, wüsste aber nicht, was Buttershortbread genau ist. Dann hat man selbst im diesem Supermarkt keine guten Karten, es zu finden.«

»Winston, ich glaube, so denken die Menschen nicht«, sagte Annie und bog in die parallele Reihe mit den Marmeladen und

Konfitüren ein. Ich stützte mich mit beiden Händen auf die Griffstange meines Wagens und folgte ihr.

»Aber logisch ist es, oder?«, fragte ich.

»Ja«, sagte Annie, nickte und nahm ihre Lieblingsmarmelade aus dem Regal.

Für mich war das Ziel nicht erreicht, wenn Annie mir zustimmte. Ich habe gelernt, dass es niemals ein Gewinn ist, in Diskussionen zu »siegen«. Nicht, wenn es um gute Beziehungen geht. Ein Gewinn ist es, wenn jeder den anderen am Ende etwas besser versteht und ihn als Folge davon etwas mehr respektiert. Falls es um eine Liebesbeziehung geht, könnte man den anderen dann sogar etwas mehr lieben.

»Ich möchte eine Geschichte zeichnen, in der den Kindern klarer wird, was die Liebe ist«, sagte ich, »damit sie später nach der richtigen Sache suchen. Ich denke, das könnte ihnen viel Zeit und Arbeit und Tränen ersparen.«

»Das ist eine sehr gute Idee«, sagte Annie, und jetzt wusste ich, dass ich auf dem richtigen Weg war.

»Nur müsste ich zuvor wissen, auf was die Antwort hinausläuft«, bohrte ich weiter.

»Ich weiß nicht, ob das leicht wird, Winston«, sagte Annie und stellte eine Blaubeerkonfitüre in den Wagen.

»Ich habe in Wikipedia nachgesehen«, sagte ich. »Bislang ist es keinem Menschen gelungen, ordentlich zu erklären, was genau Liebe ist und wie das entsprechende Gefühl entsteht.«

»Vielleicht ist das auch gut so«, sagte Annie.

»Was soll daran gut sein?«, fragte ich. »Falls die Liebe so wichtig für unser Leben ist, sollte jeder wissen, um was es dabei überhaupt geht.«

»Ich finde es trotzdem gut, wenn sie ein Mysterium bleibt«, sagte Annie. »Dann geben wir uns mehr Mühe.«

»Das glaube ich aber nicht«, sagte ich.

»Nein?«, fragte Annie beiläufig und hakte ein paar Wörter auf ihrem Einkaufszettel ab. Aber ich weiß, dass sie nie nur beiläufig zuhört.

»Die Menschen lassen es so oder so kein Mysterium sein«, sagte ich. »Früher oder später finden sie ihre Gründe für oder gegen die Liebe zu einem anderen. Und ich finde, wenn schon, dann lieber die richtigen. Denk nur mal an James.«

»Von den Winterspoons?«

»Ja. James Winterspoon sagt, er liebe seine Frau sehr. Aber wir sehen die beiden an und fragen uns, ob das stimmen kann«, sagte ich.

»Allerdings«, sagte Annie. »Sie sehen selten glücklich aus.«

Ich nahm ein Nussmus aus dem Regal und legte es in den Wagen.

»Wenn also James sagt: ›Ich liebe meine Frau, weil sie immer so adrett aussieht‹, dann frage ich mich, was geschieht, wenn sie sich noch mal liften lässt und die Operation misslingt.«

»Winston!«

»Ist ja nur ein Beispiel«, sagte ich. »Aber trotzdem. Was geschieht mit seiner Liebe, falls seine Frau nicht mehr adrett ist?«

»Ich verstehe«, sagte Annie. »Wenn er den Grund für seine Liebe nennen kann, lautet die Frage, ob nur der Grund sie verbindet.«

Ich nickte. »Irgendwie ist das Thema wie ein dunkles Fass«, sagte ich.

»Das ist kein guter Vergleich, falls du eine Geschichte darüber schreiben möchtest«, sagte Annie.

Sie hatte natürlich recht, also überlegte ich weiter, während sie Toastbrot aus dem Regal nahm. Es musste eine Erklärung geben. Aber bisher waren sogar die größten Denker an dem Problem gescheitert, weil man die Liebe in dem Moment, da man einen Grund für sie nennt, auf diesen banal wirkenden Grund

reduziert. Deshalb belassen es viele bei der Aussage: »Die Liebe ist einfach die Liebe.« Doch das nützte mir gar nichts, denn so konnte ich keine gute Geschichte schreiben.

Wir bogen in die Reihe mit den Knabbersachen ein, und mein Blick fiel auf eine gelbe Tüte. Es gibt eine Marke, die mit einer Sherlock-Holmes-ähnlichen Figur für ihre Erdnussflips wirbt. Ich sah Sherlock, und plötzlich purzelten alle bunten Erklärungsschachteln zur Liebe in eine einzige Kiste.

»Die Beryll-Krone!«, rief ich. »Annie, das ist der Weg!«

Annie zuckte ein wenig zusammen, weil ich plötzlich so laut gesprochen hatte.

»Winston, mir fehlen die Zwischenschritte«, sagte sie.

»In dieser Erzählung sagt Sherlock Holmes: ›Wenn man das Unmögliche ausgeschlossen hat, muss das, was übrig bleibt, die Wahrheit sein, so unwahrscheinlich sie auch klingen mag.‹«

Annie stellte ein Käsesalza zurück ins Regal mit den Nachos.

»Und weiter?«, fragte sie.

»Wenn so viele Denker im Laufe der Geschichte alles versucht haben, um die Liebe zu erklären, und es ihnen nicht gelungen ist, dann müssen sie eine übrig gebliebene Lösung übersehen haben.«

»Und du hast sie gerade entdeckt?«, fragte Annie.

»Ich weiß nicht«, sagte ich. »Für mich auf jeden Fall schon.«

»Das wäre ein ziemlich große Sache«, sagte Annie.

»Ich will nur, dass meine neue Geschichte funktioniert.«

»Also los, was hat Sherlock Holmes dir gesagt?«

»Es könnte dein Mysterium zerstören. Ein Spoileralarm sozusagen.«

»Ich denke, ich werde es verkraften«, sagte Annie.

»Also gut«, sagte ich. »Ich vermute, man hat bislang nicht beschreiben können, was die Liebe ist, weil man den Ort, wo sie entsteht, nicht mit einbezogen hat. Man kann ewig nach einer

Schatzkiste suchen, wenn man die Insel, auf der sie steht, nicht in Betracht zieht.«

»Gibt das eine Piratengeschichte mit Henry?«, fragte sie.

»Ich glaube, schon«, sagte ich.

»Und was genau wurde bisher vergessen?«

»Der Ort, an dem die Liebe entsteht, ist die Seele«, platzte ich heraus. »Deshalb spüren wir die Liebe auch im Herzen, weil dort die Seele sitzt.«

»Aber die Schmetterlinge sind im Bauch«, sagte Annie.

»Die sind auch nicht Ausdruck von Liebe, sondern nur von Aufregung und Angstgefühlen während der Verliebtheit«, sagte ich. »Liebe ist, wenn ich dich ansehe. Und dabei zieht es in meiner Brust, nicht im Bauch. Annie, ich glaube, unser Gefühl von Liebe entsteht, wenn die Seele mit etwas in Resonanz geht, das zu ihr gehört. Es wird nur deshalb nicht weiter untersucht, weil kein wissenschaftlicher Beweis für die Seele existiert. Sie ist sozusagen die unwahrscheinliche Lösung, die Sherlock Holmes meint. Aber es ist die einzige Lösung, die übrig bleibt.«

»Das klingt nach einer ziemlich guten Erklärung«, sagte Annie. »Bleibt nur noch ein Problem.«

»Ich weiß«, sagte ich. »Was ist die Seele?«

Winstons Flash #22 | Was die Liebe vielleicht ist

Was wir als Liebe fühlen, könnte die Reaktion der im Herzen wohnenden Seele sein, wenn sie mit etwas, das zu ihr gehört, in positive Resonanz geht. Ob dies etwas sehr Großes oder sehr Kleines ist, spielt dabei keine Rolle. Vielleicht ist Liebe, wenn sich die Seele freut.

Ganz schön dicht

Die zwei Minuten, die ein Auto ganz sicher schwimmt, waren inzwischen deutlich überschritten. Jede Sekunde, die es weiterhin schaffte, war also statistisch gesehen eine unwahrscheinliche Dreingabe. Aber Peugeot baute offenbar gute Wagen, sofern es um die Wasserdichtigkeit in Seen ging.

Ich schloss der Reihe nach die Klappen der Luftdüsen, weil ich es meinem Gegner nicht leichter machen wollte als unbedingt notwendig. Das Auto war gerade mein Verbündeter, zumindest so lange, wie es mir Schutz vor dem See gewährte. Aber sobald der See das Auto aufgefressen hatte, würden wir beide nur noch die Opfer sein. Eindeutig war der See stärker und hatte etwas, das ich nicht hatte: Zeit.

Draußen schob sich eine weitere Wolke vor den Vollmond. Ich fragte mich, ob das für morgen Regen ankündigte, und erschrak über den Gedanken, dass es ja unerheblich war, weil ich den Morgen vielleicht nicht mehr erleben würde. Ich schüttelte den Kopf, verfluchte kurz die Wirkung von Rotwein und versuchte, mich zu konzentrieren. Im Moment hatte ich andere Sorgen als das Wetter. Meine Möglichkeiten schmolzen schneller dahin als ein Stück warme Butter auf einem Toast.

Ich drehte mich um. Der Wagen hatte keine Heckklappe, sondern einen Kofferraum mit Durchlademöglichkeit. Durch deren Ritzen strömte bereits Wasser auf die Rückbank. Nach hinten hinaus war also ganz sicher kein Entkommen.

Ich drehte mich wieder nach vorn und ließ meinen Blick über die Konsole schweifen. Einem Impuls folgend tat ich etwas, das

mir unter normalen Umständen das Herz zerrissen hätte. Ich beugte mich zu Annies Handschuhfach, packte die offen stehende Klappe mit beiden Händen und riss mit aller Kraft daran. Das linke Scharnier gab sofort nach, das rechte war stabiler. Ich hebelte einige Male hin und her, bis ich das Kunststoffteil in den Händen hielt. Das war das größte Stück festes Material, das ich hier bekommen konnte.

Ich umklammerte die Klappe mit beiden Händen wie einen Rammbock, holte mit aller Kraft aus und schlug gegen das Fahrerfenster. Etwas knackte. Das machte mir Mut, und ich schlug noch mal zu und noch mal und noch mal. Nach einem halben Dutzend Schlägen musste ich erkennen, dass es keine gute Idee war, so weiterzumachen. Das Plastik der Klappe war abgerundet, zu weich und zu leicht. Und das Knacken war ein Bruch im Material gewesen.

Ich starrte auf das unversehrte Fenster, dann auf das Ding in meiner Hand – wie jemand, der aus einer Hypnose erwacht und feststellt, dass er gerade versucht hat, mit einem Eierlöffel einen Baum zu fällen. Eine gnadenlose Wahrheitsstimme schnarrte in meinem Kopf, dass mir die Erfolgsgeschichte »Winston gleitet elegant aus dem Fenster, weil er so klug und gut vorbereitet war« nicht gelingen würde.

Und auf einmal ahnte ich, warum ich meinen Fuß nicht vom Pedal genommen hatte. In meinem Kopf hatte sich ein geheimes Naturgesetz aktiviert, über das ich vor vielen Jahren gemeinsam mit einem ziemlich seltsamen Jungen namens Gifford Bucchin gerätselt hatte. In Giffords Welt hatte fast alles, was Menschen machen, mit einer Art Virus in unserem Kopf zu tun. Und mit einer Banane. Ich dachte, ich wäre dieser Sache schon lange entkommen, aber anscheinend hatte ich mich mächtig geirrt. Sie hatte mich voll erwischt ...

Die Gedankenfabrik
in unserem Kopf

Dass sich unser Gehirn Dinge einbilden kann, die nicht real sind, ist eine der Besonderheiten, die uns von allen anderen Lebewesen unterscheidet. Die Evolution hat uns diese Gabe verliehen, damit wir neue Sachen erfinden können, selbst wenn wir sie nicht unmittelbar brauchen.

Wir können uns zum Beispiel ein Raumschiff für eine Marsreise ausdenken, lange bevor wir tatsächlich in der Lage sind, es zu bauen – und ohne es tatsächlich zu brauchen. Einfach nur, weil wir es wollen und toll finden. Und am Ende funktioniert es auch noch. Fantasie, Forscherdrang und freier Wille machen uns zu sehr hoch entwickelten Lebewesen.

Die Kehrseite dieser unglaublichen Fähigkeiten ist, dass unser Gehirn in Zeiten, in denen wir gerade kein Raumschiff bauen wollen, einfach weiterarbeitet. Es gibt sozusagen keinen Ausschalter, weil das Leben ein Gehirn ohne Gedanken nur für das Ende vorgesehen hat. Bis dahin soll das Gehirn Probleme lösen, und falls gerade keine da sind, soll es sich welche ausdenken und diese lösen, damit die Evolution voranschreiten kann. Probleme im Kopf zu haben ist also von der Natur vorgesehen.

Bei mir klappt das extrem gut. Meistens sogar besser, als ich es will. In meinem Kopf hat es, abgesehen von der Ohnmacht nach dem Sturz auf den Zaunpfahl, noch nie einen ruhigen Moment gegeben. Selbst im Halbschlaf rasen meine Gedanken so sinnlos herum wie Mäuse mit Hyperantrieb in einem Labyrinth. Ich kann sie genau beobachten. Sie rempeln einander wie Sumoringer, fragen ständig herum wie Touristen an Bahnhöfen, ver-

haken sich wie Gräser in Klettverschlüssen, wickeln sich umeinander wie Wollfäden um Staubsaugerbürsten oder verschwinden in finstere Untergründe wie Ganoven auf der Flucht. Manchmal kann ich richtig zusehen, wie meine Gedanken einen Ort suchen, an dem sie sich endlich ausruhen können. Das klappt natürlich nicht, denn unser Gehirn ist wie ein reißender Fluss, in dem es keinen Ruheraum für müde gewordene Wassertropfen gibt.

Leider kann ich Ihnen keinen allgemeinen Stoppschalter empfehlen. Meine ganz persönliche Lösung lautet: Wenn mein Gehirn ohnehin ständig nachdenkt, dann will ich ihm wenigstens vorgeben, worüber. Ich habe eine Menge Interessen, und wenn mein Gehirn wieder einmal unruhig wird, widme ich mich einem dieser Dinge. Auf diese Weise sind übrigens Henry, Lizzie und Professor Baldwin entstanden. Ich hatte mir zu den Stimmen in meinem Kopf einfach nur passende Körper und Gesichter vorgestellt, und schwups war etwas Grandioses geboren.

Auf jeden Fall kann ich sehr gut verstehen, wenn jemand Probleme mit rastlosen Gedankenketten hat. Einen kleinen Trick habe ich allerdings gefunden, den ich Ihnen gerne weitergebe. Nach vielem Herumprobieren habe ich festgestellt, dass ein Gedanke nur dann ruhig ist, wenn er aus einem einzigen Wort besteht, das kein Fragezeichen trägt.

Wenn Sie den Himmel ansehen und denken: »Himmel«, wird es in Ihrem Kopf ganz still. Falls Ihre Gedanken dann wieder loslegen wollen, denken Sie erneut das Wort, das ausdrückt, was Sie gerade sehen oder hören.

Wenn jemand laut redet, blicken Sie einfach nur interessiert in Ihre Umgebung und denken: »laut«. Und schon haben Sie einen kleinen Moment Ruhe in Ihrem Kopf. Das funktioniert, weil ein Wort allein nichts will. Es beschreibt nur etwas. Oder es wundert sich über etwas. Wenn Sie hingegen mehrere Wörter nacheinander denken, kann das Problem losgehen. Falls der

Himmel sich verdunkelt, denken Sie vielleicht: »Bald kommt ein Gewitter.« Und schon könnten Sie ein Problem haben, weil Sie Ihren Schirm vermissen. Oder Sie denken: »Dieser Typ redet zu viel.« Und sofort mögen Sie ihn nicht. Ganz oft erschafft erst die Bewertung ein Problem, wo zuvor keines war. Vielen Menschen ist so etwas egal. Mir nicht, weil es mein Beruf ist, anderen dabei zu helfen, weniger Probleme zu haben.

Doch zurück zu der Frage, warum sich unser Gehirn oft Probleme ausdenkt, wo in Wahrheit gar keine sind; warum es uns immer wieder in schwierige oder gefährliche Situationen reitet, obwohl wir das gar nicht wollen. Dazu habe ich etwas entdeckt, das Ihnen vielleicht nicht besonders höflich vorkommen wird, aber dennoch weiterhelfen könnte.

Ich nenne meine Entdeckung ...

Bananenpsychologie

Haben Sie schon einmal darüber nachgedacht, warum Sie glücklich sind, wenn Sie glücklich sind? Warum ganz genau? Sie könnten jetzt sagen: »Ist doch egal, Hauptsache, es klappt ab und zu.« Aber weil sich die meisten Menschen ein glückliches Leben wünschen, ist es doch eine gute Frage, wie das Gefühl von Glück überhaupt entsteht.

Nachdem in meinem Elternhaus ständig unglückliche Menschen ein und aus gingen, dachte ich schon sehr früh darüber nach, was genau dieses Glück eigentlich ist, das sie alle suchten. Meine persönliche Jugendzeit war hier keine gute Quelle für Erkenntnis, und so ließ ich das Thema wieder los und richtete mich auf Selbstrettung aus.

Doch als Psychologiestudent in Oxford nahm ich die Frage wieder auf. Ich wollte unbedingt Bausteine finden, die ein glückliches Leben so zwangsläufig produzieren, wie spiritusgetränkte Holzkohle in Flammen aufgeht, wenn man ein Streichholz darauf wirft. Vielleicht war das blauäugig gedacht, aber ich glaube, man muss immer irgendwie blauäugig beginnen, wenn man etwas Großartiges entdecken will.

Die erste wirklich wichtige Information zu meiner Frage kam auf einem Umweg namens Gifford Bucchin zu mir. Der Lehrstuhl für Biochemie in Oxford zählte zu meiner Zeit zu den besten der Welt – so wie fast alles in Oxford –, und Gifford zählte zu den besten Studenten seines Jahrgangs. Er saß in »Experimentelle Grundlagen der Verhaltenspsychologie« in meinem Kurs und war in etwa so verloren wie ich. Ich fand ihn schon seit ein paar Wochen interessant, aber das allein genügt bei mir nicht, um

jemanden anzusprechen. Ich brauche immer ein Thema, ein Problem, eine Sachfrage, dann geht es vielleicht.

»War bei euch eigentlich schon das Glück dran?«, erkundigte ich mich eines Tages, während wir auf den verspäteten Professor warten mussten.

Gifford Bucchin zuckte zusammen, als hätte ich ihn mit einem Spazierstock in die Rippen gestoßen.

»Was?«, fragte er und glotzte mich mit zurückgelegtem Kopf durch die Gläser einer schwarzgerahmten Rechteckbrille an. Sein schmales Gesicht mit dem spitz zulaufenden Kinn war von Aknepickeln übersät. Ich konnte das Bild nicht aus meinem Kopf bekommen, wie er täglich daran herumdrückte.

»Glück«, sagte ich. »Du hast ein Buch über Zellen in deiner Tasche. Was sagen die Biologen dazu?«

»Ich bin Biochemiker.«

Ich nickte. »Ich bin Winston Flash.«

Er nickte zurück, steckte aber wohl immer noch in seinem Schreck über die Tatsache fest, dass ich ihn angesprochen hatte.

»Ich erforsche gerade die Frage nach dem Glück und dachte, du könntest mir helfen«, sagte ich.

»Wieso ich?«, fragte er.

Ich fand die Frage berechtigt, denn tatsächlich wirkte er nicht wie ein Experte für Glück.

»Weil es vielleicht ein Gefühl in unserem Körper ist und ihr doch die Vorgänge im Körper erforscht«, sagte ich.

Er dachte kurz nach, dann nickte er.

»Das stimmt.«

»Prima«, sagte ich.

»Ja.«

Ich wartete eine Weile, aber er schien nicht die Absicht zu haben, das Gespräch voranzutreiben. Also nahm ich den Faden wieder auf.

»Wie heißt du denn?«

»Gifford Bucchin.«

Als er seinen Familiennamen aussprach, formte er seine Lippen wie ein Kussmund.

»Seltsamer Name, Bucchin«, sagte ich.

»Flash auch«, sagte er.

Ich nickte und wartete wieder. Es war nicht leicht mit Gifford, aber mit mir ja auch nicht.

»Und was ist jetzt mit dem Glück?«, fragte ich schließlich nach einer Weile.

»Bananen«, sagte Gifford. »Damit fängt alles an.«

Ich mag solche Antworten. Sie deuten darauf hin, dass jemand so denkt wie ich, und das finde ich gut.

»Hast du nach der Vorlesung Zeit?«, fragte ich.

Er nickte. Und ich wusste, dass ich einer heißen Sache auf der Spur war.

Das Geheimnis der Glücksbanane

(nach Gifford Bucchin und Winston Flash)

Es war kein großes Vergnügen, dem wortkargen Gifford alle Einzelteile seiner Theorie zur Entstehung von Glück aus der Nase zu ziehen, deshalb fasse ich die Essenz gerne für Sie zusammen.

Wenn ein Affe im Dschungel eine Banane, die schwer zu erreichen war, vom Baum gepflückt hat, kann er am Ende die leckere, süße Frucht essen. Das setzt in seinem Körper das Hormon Serotonin frei, welches unter anderem Glücksgefühle auslöst. Schwierige Bananen zu angeln wird also am Ende mit guten Gefühlen belohnt. Zudem gewinnt der Affe an Bedeutung bei seinen Kollegen, und als Dreingabe hat er auch noch mehr Nahrung als die anderen. Zusätzlich ist das Lösen von Bananenproblemen auch aus Sicht der Evolution eine sehr wichtige Sache, denn es verschafft schlaueren Affen höhere Überlebenschancen.

Durch die Brille der Naturgesetze betrachtet, ist es also gar nicht schlimm, ein Problem zu haben und an dessen Lösung zu arbeiten, sondern in vielerlei Hinsicht gewünscht. Die Belohnung in Form des süßen Glücksrausches nach einer gefundenen Lösung hält allerdings nicht lange an. Deshalb wird sich der Affe bald die nächste Banane suchen, die ihm am Ende wieder Glücksgefühle beschert.

»Ziemlich cool«, sagte ich, nachdem Gifford mir seine Theorie dargelegt hatte. »Und was bedeutet das für uns Menschen?«

»Wir sind alle Junkies«, sagte Gifford und saugte durch seinen Strohhalm einen Schluck von dem Erdbeermilchshake, den ich spendiert hatte.

»Dieser Ansatz überrascht mich ein wenig«, sagte ich.

»Weil du eben nur Psychologe bist«, sagte Gifford. »Ich dagegen bin Biochemiker.«

»Entschuldigung.«

»Kein Problem«, sagte Gifford.

»Und wieso jetzt Junkies?«, bohrte ich weiter.

»Der evolutionäre Affenteil in uns ...«, sagte Gifford.

»So nennen wir das nicht«, unterbrach ich ihn. »Wir arbeiten später mit Klienten.«

»Und wie sagt ihr dann?«

»Unterbewusstsein.«

»Von mir aus«, sagte er. »Unser Unterbewusstsein sucht auch heute noch ständig nach Problemen in unserer Umgebung. Wenn gerade keine greifbar sind, sucht es dennoch weiter. Falls trotzdem keine kommen, erschafft es irgendwann welche.«

»Du willst also sagen, unser Unterbewusstsein erschafft selbstständig Probleme?«, fragte ich.

Gifford verschloss mit dem Zeigefinger das Ende seines Strohhalms und zog ihn aus dem Milchshake wie eine gefüllte Pipette. Er konnte die Leidenschaft für seinen künftigen Beruf einfach nicht verbergen.

»Jep!«, sagte er und gab die Öffnung frei, was dafür sorgte, dass die Milch zurück ins Glas schoss. »Wenn es einem zu lange zu gut geht, will man plötzlich die höchste Banane am Baum. Oder die Banane des anderen. Oder eine Fantasiebanane, die es gar nicht gibt. Oder man will keine Bananen mehr essen, obwohl man in Wahrheit Hunger hat. Hauptsache, es läuft auf ein Problem hinaus, das man lösen muss. Weil das am Ende Glück verspricht.«

»Ist das nicht ein wenig simpel gedacht?«, fragte ich.

»Simpel, aber wahr«, sagte er.

Es entstand eine Pause, in der jeder von uns den Rest seines Milchshakes aus dem Glas schlürfte.

»Gifford, ich finde, du bist ein wenig wahnsinnig«, sagte ich dann.

»Kann schon sein«, sagte er.

»Wir sollten uns öfter treffen«, schlug ich vor.

»Okay«, sagte Gifford.

Nun waren wir erst im zweiten Semester, und das war nicht das Ende der Fahnenstange zum Thema Glück.

Aber biochemisch betrachtet hat die Natur es tatsächlich so eingerichtet, dass unsere Sehnsucht nach Glück und das Thema Drogen irgendwie zusammenhängen. Das war für mich eine wichtige Erkenntnis, die mir später sehr geholfen hat, die Menschen besser zu verstehen. Was auch immer wir tun mögen, um Glück zu fühlen – es geht symbolisch gesprochen oft irgendwie um Drogen.

Wenn ich zum Beispiel mit der – von mir so ungeliebten – Achterbahn fahre und dabei in Stress und Euphorie verfalle, am Ende aber unversehrt aussteige, war das Ganze ein Drogentrip, und ich bin glücklich.

Wenn ich ein gewagtes Überholmanöver riskiere und es überlebe, werde ich am Ende mit einer Glücksdroge geflutet. Wenn jemand zwanzig Seiten Präsentation ausgearbeitet hat und sein Chef ihn dafür lobt, sorgt das Gehirn für die Freisetzung einer Belohnungsdroge. Schimpft der Chef hingegen, bewirkt das einen Drogenentzug. Gibt es eine Gehaltserhöhung, ist das wieder eine kurze Droge. Wenn ein Sportler über eine bestimmte Grenze geht, bekommt er zur Belohnung seine interne Droge. Wenn zwei Menschen Liebe machen, werden die meisten ihrer Gefühle von körpereigenen Drogen erzeugt.

Wenn wir uns mit unserem Partner streiten, ist das nicht schön; aber sobald wir uns wieder versöhnen, veranlasst unser Gehirn den Körper dazu, Glücksdrogen auszuschütten. Falls wir das häufiger haben wollen, müssen wir uns oft versöhnen. Was

dafür sorgt, dass wir uns oft streiten müssen. Das kann zu einem unbewussten Beziehungsmuster werden.

Wenn man das Glück durch die Brille eines Gifford Bucchin betrachtet, könnte man sagen: Ein Mensch, in dessen Leben es keine besonderen Auslöser für körpereigene Drogen gibt, wird es sehr wahrscheinlich nicht als besonders glücklich empfinden. Je nach Typ sucht er dann vielleicht externe Drogen. Zu viel Essen und Süßes. Zu viel Wein oder Bier, zu viel Sex oder Datings, zu viel Medien oder Spiel. Zu viel von was auch immer. Oder man macht plötzlich völlig verrückte, riskante oder zerstörerische Dinge – einfach nur, weil es im Körper Glücksgefühle erzeugt, wenn man ihnen entkommt. Man kann sich sogar selbst Schmerzen zufügen und Glück empfinden, wenn diese Schmerzen nachlassen.

Was man nicht alles anstellt, nur für ein paar Momente Glücksgefühl! Mir gab das ziemlich zu denken. Die Frage, die ich seitdem nicht mehr aus dem Kopf bekam, lautete: Stimmt es wirklich, dass die Suche nach dem Glück der Sinn unseres Lebens ist, wie viele sagen? Oder gibt es etwas Höheres? Etwas, das uns nicht so abhängig handeln lässt?

Auf jeden Fall hatte Gifford mir für eine Weile seine Brille aufgesetzt, und seitdem sah ich die Welt anders. Später, als ich schon meine Praxis betrieb, versuchte ich immer, als Erstes herauszubekommen, ob die Beteiligten einen geheimen Vorteil davon haben, wenn sie ihre Problembanane am Leben erhalten. Ob nicht ein kleines Glück für sie darin steckt. Denn kein noch so guter Ratschlag wird jemals helfen, wenn der andere den Nutzen nicht hergeben will, den sein Problem ihm bringt.

Über all das dachte ich nach, während das Auto im Wasser dümpelte und mich gleich ertränken würde. Und das nur, weil ich wie blöde meinen Fuß aufs Gaspedal gedrückt hatte. Ich war mir fast sicher, dass der Affenteil in meinem Kopf an die Grenze

gehen wollte, um sich das Glücksgefühl nach dem erfolgreichen Ausgang des Ganzen zu verschaffen – was gerade dabei war, gründlich zu misslingen.

So ein Mist!

Winstons Flash #23 | Das unglückliche Problemglück

Ein Problem gelöst zu haben erzeugt bei höher stehenden Lebewesen Glücksgefühle. Das ist Teil der Evolution, damit alles vorankommt. Wenn wir nicht aufpassen, erschafft unser Unterbewusstsein Probleme, die wir gar nicht brauchen, nur um ab und zu das Glück zu spüren, wenn eines gelöst wird. Wir sollten uns immer fragen, ob ein Problem real ist und ob es unsere Aufmerksamkeit überhaupt wert ist. Viele Probleme fallen dann plötzlich in sich zusammen.

Wer mich am meisten braucht

★ Minute 3:15

Es gibt eine Angst, die wie Wasser durch ein kleines Leck in den Schiffsrumpf sickert. Schlimm, aber wenn man über das richtige Werkzeug und etwas Selbstbewusstsein verfügt, kann man sie eindämmen.

Es gibt aber auch eine zweite Art von Angst, die unser Gehirn überflutet wie ein Stausee, wenn der Damm bricht. Sie schießt explosionsartig in unseren Kopf ein und schickt uns mit Panikfarben gemalte Bilder aus dem Reich des Wahnsinns. Möglicherweise unrealistisch, aber so intensiv, dass wir uns nicht dagegen wehren können.

Annies Wagen lag inzwischen bis zu den Dichtungsgummis der Seitenfenster im Wasser. Meine Füße waren so nasskalt wie Fischflossen, aber irgendwie wollte ich sie nicht hochnehmen. Die Nässe würde ohnehin gleich den Sitz erreichen, und alles auf einmal zu spüren wäre ein schlimmerer Schock, als sich langsam an die Kälte zu gewöhnen. Zudem hatte ich diese wirklich dumme Idee im Hinterkopf, dass ich ordentlich am Steuer sitzen sollte, weil man von dort alles besser unter Kontrolle hat.

Ich umschloss mit beiden Händen das Lenkrad und stellte mir vor, wie der Wagen versank und ich mich gegen das Steuer stemmte, um den Ritt nach unten sauber auszusitzen. Dann die Türe auf und nichts wie hoch. Ich musste nur noch ein wenig abwarten und aufpassen, dass mich Angst Nummer zwei nicht erwischte und dumme Dinge tun ließ.

Weil aber mein Verstand ständig rief, dass ich ein armes, eingesperrtes Schwein auf dem Weg zur Schlachtbank sei, musste

ich ihn mit etwas Besserem beschäftigen. Also konzentrierte ich mich darauf, wer ich wirklich war. Eine Methode der Marines für Paniksituationen.

»Ich bin Winston Flash!«, rief ich laut. »Ich habe studiert. Ich habe einen Doktortitel. Meine Bücher sind toll. Die Welt mag mich, und ich habe der Welt etwas zu geben. Ich werde das hier überleben!«

Henry, Lizzie und Professor Baldwin starrten mich vom Armaturenbrett aus an.

»Man braucht mich«, sagte ich etwas kleinlauter.

Wer denn?, fragte Lizzie.

»Annie braucht mich. Meine Patienten brauchen mich.«

Nur um der Wahrheit Genüge zu tun, sagte Professor Baldwin, *Annie weiß gar nicht, dass du da bist, und deine Patienten können morgen zu einem anderen Therapeuten gehen.*

»So seid ihr mir verdammt noch mal keine Hilfe«, sagte ich.

Entschuldigung, wir sprechen nur aus, was du denkst, sagte Lizzie.

Und die Summe deiner Gedanken wird am Ende dein Leben sein, näselte Professor Baldwin.

»Hört sofort auf damit!«, rief ich.

Die Wahrheit ist, dass du uns seit vier Jahren nicht weiterleben lässt, sagte Henry.

»Ich hatte Probleme«, sagte ich.

Jeder hat Probleme, sagte Henry. *Du selbst hast gesagt, dass man einem negativen Gedanken nicht mehr als drei Minuten Zeit gestatten darf. Dann muss es um die Lösung gehen, oder man denkt an etwas, das man auch verändern kann. Stattdessen denkst du seit vier Jahren fast nur über Probleme nach, die du nicht lösen kannst.*

»Immerhin liegt Annie im Koma!«, sagte ich. »Ihr seid aus Plüsch, das versteht ihr nicht.«

Würde sie wollen, dass du leidend neben ihr dahinvegetierst, während sie im Koma liegt?, fragte der Professor.

»Das ist unfair«, sagte ich. »Natürlich würde sie das nicht wollen.«

Dann hättest du die Dinge weitermachen sollen, die du immer gerne gemacht hast, sagte Baldwin. *Zum Beispiel neue Abenteuer für uns erschaffen.*

Wir brauchen dich, piepste Lizzie. *Sonst sterben wir.*

Dieser Satz traf mich. Was mit mir selbst geschah, war mir nicht wichtig, aber was mit denen geschah, die mir anvertraut waren, berührte mich sehr wohl.

»Es tut mir leid«, sagte ich.

Gut, er hat es kapiert, sagte Henry. *Die Negativzeit für dieses Thema ist rum. Jetzt hol uns alle hier raus, und dann fangen wir neu an.*

Es war eine erschütternde Erkenntnis, dass ich über die Jahre hinweg innerlich so sehr abgerutscht war. Ich war auf einen der größten Tricks unseres Unterbewusstseins hereingefallen und hatte mich selbst vernachlässigt, nur weil ich glaubte, das wäre eine gute Tat. Ich hatte leidend neben Annie hergelebt, einzig im Dienste ihrer Genesung, und hatte mein Lebensglück völlig davon abhängig gemacht, dass sie aufwachte. Aber erstens half ich damit niemandem, sondern belastete die ganze Situation nur noch mehr. Und zweitens war es nicht fair, Annie auch noch die Verantwortung für mein Glück aufzubürden.

Der Winston, der immer alles ordentlich in diverse Kisten sortierte und sich Verbesserungswege überlegte, hatte nur noch die allergrößte Kiste überhaupt wahrgenommen: die des negativen und abhängigen Denkens. Was für ein Mist!

Plötzlich hörte ich zwischen dem gleichmäßigen Plätschern des eindringenden Wassers ein neues Geräusch – als würde das Auto sich verschlucken. Gleich darauf klang es wie ein Baby, das

ein Bäuerchen macht. Ich konnte richtig zusehen, wie das Wasser meine Sitzfläche erreichte, schwarz wie flüssige Ewigkeit, die gerade dabei war, mich zu verdauen. Annies Peugeot neigte sich ein spürbares Stück nach vorn, und das Verschluckgeräusch aus dem Motorraum wurde lauter. Das war gar nicht gut.

Winstons Flash #24 | Mysteriöse Gedankenechos

Wenn wir durch eine Denk- und Sichtweise lange genug eine bestimmte innere Welt erzeugen, wird uns eine Tages auch die Welt im Außen ein entsprechendes Ergebnis liefern. Deshalb ist es gut, möglichst oft zu hinterfragen, ob etwas, das man immer wieder über das Leben, die eigene Aufgabe und über andere Menschen denkt, auch wirklich stimmt.

Was nach dem Ende der
Hoffnung kommt

Ob wir eine Situation als einfach, normal oder belastend empfinden, hat nicht nur mit der Situation selbst zu tun, sondern
auch mit dem, was wir bis dahin gewohnt waren. Unser Gehirn
sucht sich immer einen bereits erlebten Ankerpunkt, misst daran
alles Folgende und entscheidet dann, ob gute oder schlechte Gefühle angesagt sind.

Jemand, der zehn Millionen besitzt und plötzlich neun Kom-
ma neun Millionen verliert, könnte das als überaus schlimm betrachten und sogar in Selbstzweifeln und Depression versinken.
Jemand, der nichts besitzt und plötzlich Hunderttausend bekommt, wird sich wahrscheinlich im siebten Himmel fühlen. Der
Besitz einer identischen Geldsumme im Hier und Jetzt löst bei
zwei Menschen vollkommen verschiedene Gefühle aus. Wegen
ihrer verschiedenen bisherigen Ankerpunkte.

Die schwerste Entscheidung meines Lebens hatte ich genau
sechs Monate, eine Woche und drei Tage nach dem Ereignis vor
dem Kino zu treffen. Annie lag noch immer bewusstlos auf der
Überwachungs- und Pflegestation am Queen Square, als ich einen Anruf von Daniel Williamson bekam. Wenn der Chefarzt
persönlich anruft, ist entweder gerade ein großes Wunder geschehen, oder es geht um die schlechteste Nachricht der Welt.

»Können Sie morgen um zehn kommen?«, fragte Dr. Williamson. »Es geht darum, wie wir weiter vorgehen.«

Also schon mal kein Wunder. Ich dachte, dass es selten gut ist,
wenn ein Experte von einem Laien wissen will, wie man weiter
vorgeht.

Am nächsten Morgen um halb zehn sah ich zuerst nach Annie. Alles war wie immer. Sie schlief sich gesund, und ich fand, dass sie heute sogar ein wenig besser aussah als gestern. Wenn sie aufwachte, würde sie bestimmt eine ganze Weile ihre Muskeln trainieren müssen, aber im Großen und Ganzen war sie in einem guten Zustand. Diese Erkenntnis beruhigte mich ein wenig. Ich ging zurück in den Wartebereich und holte mir einen doppelten Espresso am Automaten. In der vergangenen Nacht hatte ich kaum geschlafen. Wie ein Ringkämpfer auf einem Jahrmarkt lag ich mit reihenweise furchterregenden Gegnern im Clinch, die allesamt Annies Leben niederzwingen wollten.

Was würde ich antworten, wenn mir Dr. Williamson vorschlug, Annies Gehirn zu operieren, und die Überlebenschance zehn Prozent betrug? (Dreißig Prozent Ja?) Was, wenn sie vermutlich für immer geistig behindert bleiben würde? (Zwanzig Prozent Ja?) Oder wenn sie in eine Spezialklinik in Japan müsste? (Hundert Prozent Ja!) Oder wenn man ein neues, unerprobtes Medikament testen wollte? (Siebzig Prozent Ja?) Es gab so viele Möglichkeiten, und ich wollte auf alles vorbereitet sein.

»Ich sehe keine weiteren Möglichkeiten mehr«, sagte Dr. Williamson nach der Begrüßung als Erstes. »Deshalb wollte ich Sie sprechen.«

»Was meinen Sie mit ›keine weiteren Möglichkeiten‹?«, fragte ich, um etwas Zeit zu gewinnen. Diese Variante hatte ich völlig übersehen.

»Als Mediziner betrachten wir immer den Heilungsverlauf«, erklärte Dr. Williamson. »Unsere Aufgabe ist es, ihn mit allen uns zur Verfügung stehenden Mitteln in Gang zu bringen und anschließend zu unterstützen.« Es klang, als würde er einen auswendig gelernten Paragrafen zitieren.

»Natürlich!«, sagte ich mit dem deutlichen Gefühl, dass ich die nächsten Sätze nicht hören wollte. Ich spürte, wie ein hohes

Pfeifgeräusch in meinen Ohren anschwoll, und rieb mir eine Ohrmuschel in der Hoffnung, es würde aufhören.

»Damit wir objektive Kriterien haben, messen wir ständig die Fortschritte«, sagte Dr. Williamson. »Falls eine Therapie nicht anschlägt, steigen wir auf eine andere um. So machen wir es auch bei Ihrer Frau seit über einem halben Jahr. Dr. Flash, ich kann es nicht anders ausdrücken, aber medizinisch gesehen haben wir alle Optionen ausgeschöpft.«

»Sehr gut«, sagte ich. »Und nun?«

»Wenn ich sage: ›alle Optionen‹, will ich damit ausdrücken, dass wir keine Möglichkeiten mehr haben, Ihre Frau weiter zu behandeln.«

»Kein Problem, ich verstehe«, sagte ich.

Kennen Sie das? Man sagt im Schock Dinge auf eine Art, als wäre man nicht man selbst. Man spürt, wie der eigene Mund spricht, doch er fühlt sich ganz fremd an, man hört die eigene Stimme wie aus weiter Ferne, und die Formulierungen selbst sind einem ebenfalls völlig fremd. Aber die ganze Szene läuft dennoch weiter vor einem ab.

Er bemerkte es wohl und gab mir einen Moment Zeit.

»Und jetzt?«, fragte ich.

»Jetzt haben wir eine Entscheidung zu treffen.«

»Die da wäre?«

Er sah mich nur an und sagte nichts. Dann schlug er die Augen zu Boden. Meine Gedanken vibrierten, als hätte jemand gerade meinen Kopf mit einem Boxhieb auf die Stirn zu einer Glocke gemacht.

»Verdammt, Dr. Williamson!«, rief ich. »Das dürfen Sie nicht! Das ist illegal. Das ist Mord!«

»Bitte beruhigen Sie sich, Dr. Flash«, sagte Williamson, der in meinem Geist gerade zu Dr. Frankenstein geworden war. »Wir sind ganz auf Ihrer Seite.«

»Wir? Wer ist wir? Ich sehe hier nur Sie!«

»Ich habe einige Kollegen konsultiert, wie es die Vorschriften verlangen. Und wir sind zu einem übereinstimmenden Ergebnis gekommen.«

Dr. Williamson führte die Fingerspitzen beider Hände zusammen und formte eine Art Domkuppel, was ihn irgendwie heilig wirken ließ und mich noch wütender machte.

»Ach, wie wundervoll!«, rief ich. »Das freut mich sehr für Sie und Ihre Kollegen, aber was hat das mit Annie und mir zu tun?«

»Bitte, Dr. Flash, wir erwägen nur die verbleibenden Möglichkeiten.«

»Was denn für Möglichkeiten? Was ist eigentlich hier los?«

Dr. Williamson löste seine Handkuppel wieder auf.

»Wenn ein Mensch im Koma liegt, so wie Ihre Frau«, sagte er, »überprüfen wir Ärzte die Vitalfunktionen. Man nennt sie so, weil sie die anerkannten Merkmale für Leben sind.«

»Jaja, aber Annie lebt«, unterbrach ich ihn. »Ich habe sie gerade besucht. Oder ist sie gestorben?«

»Das kann man so nicht sagen. Aber es ist eine neue Situation entstanden. Wie Sie wissen, werden die Herz-Lungen-Funktionen durch die Geräte am Laufen gehalten. Aber ein grundlegender Marker für Leben sind die Gehirnströme. Wir messen die Werte Ihrer Frau ständig, und seit einiger Zeit ...«

Ich starrte ihn mit offenem Mund an, was wahrscheinlich nicht sonderlich intelligent wirkte, denn er unterbrach seine Ausführungen.

»Geht es Ihnen gut?«

»Weiter!«, sagte ich.

»Nun, seit zwanzig Stunden, um genau zu sein, liegen die Gehirnströme auf der Nulllinie.«

»Nulllinie?«

Mein Kopf hallte wie eine ausgeräumte Wohnung.

Er nickte.

»Aber sie atmet doch?«, fragte ich.

Er nickte.

»Und ihr Herz schlägt?«

»Ja. Aber das würde es sehr wahrscheinlich nicht, wenn wir die Geräte abstellen. Und die Geräte wiederum lässt man nur so lange an, wie das Gehirn noch lebt.«

»Lebt sie nun oder ist sie tot?«, fragte ich.

»Wenn Sie mich als Mediziner fragen, ist sie tot.«

»Scheiße!«, sagte ich. »Entschuldigung.«

»Ja«, sagte Dr. Williamson. »Kein Problem.«

Ich hatte mich inzwischen etwas beruhigt, und meine Wut auf ihn war verschwunden.

»Warum sagen Sie das mit dem Mediziner?«, fragte ich.

»Weil das meine offizielle Meinung ist«, sagte Dr. Williamson. »Wenn Sie mich als Privatperson fragen, glaube ich, dass Ihre Frau unter gewissen Umständen vielleicht noch leben könnte. Es gibt Fälle, in denen das Gehirn klinisch tot war, aber die Person tatsächlich noch im tiefen Koma lag und auch wieder aufwachte. Aber das ist so selten wie die Möglichkeit, dass uns gleich eine Sternschnuppe trifft.«

»Und jetzt?«, fragte ich.

»Jetzt haben wir eine Entscheidung zu treffen, die wir nicht ohne Sie treffen dürfen.«

»Sie wollen also die Maschinen abschalten«, sagte ich.

»Von wollen kann keine Rede sein. Aber wir unterliegen Regeln, wenn alle Fakten dafür sprechen, dass Ihre Frau gehirntot ist«, sagte Dr. Williamson.

»Wir könnten noch abwarten«, sagte ich.

»Nicht wirklich«, sagte Dr. Williamson. »Die Krankenhausrichtlinien gestatten keine dauerhafte Unterbringung in diesem Zustand. Dr. Flash, die Gehirnfunktionen Ihrer Frau sind prak-

tisch gesehen nicht mehr messbar. Sie kann sehr wahrscheinlich nicht einmal selbstständig atmen, was ein weiterer erheblicher Marker wäre.«

»Was meinen Sie mit ›sehr wahrscheinlich‹?«

»Wenn das Atemzentrum selbstständig funktionieren würde, bestünde eine gewisse Hoffnung, denn dann sind wesentliche Teile des Gehirns noch intakt oder reparieren sich gerade selbst.«

»Und warum wissen Sie nicht, ob das Atemzentrum bei Annie funktioniert?«

»Weil wir dafür die künstliche Beatmung ausschalten müssten«, sagte Dr. Williamson. »Man nennt es den Apnoe-Test. Falls der Atemreflex von selbst einsetzt, wäre das ein Fortschritt. Falls aber nicht, kann der Schaden im Gehirn durch den Sauerstoffmangel beim Test noch schlimmer werden. Ohne Zustimmung eines gesetzlichen Vertreters darf das hier niemand entscheiden.«

»Sie verlangen von mir, dass ich darüber entscheide, ob Sie Annie den Stecker rausziehen?«

»So könnte man es ausdrücken.«

»Und wenn der Reflex nicht einsetzt?«

»Dann haben Sie die zweite Entscheidung zu treffen, ob wir den Stecker draußen lassen oder wieder einstecken.«

»Ich will, dass Sie noch warten«, sagte ich.

Dr. Williamson schüttelte den Kopf. »Im aktuellen Zustand wird keine Versicherung die Kosten dafür übernehmen.«

»Das ist kein Problem, wir haben etwas gespart«, sagte ich. »Wie groß ist die Wahrscheinlichkeit, dass jemand nach sechs Monaten aus so einem Zustand aufwacht?«

»Unter einem Prozent«, sagte Dr. Williamson. »Und selbst danach wird nur einer von etwa achthundert Fällen wieder ganz gesund.«

»Geben Sie mir bis heute Nachmittag Zeit«, sagte ich. »Ich muss darüber nachdenken.«

Marshmallows und das Warten auf eine bessere Zukunft

★ Minute 3:45

Ich atmete tief ein und zählte dabei bis vier. Dann wieder aus und wieder bis vier. Viermal. 4-4-4 ist eine Technik der Navy Seals, um sich in Extremsituationen zu beruhigen. Das hier war eine Extremsituation. Eigentlich bedeutet die letzte Vier, dass man es vier Minuten lang machen soll, aber dafür hatte ich keine Zeit. Immerhin wirkte es, denn die Panik zog sich zurück, und ich konnte wieder denken.

Drei Sachen waren inzwischen völlig klar. Erstens bekam ich kein Fenster auf. Zweitens bekam ich die Tür vermutlich nicht auf – und falls doch, wäre das sehr wahrscheinlich mein Todesurteil, weil der Wagen schneller randvoll laufen würde, als ich »Fehler« sagen konnte. Und drittens war der Peugeot ganz kurz davor, auf den Grund zu sinken wie ein Polizeispitzel mit Betonschuhen im Hafenbecken.

Das Wasser außerhalb des Wagens stand inzwischen auf halber Scheibenhöhe, im Innenraum hatte der Pegel gerade meine Sitzfläche verschluckt. Es war ein Wunder, dass die Karosserie noch schwamm – als würde sie mich mit letzter Kraft beschützen wollen. Inzwischen war mir klar, dass es kein Zurück mehr gab. Ich musste im Auto verharren, bis es vollkommen unter Wasser war und sich der Innendruck dem Außendruck angeglichen hatte. Also wartete ich.

Warten kann manchmal die beste Entscheidung sein. Während ich in die Dunkelheit starrte und meine Sinne jede Regung des Wagens im Wasser überwachten, fiel mir dazu das Marsh-

mallow-Experiment ein. Irgendwann musste das kommen, es hatte mich einfach zu lange zu sehr interessiert.

Der Psychologe Walter Mischel hatte in den Achtzigern mit Kindern eine fast schon legendäre Untersuchung durchgeführt, die als Marshmallow-Experiment weltweit für Aufsehen sorgte. Drei- bis fünfjährige Jungen und Mädchen wurden vor die Wahl gestellt, entweder jetzt sofort eine einzelne Süßigkeit vom Tisch essen zu dürfen, oder auf dieses Angebot zu verzichten und dafür bei der Rückkehr des Versuchsleiters zwei Süßigkeiten zu bekommen. Verzicht im Hier und Jetzt zugunsten einer besseren Zukunft. Das ist für kleine Kinder eine sehr schwere Aufgabe. Viele scheiterten daran und schnappten sich lieber sofort ihren Sweety. Aber ein gutes Drittel schaffte es – wenn auch mit enormen Anstrengungen –, die Süßigkeit so lange auf dem Tisch liegen zu lassen, bis ihr Betreuer zurückkam. Im späteren Leben waren alle, die als Kinder verzichten und warten konnten, deutlich erfolgreicher als die Sofortgreifer.

Ich selbst stand gerade vor der Wahl, sofort die Tür zu öffnen, um eventuell schnell Erfolg zu haben, oder zu warten, bis das Auto versunken war und sich die Tür unter Wasser ganz sicher öffnen ließ. Der Türgriff neben mir war mein persönliches Marshmallow. Schnappte ich zu oder wartete ich ab?

Vielleicht gab es noch eine dritte Möglichkeit. Ich könnte mich mit beiden Füßen gegen die Frontscheibe stemmen und sie aus dem Gummirand treten. Genau wie Professor Baldwin es vor einer gefühlten Ewigkeit beiläufig vorgeschlagen hatte. Zum Glück war es noch nicht zu spät.

Ich zwängte also meine Beine unterm Lenkrad hervor, rutschte auf meinem Sitz nach vorn und hob dann die Füße in Richtung Frontscheibe. Was zur Folge hatte, dass ich nun mit dem Rücken im Wasser lag und mich fühlte wie ein sterbender Käfer in einer Pfütze.

»Okay, dann los, Baldwin«, sagte ich und setzte zu einem kräftigen Tritt an. Genau in diesem Moment knarrte es um mich herum, und alles wurde schief. Der Wagen neigte sich in Richtung Motorhaube abwärts. Das Wasser schwappte wie Wein in einer Karaffe aus dem hinteren Bereich nach vorn und tauchte mich vollständig unter.

Die völlig vertrackte Sache
mit der Wahrheit

Was ist die Wahrheit?

Nach dem Gespräch mit Dr. Williamson war das die einzige Frage von Bedeutung, weil meine Antwort über das Weiterleben oder den Tod eines Menschen entscheiden würde. Ohne es mir ausgesucht zu haben, war ich in die Rolle eines allmächtigen Richters gezwungen worden. Gleich werde ich Ihnen erzählen, was weiter geschah; ich möchte nur zuvor Ihre Sinne ein wenig für das Problem schärfen.

Die Frage, was die Wahrheit ist, kann für unser Leben enorme Bedeutung haben. Stellen Sie sich eine Hängebrücke über einem Abgrund mit einem tosenden Fluss vor. Ihr Bergführer sagt: »Die Brücke hält.« Sie sehen die Brücke an und denken: *So sieht sie aber gar nicht aus.* Die Wahrheit über die Brücke entscheidet in den kommenden Sekunden über Ihr Weiterleben.

Wenn man einmal begonnen hat, sich mit dem Thema Wahrheit näher zu beschäftigen, steht man schnell vor einem irrsinnigen Problem. Denn sehr viel von dem, was wir als Wahrheit betrachten, ist für einen anderen Menschen völlig unwahr. Oder er hält es gezwungenermaßen ebenfalls für wahr, weil man es nicht bestreiten kann, macht Sie aber dafür fertig, dass Sie es aufgedeckt haben – zum Beispiel beim Fremdgehen, bei einer Lüge oder bei einem Betrug. Oder jemand hat keinen Schimmer, behauptet aber, er wüsste alles, nur weil er glänzen will. Und so weiter. Es gibt einen Berg von Gründen und Verhaltensmustern, die scheinbar alle nur dem einen Ziel folgen: mit der Wahrheit Fußball zu spielen.

Vor ein paar Jahren hatte ich Thamelia Walker in meiner Praxis. Sie brachte schon seit längerem ihren fünfjährigen Sohn Thommy zu mir. An jenem Tag sah sie sehr erschöpft aus, hatte dunkle, fast violette Ringe unter den Augen und war noch bleicher als sonst. Ich dachte, sie hätte vielleicht gerade Ärger mit ihrem Mann oder mit einem Kollegen. Wenn man mich nicht fragt, sage ich selten etwas, weil ich weiß, dass ich manchmal nicht sehr geschickt im Reden bin, und niemanden verletzen möchte. Aber ich sehe viel, auch wenn es nicht so erscheint.

Als Thamelia ihrem Sohn beim Abholen die Jacke überzog, sagte sie plötzlich: »Ach, Dr. Flash, ich finde, ich sehe heute gar nicht gut aus, trotz des neuen Kleides. Was meinen Sie?«

Ich hatte es, wie gesagt, schon bemerkt, aber der Höflichkeit halber sah ich sie nochmals von oben bis unten an und sagte dann: »Da haben Sie recht. Vielleicht sind Sie gerade erschöpft, und Grün ist nicht Ihre ideale Farbe, wenn Sie erschöpft sind.«

Es gibt Frauen, die so eine Antwort überhaupt nicht hilfreich finden, obwohl sie wahr ist und sie es sogar selbst schon ausgesprochen haben. Thamelia Walker gehörte wohl dazu, denn sie zuckte kurz mit dem Kopf zurück, blinzelte einige Male schneller als normal und sagte dann: »Sie sind immer so ehrlich, Dr. Flash. Das liebe ich an Ihnen.«

Wissen Sie, ich habe keine Ahnung, wie sie das wirklich gemeint hat. Liebt sie es wirklich, oder sagt sie gerade, dass sie es gar nicht liebt?

Sie denken jetzt vielleicht: *Warum erzählt Winston das, so etwas erkennt doch jeder.* Ich leider nicht. Wenn ich jemanden etwas frage, freue ich mich über ein Stück Wahrheit und Ehrlichkeit, weil es mir beim Lösen eines Rätsels weiterhilft. Warum Menschen gerne unwahre Antworten hören möchten, obwohl sie ganz klar wissen, dass es unwahre Antworten sind, gehört nicht zu den Dingen, die man im Psychologiestudium sauber

erklärt bekommt. Wenn jemand Unwahrheiten hören möchte, ist das für mich, als würde er sich am Monatsende absichtlich mit Monopolygeld bezahlen lassen, nur weil es bunter und hübscher ist. Bei Kindern ist das noch anders, denn ihr Kopf denkt noch nicht um fünf Ecken. Wenn ein Kind etwas fragt, will es für gewöhnlich ein Rätsel lösen. Dadurch ist es mit mir auf einer Wellenlänge.

Um den ganzen Irrsinn rund um das Thema Wahrheit zu vereinfachen, habe ich es für mich so formuliert: Etwas, wovon ein Mensch überzeugt ist, nenne ich die kleine Wahrheit. Wie es wirklich ist, unabhängig davon, was jemand glaubt, nenne ich die große Wahrheit.

Manche Menschen glauben lange an ihre kleine Wahrheit, und wenn etwas geschieht, das nicht zu dieser Wahrheit passt, nennen sie es Zufall. Sie geben ihre kleine Wahrheit nicht auf, forschen nicht nach, sondern stellen das neue Ereignis einfach als versehentlich aufgetauchtes Kopfschüttelwunder daneben.

Ich bin ein wissenschaftlich denkender Mensch, ich glaube nicht an Wunder. Ich glaube an unerforschte Zusammenhänge, die wie Wunder aussehen können.

Wenn Sie in Gegenwart eines Ureinwohners des Amazonasdschungels ein Feuerzeug betätigen, wird das auf ihn wie ein Wunder wirken. Für ihn werden Sie zu einem Halbgott, während Sie selbst vor Langeweile gähnen, weil Sie wissen, dass gerade nur ein Zündfunke auf Gas trifft.

Im Moment lag die größte Aufgabe meines bisherigen Lebens vor mir. Annie war klinisch gesehen tot, und ich sollte das durch eine letzte Entscheidung besiegeln. Um dabei nicht wie ein ratloser Ureinwohner vor einem Feuerzeug zu stehen, musste ich mich kurz an das scheinbare Wunder des weißen Lichtstrahls erinnern.

Annies Leben und die Sache
mit dem Lichtstrahl

Wenn Sie einen weiß aussehenden Lichtstrahl durch ein Glasprisma schicken, kommt auf der anderen Seite ein Regenbogenlichtstrahl heraus. Das ist immer so, ganz gleich, wer auf diesem Planeten diesen Versuch macht. Dass der Lichtstrahl auf der Austrittsseite des Prismas farbig ist, zeigt uns, dass der weiße Lichtstrahl alle diese Farben bereits in sich trägt, wenn er in Richtung Prisma schießt. Auch das ist ein Naturgesetz. Ohne Prisma betrachtet, würde jeder normale Mensch sagen: Dieses Licht ist weiß. Doch die höhere Wahrheit lautet: Der Strahl ist voll mit kunterbuntem Licht, und nur weil alle Farben gleich stark leuchten, vermischen sie sich in unseren Augen zu etwas Weißem. Lebewesen mit einem Prisma in jedem Auge würden den Lichtstrahl von Anfang an bunt sehen.

In einem weißen Lichtstrahl steckt also eine größere Wahrheit als die kleine Wahrheit, die wir auf den ersten Blick erkennen.

Ich finde es wundervoll, mich an den Lichtstrahl zu erinnern, wenn ich ein Problem habe. Ich weiß dann, dass es allein in meiner Hand liegt, ob ich nach der größeren Wahrheit forsche oder weiterhin glaube, was ich immer geglaubt habe.

Wenn ich klares Wasser aus einem See schöpfe, wirkt es auf den ersten Blick wie gesundes Trinkwasser. Aber es könnte tödlich sein oder voller Bakterien. Erst wenn ich es analysiere und mir die Bestandteile ansehe, weiß ich, ob es tatsächlich gesund ist. Wenn der Mond leuchtet, könnte ich denken, er würde Licht produzieren, aber in Wahrheit reflektiert er das Licht der Sonne. Wenn ich einen lachenden Menschen sehe, könnte ich denken,

es ginge ihm gerade gut. Doch es gibt Menschen, die oft lachen, weil sie verbergen wollen, dass sie leiden oder sich morgen umbringen werden. Ein krank wirkender Mensch hingegen kann völlig gesund sein, vielleicht ist er nur müde. Jemand, der wütend ist, muss es nicht wegen mir sein, obwohl ich das vielleicht denke. Jemand, der einem anderen versichert, er würde ihn lieben, muss ihn deshalb noch lange nicht lieben, auch wenn er es überzeugend erklärt. Zwei Menschen, die gerne zusammen sein würden, müssen deshalb noch lange nicht zusammenkommen, wenn ihr Leben eine größere Wahrheit für sie vorsieht. Wohin man auch blickt, die große Wahrheit ist oft ganz anders als die kleine Wahrheit.

Nun könnten Sie sich wundern, warum ich auf dem Thema so herumreite. Ich hatte mir ja bis zum Nachmittag Bedenkzeit für die Entscheidung über Annies Zukunft erbeten. Jetzt saß ich wieder im Besprechungsraum der Station dem Arzt gegenüber und wiederholte meine Frage, wie wahrscheinlich Annies Gesundung sei. Und als Dr. Williamson sagte: »Ehrlich gesagt, sind die Chancen sehr gering«, dachte ich sofort an den weißen Lichtstrahl. Ich schickte den Satz durch ein Prisma und stellte fest, dass alle Worte rein und gut waren, bis auf das letzte. Als hätte der Satz eine Störung im roten Bereich. Aus meiner Sicht ging es also darum, das Wort »gering« in das Wort »gut« zu verändern.

»Und was könnte man jetzt tun, damit sie sehr gut sind?«, fragte ich.

Dr. Williamson sah mich an, als hätte ich ihn gerade gefragt, ob es für Annies Genesung förderlich wäre, wenn wir auf den Mars umzögen.

»Ich sagte doch, sie sind gering«, wiederholte er.

»Sie sagten: sehr gering«, sagte ich. »Und welche weiteren Möglichkeiten stecken dahinter?«

»Ich glaube, ich verstehe nicht«, sagte Dr. Williamson.

Das passiert mir häufiger. Ich erkläre, was ich gerade denke, und niemand kann mir folgen. Außer Annie. Sie verstand mich schon, ehe ich fertig war. Ich probierte es mit einem Beispiel.

»Wenn hundert Mäuse, die zusammen in einem Käfig leben, Gift bekommen, und neunundneunzig daran sterben, sind das sehr geringe Überlebenschancen«, sagte ich.

Dr. Williamson nickte und sah mich dabei an, als überlegte er, ob er den Notrufknopf für die Psychiatrie drücken sollte.

»Ich habe kein Problem. Ich bin Psychologe«, sagte ich.

»Natürlich«, sagte Dr. Williamson. »Aber dennoch verstehe ich nicht, was Sie ausdrücken wollen.«

»Wenn ich die ganze Zeit über nur die eine Maus beobachten würde, die überlebt? Zu welchem Schluss käme ich dann bezüglich ihrer Überlebenschance nach der Verabreichung des Gifts?«

»Hundert Prozent«, sagte Dr. Williamson. »Aber Sie können doch nicht ...«

»Ich habe nur eine einzige Frau und nur die sehe ich mir an«, sagte ich. »Ich nehme Annie mit nach Hause.«

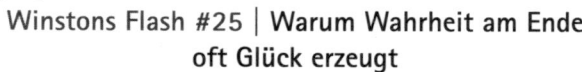

Winstons Flash #25 | Warum Wahrheit am Ende oft Glück erzeugt

Wenn uns an einem Menschen, einer Situation oder einer Sache etwas merkwürdig erscheint, wachsen wir, sobald wir anfangen, das Rätsel zu erforschen. Das ist logisch. Aber warum macht es uns auch zufrieden?

Weil ein Rätsel zu lösen einem uralten Ablauf folgt, der in unserem Gehirn Glücksgefühle und Zufriedenheit auslöst:

1) Fragen. 2) Entdecken. 3) Wundern. Und 4) Verstehen.

2 bis 4 sind geniale Erlebnisse. Das einzige mögliche Unglück wäre, bei 1 steckenzubleiben.

40 Grad

★ Minute 4:15

Ich lag gekrümmt wie ein Seepferdchen auf meinem Sitz, beide Füße gegen die vordere Scheibe gestemmt, als der Wagen sich nach vorn neigte und alles vom Gaspedal bis über die Kopfstützen geflutet wurde. Im ausgeatmeten Zustand unter Wasser gedrückt zu werden, erzeugte in mir augenblicklich das Gefühl zu ertrinken. In dieser Sekunde glaubte ich zum ersten Mal, wirklich zu sterben.

Wie konntest du das nur übersehen!, schrie es in mir, während der Wagen steil in die Tiefe rauschte. Ich Idiot hatte mir vorgestellt, gemächlich wie Kapitän Nemo mit Blick aus dem Bugfenster der Nautilus hinabzusinken. Stattdessen wurde der Wagen wie vom Strudel eines Gullys zum Grund des Sees gesaugt.

Falls Sie auch schon einmal fast ertrunken sind, können Sie wahrscheinlich bestätigen, dass man dabei die Augen nicht schließt. Selbst wenn man nie zuvor Tauchen geübt hat und Wasser wirklich hasst, werden die Augen beim Ertrinken automatisch weit aufgerissen. Wahrscheinlich ein Relikt in unserem Stammhirn, damit wir die Bedrohungen unter Wasser sehen können. Mit diesem unfreiwilligen Blick und dem Mund voll Wasser schwamm ich zwischen Kopfstütze und Wagenhimmel über meinem Sitz und wartete auf den Stoß beim Aufsetzen. Dann endlich Luft schnappen, zweimal tief durchatmen, die Tür aufdrücken, mich fest abstoßen und nach oben paddeln. Ab in die Freiheit.

Endlich ging der Kühlergrill auf Grund, und gleich darauf senkte sich das Heck. Was für ein Glück, denn für einen Moment

hatte ich befürchtet, dass der Peugeot sich auf die Seite oder sogar aufs Dach drehen könnte. Was man gerade als Glück empfindet, ist wirklich extrem relativ. Das Wasser schwappte zurück und verteilte sich wieder gleichmäßig im Wagen. Ich hustete meine Lunge frei und atmete durch. Wie wundervoll ein Atemzug sein kann, das größte Geschenk im Universum! Kaum jemand denkt daran, weil wir scheinbar beliebig viele haben.

Die Aktion hatte den Pegel im Wagen um gute zwanzig Zentimeter angehoben, und das Wasser stand jetzt auf der Höhe meines Hosenbundes. Das Schaukeln hatte aufgehört, und das Fahrzeug stand wie einbetoniert am Boden. Draußen war es nun richtig schwarz, weil das Licht des Mondes nicht bis in diese Tiefe vordrang.

Es ist ein großer Unterschied, ob man in einem Auto eingesperrt ist, das schwimmt, oder in einem Auto, das vollständig von Wasser umgeben ist. Obwohl man in beiden Fällen den gleichen Raum um sich herum hat und in beiden Fällen wegen des Wassers nicht aussteigen kann, ist das Gefühl am Grund des Sees wie in einem zugeschaufelten Grab.

Mit dem Abtauchen waren viele Geräusche, die durch die Bewegung des Wagens im Wasser entstanden waren, erloschen – was die wenigen verbleibenden umso eindringlicher wirken ließ. Erinnern Sie sich, wie es klingt, wenn Ihr Magen knurrt? Als würden in ihm Luftbläschen nach oben steigen? Stellen Sie sich das in Dolby Surround und ohne Pause vor, und Sie bekommen eine Ahnung, wie es in einem Auto am Boden eines Sees klingt. Überall um einen herum entweicht der wertvollste Schatz des Lebens in einem endlosen Strom winziger Blasen zwischen den Türgummis und erzeugt dabei knurrende Magengeräusche. Eigentlich hätte mich all das in Superpanik versetzen müssen, aber ganz so schlimm war es noch nicht. Denn ich konnte jetzt endlich meinen Plan B umsetzen.

Heim

Selbst in den allerschlimmsten Situationen haben wir noch einen letzten Helfer an der Seite. Sein Name ist Hoffnung. Ich möchte wetten, dass Sie genauso entschieden hätten wie ich. Ich ließ die Geräte nicht abschalten und sorgte stattdessen dafür, dass Annie nach Hause kam. So etwas ist nicht ganz einfach, weil es das Leben völlig verändert und man dies eigentlich nicht mehr revidieren kann. Aber nach meiner Entscheidung bei Dr. Williamson zögerte ich keinen Moment mehr.

Damit ich die Genehmigung bekam, Annie privat zu pflegen, musste ich einige Umbauten im Erdgeschoss durchführen lassen. Zum Beispiel soll man ein Bett auf Rollen schnell durch die Wohnung bis zum Ausgang fahren können, damit der Patient im Notfall problemlos in einen Krankenwagen gebracht werden kann. Die Türen müssen also verbreitert werden. Ebenso das ganze Bad, obwohl Annie in ihrem Zustand nicht viel im Bad zu erledigen haben würde. Dennoch ist ein rollstuhlgerechtes Bad Vorschrift, wenn man einen Komapatienten daheim versorgen will. Ich redete mir ein, dass die Maßnahmen ohnehin eine gute Idee waren, denn wenn Annie und ich eines Tages alt wären, könnten wir uns in der Wohnung herumschieben lassen.

Das ist ein Teil meines Problems, dass ich immer versuche, aus allem das Beste zu machen, auch wenn dabei absurde Vorstellungen entstehen. Aber meine Gedanken tun es wie von selbst, ich kann nichts dafür.

Neben den räumlichen Veränderungen muss man nachweisen, dass man Pflegekräfte zur Verfügung hat oder selbst für diese Arbeit ausgebildet ist. Ich war nicht in der Lage, eine Aus-

bildung zu machen, also beauftragte ich einen Pflegedienst. All das war ziemlich teuer, aber ich hatte etwas von dem Geld gespart, das Henry, Lizzie und Baldwin ins Haus gebracht hatten. Eigentlich war es für unser Alter gedacht gewesen, aber das hatte gerade keine Priorität. Meine Entscheidung stand fest: Ich würde Annie so lange bei mir behalten, bis sie aufwachte.

An dem Tag, als die Männer Annie auf der Transportliege über unseren Vorgartenweg ins Haus schoben, musste ich weinen. In meiner Welt war etwas sehr Wichtiges wieder am richtigen Platz, und ich sagte mir, dass bald auch der Rest wieder so werden würde wie früher. Gleichzeitig hatte ich unglaubliche Angst, dass ich mir das nur einredete und es nie wieder gut werden würde. So etwas kann einem das Herz zerreißen, und deshalb ist es nicht gut, diese Gedanken weiterzuverfolgen.

Ich lenkte mich ab, indem ich mich voll und ganz auf die neuen technischen Notwendigkeiten und Aufgaben konzentrierte. Nachdem das Bett mit Annie und den Geräten im Schlafzimmer installiert war, erklärte mir eine Pflegerin mit asiatischen Gesichtszügen, worauf ich zu achten hatte und wie künftig der Tagesplan aussah. Sie klebte Zettel und Listen mit Uhrzeiten, Aufgaben und Telefonnummern an alle möglichen Stellen im Haus. Gegen Abend verabschiedete sie sich, und ich war mit Annie allein.

Für mich war dieser Tag ein riesiger Schritt in Richtung »wie früher«, und ich hatte mir vorgenommen, ab jetzt möglichst viel von dem zu tun, was ich auch mit einer gesunden Annie getan hätte. Als Erstes zerrte ich meinen Fernsehsessel aus dem Wohnzimmer und platzierte ihn neben Annies Bett. Mir war klar, dass sie nicht gleich morgen aufwachen würde, und irgendwie war der Sessel ein Zeichen dafür, dass ich sie nicht zur Eile antreiben wollte. Sie hatte mich auch nie unter Druck gesetzt. Hauptsache, wir waren wieder zusammen.

Unser Schlafzimmer hatte sich durch die medizinischen Geräte verändert. Das Doppelbett war verschwunden, weil Annies Spezialbett viel Platz brauchte. Ich hatte mir ein ähnliches bestellt, damit wir nebeneinander liegen konnten und ich auf gleicher Höhe war. Außerdem wollte ich ihr zeigen, dass ich es nicht als Problem empfand, in so einem Bett zu schlafen.

Abends um halb elf lagen wir nach langer Zeit wieder nebeneinander, und alles war fast wie immer. Nur die Beatmungsmaschine machte Geräusche wie der Blasebalg eines Familienvaters, der am Baggersee ein Gummiboot aufpumpt. Ich war mir nicht sicher, ob ich dabei schlafen konnte, aber ich wollte versuchen, mich daran zu gewöhnen. Nie hätte ich mir verziehen, wenn Annie nachts etwas zugestoßen wäre, während ich woanders schlief.

»Annie, ich bin so froh, dass du wieder zu Hause bist«, sagte ich in die Dunkelheit des Zimmers.

Um mich an die neue Situation zu gewöhnen, stellte ich mir vor, dass sie mir zwischen den Blasebalggeräuschen antwortete.

Ich bin auch sehr froh, Winston, antwortete Annie in meinen Gedanken. Dann kam das Sauggeräusch.

»Ich habe den Lastwagen nicht gesehen«, sagte ich.

Ich auch nicht, sagte Annie. *Niemand sieht das Schicksal kommen.*

Ich wartete das Ausblasegeräusch ab.

»Ich mache mir solche Vorwürfe, dass ich nicht gefahren bin.« Annies Gerät half ihr einzuatmen.

Dann lägest du jetzt hier und ich daneben. Was wäre daran besser?, sagte sie dann.

»Ich weiß.« Ich strich meine Bettdecke zurecht, obwohl sie eigentlich perfekt auf mir lag.

Vielleicht ist es für dich schlimmer als für mich, Winston, sagte Annie.

»Bestimmt«, sagte ich und spürte, wie die blöden Tränen schon wieder hochkamen. Es war eindeutig ein Weintag. »Annie, ich brauche dich so sehr. Das ist alles gerade nicht gut.«

Noch bin ich nicht tot, Winston.

Annie atmete ein und wieder aus.

»Aber du fehlst mir«, sagte ich.

Tatsächlich hatte ich bis zu dem Unfall nicht gewusst, wie sehr wir zusammengewachsen waren. Sie werden jetzt vielleicht sagen: »Das weiß man doch, das spürt man doch.« Bis zu diesem Zeitpunkt hätte ich Ihnen voll und ganz zugestimmt. Aber mit Annie war ich sozusagen gleich im Paradies gelandet und kannte nichts anderes. Das ist toll, aber woher weiß man dann, dass es das Paradies ist?

Man weiß es erst voll und ganz, wenn man es verliert. Vielleicht ist es ja immer so, dass man die vollständige Wahrheit über etwas erst spürt, wenn es einem fehlt.

»Die letzten Wochen waren nicht so gut«, sagte ich zu Annie. »Aber wir werden es wieder hinbekommen, ganz bestimmt.«

Der Blasebalg atmete aus.

Wie geht es den Drillingen?, fragte sie in der kurzen Pause, ehe sich der Stempel wieder hob.

Annie meinte natürlich die drei Plüschfiguren aus ihrem Auto, nicht irgendwelche Kopien aus einem der Kartons im Keller. Das war ein Unterschied, denn Henry, Lizzie und Professor Baldwin in Annies Peugeot waren die allerersten jemals produzierten Figuren. Die Urfiguren sozusagen. Als Erfinder war mir die traditionelle Ehre zuteilgeworden, sie besitzen zu dürfen.

»Sie haben es überstanden«, sagte ich. »Professor Baldwin meint, du wirst wieder. Und wie du weißt, hat er immer recht.«

Der Blasebalg atmete ein.

Das ist gut, sagte Annie. *Ich muss jetzt schlafen, Winston.*

»Natürlich«, sagte ich. »Bis morgen, Annie.«

Ich schloss die Augen. Anders als früher wurde es danach nicht völlig dunkel. Diverse LEDs strahlten grün, blau und weiß in den Raum und wurden von der Decke reflektiert. Nicht übermäßig hell, jedoch auffällig genug, um nicht zu vergessen, dass der Tod Annie in jeder Sekunde auf seines Messers Schneide balancierte.

Winstons Flash #26 | Manchmal zeigt erst ein Verlust eine Wahrheit

Wenn man einen Menschen immer um sich hat, kann man durch Nachdenken herausfinden, wie viel er einem bedeutet. Aber erst wenn man ihn verliert – oder sehr nahe dran ist, ihn zu verlieren –, erlebt man in jeder Zelle seine vollständige Bedeutung. Es scheint, als wäre im Verlust eine Art letzte und höchste Wahrheit verborgen.
Vielleicht trennen und wiedervereinigen sich manche Menschen nur aus dem einen Grund, dass sie herausfinden wollen, wie viel sie einander bedeuten?

Warum ich mein Leben so liebe

Ich habe Ihnen schon von meinem schwarzen Notizbuch erzählt. Es gibt auch ein blaues. Das ist etwas größer, in Leinen gebunden, mit einem goldenen Faden als Lesezeichen. Es ist das, was man eine Art Tagebuch nennen könnte. In dieses Buch schreibe ich seltener, und ich brauche keine »Abschließenden Erkenntnisse«. Ich schreibe einfach nur hinein, was mir am Leben auffällt. Es ist sozusagen eine offene Kiste mit der Aufschrift »Sammlung von Eindrücken«.

Für die Geschichtenschreiberei hat es sich sehr bewährt, denn wenn mir gerade nichts einfällt, blättere ich im blauen Buch herum, und meistens finde ich dabei den Anfang einer neuen Geschichte mit Henry, Lizzie und Professor Baldwin.

Eine Notiz möchte ich Ihnen zeigen, weil ich sie am ersten Morgen mit Annie und den Geräten im Haus durchlas, um mich an die guten und wichtigen Dinge im Leben zu erinnern. Vielleicht erinnert es Sie auch an etwas.

Wie ganz oft ein Tag beginnt
(aus meinem blauen Buch)

Ich mag es, wenn ein Tag beginnt. Wenn es langsam heller wird, während meine Augen noch geschlossen sind. Wenn ich höre, wie die ersten Autos der Pendler in unserer Wohnstraße vorbeifahren. Wie das Gartentor unseres Nachbarn leise quietscht, wenn er das Haus verlässt, um zur Bushaltestelle zu gehen.

Für mich ist der Anfang eines Tages jedes Mal etwas ganz Besonderes, weil er etwas Neues ist. Wie ein unbeschriebenes,

zart duftendes Blatt weißes Papier, das auf meinem ansonsten leeren Schreibtisch liegt. Ein Tag ist etwas, das ich neu erleben und erschaffen kann. Als würde ich neu geboren, in eine frische, unberührte Welt.

Ich liebe es, wenn ich durch das gekippte Fenster zum Garten die Vögel höre, auch wenn ich nicht weiß, ob sie an diesem Morgen singen, um eine Frau zu bekommen, oder ob sie schon eine Familie versorgen und nur ihr Baumrevier abgrenzen. Ich mag es einfach, weil diese Vogelstimmen die ersten schönen Töne auf das reine Blatt dieses Tages schreiben. Ich denke heute anders über die Vogelwelt als zu der Zeit vor Annie.

Jeden Morgen fällt mir aufs Neue auf, dass Annie neben mir liegt. Das ist wundervoll, weil sie ein Teil meines Lebens ist, den ich sehr liebe, und weil ich es mag, dass sie ihr Dasein auf mein weißes Blatt schreibt.

Ich mag es, wenn ich mich morgens dusche und alles gut riecht und ich dann frische Kleidung anziehe, die noch ganz leicht nach Waschmittel duftet, und jede Bewegung diesen Duft in meine Nase fächelt. Die ersten Minuten mit der frischen Kleidung sind fast die schönsten des Tages, weil ich alles noch vor mir habe. So viele Stunden, in denen so aufregende, neue Dinge geschehen können. Wie ein wartendes Abenteuer. Noch ist nichts davon da, aber ich bin sauber und frisch und freue mich auf das, was ich erleben werde.

Am Ende eines Tages waren es dann oft nicht nur schöne Dinge. Es lief meistens anders, als ich es am Morgen erwartet habe. Es war nervig, häufig anstrengend, ich habe vieles nicht geschafft. Der Tag und all die Menschen haben meine frische, duftende Kleidung alt gemacht.

Aber das macht nichts. Manchmal ziehe ich abends frische Sachen an, weil es sich gut anfühlt, den Tag zusammen mit den alten Sachen in den Korb zu werfen. Ich weiß, dass so etwas ein

seltsames Ritual ist und dass es vielleicht nicht ökologisch korrekt ist. Aber ich mache es trotzdem, weil es mein Gefühl für diesen Tag verbessert. Und die Gefühle dieses Tages und des nächsten und des übernächsten sind als große Sammlung am Ende die Gefühle meines ganzen Lebens.

Weil mein Kopf in Abschnitten mit Anfang und Ende denkt, liebe ich jeden Morgen, als wäre er der Beginn eines kleinen neuen Lebens. Ich weiß nicht, ob es anderen Menschen ebenso geht. Vielleicht hängt es mit den Besonderheiten in meinem Gehirn zusammen.

Viele Dinge, die ich gestern erlebt habe, weiß ich heute nicht mehr. Als würde die Nacht Löschvorgänge in meinem neuronalen Netzwerk durchführen. Wenn ich mich anstrenge, kann ich den gestrigen Tag in meiner Erinnerung einsammeln. Die letzte Woche hingegen fällt mir noch schwerer, und wenn man mich fragt, was vor drei Wochen passiert ist, muss ich in meinem Kalender nachsehen, und es kommt mir dennoch fremd vor.

Wenn ich nach dem Anziehen zur Kaffeemaschine gehe, freue ich mich jedes Mal, dass Annie und ich ein so schönes Gerät ausgesucht haben, obwohl es seit fast einem Jahr dort steht und nur eine Kaffeemaschine ist. Ich staune jeden Tag aufs Neue darüber, dass die Maschine den Kaffee von selbst so gut macht, ohne dass man dabei sein und sich kümmern muss. Natürlich verstehe ich alle technischen Details, könnte sogar erklären, wie der Kunststoff und das Glas hergestellt werden. Dennoch freue ich mich immer wieder darüber, dass ich aus dem Raum gehen kann und die Arbeit wie von Geisterhand getan ist, wenn ich nach kurzer Zeit wiederkomme.

Noch toller finde ich die Geschirrspülmaschine. Ich mag es, sie einzuräumen, einzuschalten und nach einer Weile zurückzukommen – und wie durch ein Wunder ist alles perfekt sauber. Wenn Annie das Geschirr eingeräumt hat, sieht es anders aus,

als wenn ich es eingeräumt habe. Manchmal ordne ich fast alles um, was sie einsortiert hat, und ich bringe so ein geschätztes Drittel mehr Geschirr unter. Ich finde das ökonomisch, und das gibt mir wiederum ein gutes Gefühl. Zudem ist es ein dreidimensionales, immer wieder neues Puzzleproblem. Und Probleme zu lösen liebe ich. Aber ich will nicht, dass Annie denkt, ich fände ihre Arbeit schlecht und dass ich spießig wäre, deshalb arbeite ich ihr sogar manchmal zu, wenn sie den Geschirrspüler befüllt. Erst wenn ich sicher bin, dass sie es nicht mitbekommt, sortiere ich alles um. Weil ich sie liebe. Ich denke, sie bekommt es dennoch mit, aber sie sagt nichts. Weil sie mich liebt.

Woraus sich ergibt, dass Liebe bedeutet, den anderen seine Dinge auf seine Weise machen zu lassen.

Aus Sicht eines Psychologen ist meine Geschirrspülersache ein Zwangsverhalten. Aus meiner Sicht versetze ich einfach nur die Dinge in meiner persönlichen Welt in den richtigen Zustand. Edison hätte die Glühbirne nie erfunden, wenn er nicht wie ein Zwangsgestörter seine tausend Versuche zu der Frage gemacht hätte, wie man den richtigen Kohlefaden mit der richtigen Länge auf die richtige Weise in einem Glas zum Glühen bringt. Seltsame Menschen kommen oft zu Ergebnissen, die für andere wertvoll sind. Das tröstet mich ein wenig, denn seltsame Menschen fühlen sich innerlich oft einsam.

So gerne ich den Geschirrspüler einräume, so sehr hasse ich es, ihn auszuräumen. Das Einräumen ist eine Herausforderung, denn nicht jeder bringt das wirklich richtig hin. Ich schätze, dass jemand, der einen Geschirrspüler perfekt einräumt, doppelt so viel unterbringt wie jemand, der die Dinge einfach nur schnell hineinstellt. Und dann diese kleine, bunte Tablette! Ich liebe es, wenn so ein Miniding eine solche enorme Menge Geschirr sauber macht. Natürlich ist mir klar, dass diese Sparschweinsichtweise beim Geschirrspülen im Widerspruch zu meiner ver-

schwenderischen Vorliebe für frische Wäsche am Abend steht. Aber es macht mir dennoch Freude, die Dinge so zu betrachten.

Vermutlich würden mich viele Menschen als kleinkariert einstufen, wo das Leben doch so viele unglaubliche Möglichkeiten für bessere Erlebnisse bietet! Man kann zwanzigtausend Kilometer weit fliegen und die verrücktesten Dinge an den unglaublichsten Orten erleben – und ich freue mich über Supermarktbesuche mit Annie, über frische T-Shirts und Kaffeemaschinen und dass ich den Geschirrspüler gut eingeräumt habe ... Aber für mich sind das jeden Tag schöne Erlebnisse, die letztlich mein Leben ausmachen.

Ich finde, wenn man nach dem Sinn seines Lebens fragt, sollte man auch nach dem Sinn der Einzelteile fragen. Wenn man die Einzelteile hier und heute nicht schön finden kann, weil man immer nach etwas Größerem in der Zukunft sucht, kann es sein, dass man am Ende alles verpasst hat.

Ich freue mich schon auf morgen, wenn alles wieder ganz frisch und sauber beginnt.

Winstons Flash #27 | Glück und Aufstehen

Glück ist, wenn man jeden Tag aufs Neue einen Grund zum Aufstehen hat.

So ein Unglück

Das Licht am Wagenhimmel brannte noch, die Armaturen und Scheinwerfer leuchteten ebenfalls noch, und der Wagen stand mit allen vier Rädern auf dem Grund des Sees. Zumindest war das zu vermuten, denn er sank nicht weiter. Andererseits hatte ich keinen wirklichen Aufprall beim Aufsetzen gefühlt, und das machte mir ein wenig Sorgen.

Ich habe schon davon gehört, dass der Boden von manchen Seen nicht einfach ein fester Grund ist, auf dem man laufen könnte oder so. Über Jahrzehnte oder Jahrhunderte lagert sich bei manchen Gewässern teils meterdicker Schlick ab. Sie denken vielleicht: *Wen interessiert so etwas wirklich, wenn man nicht gerade Bergungstaucher ist oder Fischzüchter oder ein Angler, der gerade einen Haken nicht mehr herausbekommt?* Ich sage es Ihnen: Die Fahrer von versinkenden Autos interessiert das!

Nachdem sich meine Augen an die noch schlechteren Lichtverhältnisse am Seegrund angepasst hatten, erkannte ich vor den Seitenfenstern und der Frontscheibe eine dunkelgrüne, zähschleimige Masse. Und ich hatte keine Ahnung, wie tief ich in dem Zeug drinsteckte. Zudem erkannte ich zwischen dem Schlick etwas, das mir zusätzliche Sorgen bereitete: grüne Blätter an fingerdicken Stängeln. Schlingpflanzen. Der Wagen war inmitten eines Waldes aus Unterwassergestrüpp gelandet.

Falls ich jetzt die Fahrertür aufdrückte, würde der letzte Luftvorrat schlagartig aus dem Wagen entweichen. Darauf hatte ich mich innerlich vorbereitet, doch mit dem ganzen Zeugs vor der Tür waren neue Faktoren ins Spiel gekommen. Wenn es so zäh

und verschlungen war, wie es aussah, könnte es dazu führen, dass ich die Tür nicht weit genug aufbekam. Dann aber gäbe es keinen Rückweg, denn die Luft wäre während des Versuchs vollständig entwichen. Ich stellte mir vor, wie ein badendes Kind mit Schnorchelbrille eines Tages den mit Grünspan überzogenen Peugeot entdeckt, aus dessen handbreit geöffneter Fahrertür mein von Fischen abgenagter Arm herausragte.

Bitte entschuldigen Sie, aber: So ein gottverdammter Mist! Was macht man in so einer Situation?

Ich drehte mich nach hinten, um die rückwärtige Lage zu prüfen, und stieß dabei auf Professor Baldwin. Die Welle hatte ihn zwischen die Sitze gespült, also setzte ich ihn wieder auf das Armaturenbrett. Wenn die Dinge ihre Ordnung haben, kann ich klarer denken.

Es wäre einfach klug gewesen, den roten Hammer ins Auto zu legen, sagte er mit seinem verschnupften Tonfall, der gerade noch grippiger klang als sonst.

»Scheiß auf den Hammer«, sagte ich. »Wie sollte ich das hier voraussehen?«

Annie hat gesagt, es wäre gut vorzusorgen, wenn man etwas Wichtiges herausgefunden hat, hörte ich Lizzies Stimme aus dem Beifahrerfußraum. Ich fischte sie heraus und setzte sie neben Baldwin.

»Nein, das hat Annie nicht gesagt«, keuchte ich. »Annie sagte: ›Winston, du solltest einen roten Hammer kaufen.‹ Und genau das habe ich damals auch getan.«

Die Luft war feucht und enthielt wahrscheinlich nur noch wenig Sauerstoff.

Und wo ist er dann?, erkundigte sich Henry, der sich plötzlich direkt neben meinem rechten Ohr befand. Ich griff über die Schulter und holte ihn zwischen der Sitzlehne und der B-Säule hervor.

»Wahrscheinlich im anderen Wagen«, sagte ich.

Da hast du mal wieder am falschen Ende gespart, sagte Henry und scheuerte mit einem Schleifgeräusch seine Schneidezähne gegeneinander.

»Erzählt mir lieber, wie ich nach oben komme«, sagte ich.

Jetzt willst du also doch unseren Rat?, fragte Professor Baldwin. *Nachdem du uns die letzten Jahre am liebsten aus dem Wagen geworfen hättest? Das ist unlogisch.*

»Ich dachte, ihr mögt mich nicht«, sagte ich.

Hat das jemand hier im Raum gesagt?, fragte Lizzie.

Ich nicht, antwortete Henry.

Zu keinem Zeitpunkt, sagte Professor Baldwin.

»Ich verstehe das nicht«, sagte ich und steckte mir der Ordnung halber den Bund meines nassen T-Shirts in die Hose. »Ihr habt mir vorgeworfen, euch verkauft zu haben.«

Das waren deine eigenen Gedanken, erklärte Professor Baldwin. *Wir sagen immer nur, was du gerade denkst. Wir sind deine Schöpfungen.*

»Wenn ich über euch denke, ich hätte euch verkauft, dann sagt ihr das auch zu mir?«

Selbstverständlich, sagte Lizzie.

Klar doch, pflichtete Henry ihr bei.

Logisch!, näselte Professor Baldwin.

»Ich werde gerne darüber nachdenken«, sagte ich. »Aber genau jetzt brauche ich eine gute Idee, wie ich hier rauskomme.«

Keine Ahnung, ich bin nur ein Pirat für Schiffe über dem Wasser, sagte Henry.

Ich würde durch den Türschlitz schwimmen, sagte Lizzie. *Aber ich befürchte, dass du dafür zu groß bist.*

Hau endlich das verdammte Fenster raus!, rief Henry plötzlich, als fordere er seine Mannschaft zum Entern eines gegnerischen Schiffs auf.

»Tolle Idee«, keuchte ich. Die Luft war zäh wie nach einem Saunaaufguss, nur kälter. »Und wie?«

Noch mal die Füße hoch und fest gegen die Bugscheibe treten!, krähte Henry. Hätte er einen Säbel gehabt, hätte er ihn wahrscheinlich zum Angriff in Fahrtrichtung geschwungen. Ich schwor mir, dass ich, sollte ich jemals lebend aus diesem Wagen hinauskommen, dem Hersteller ein Gummischwert für Henry aufzwingen würde.

Lieber nicht, lieber nicht!, schrie Lizzie. *Wenn die nicht ganz rausgeht, ersaufen wir alle.*

Die Chancen stehen schlecht, aber Raustreten ist sehr viel besser, als noch eine Minute zu warten, brummte Professor Baldwin.

»Ich mache es«, sagte ich.

Der Pegel hatte inzwischen die inneren Türgriffe erreicht. Ich brachte mich wieder in Position, klammerte mich rechts und links am Polster fest und stieß mit den Füßen mit aller Kraft gegen die Frontscheibe. Ich hatte schon ein schlechtes Gefühl, bevor meine Füße mit ihr in Kontakt kamen. Man kann die Fußspitzen nicht weit genug heranziehen, deshalb prallt man mit den Ballen zuerst gegen die Scheibe. Der Fuß rutscht ab, das Fußgelenk gibt nach, und die Stoßkraft geht verloren.

Vielleicht hatte das Glas eine kleine Bewegung gemacht, aber nichts Nennenswertes. Für einen besseren Aufprallwinkel legte ich mich quer über beide Sitze ins Wasser und versuchte es mit dem rechten Bein. Doch auch so konnte ich nicht richtig Schwung holen, und mein Tritt rutschte zudem ab, weil alles nass und glitschig war. Raus kam ich so nicht, stattdessen drückte nun an der vorderen rechten Ecke ein fingerbreiter Strahl in den Wagen rein. Offenbar war immerhin das Dichtungsgummi etwas herausgedrückt worden. Ich sah das als gutes Zeichen und versuchte, diese Ecke mit der ausgestreckten Fußspitze weiter zu bearbeiten. Der Strahl wurde durch meine Hebelei zwar breiter,

aber insgesamt sah es nicht danach aus, als würde ich die Scheibe auch nur ansatzweise bewegen.

Ich richtete mich wieder auf.

»So eine Scheißidee«, sagte ich.

Es liegt am Wasserdruck, sagte Professor Baldwin. *Du kannst nichts dafür.*

»Das hilft mir gar nichts«, sagte ich. »Wenn weder die Frontscheibe noch eine Tür aufgeht, bin ich tot.«

Das stimmt wahrscheinlich, sagte Henry. *Aber ehrenvoll, denn du hast alles versucht.*

Plötzlich dachte ich an Annie, die in diesem Moment in unserem Haus in ihrem Bett lag. Vielleicht war ja tatsächlich nur ihr Körper noch da? Dann würde ich sie vielleicht gleich wiedersehen. Das wäre immerhin eine gute Nachricht so kurz vor dem Alptraum, der in wenigen Sekunden über mich kommen würde. Ein Teil von mir hoffte darauf, Annie zu begegnen, aber ein anderer Teil zweifelte daran, weil das meiner Meinung nach Unfug war. Jeder vernünftige Psychologe wusste, dass Nahtoderfahrungen einfach nur Mangelerscheinungen eines unterversorgten Gehirns waren. Halluzinationen.

Es war jämmerlich und schrecklich, so zu denken, kurz bevor man starb. Ich beneidete alle Menschen, die an ein Leben nach dem Tod glaubten. Meine eigene Vorstellung, dass da einfach gar nichts war, lag wie ein Stapel Hantelscheiben auf meiner Brust und zerquetschte mir mit eiserner Faust das Herz. Hätte ich nur damals besser auf Annie gehört.

Die Sprache der Frauen

Das Verhalten von Menschen gibt mir einige Rätsel auf, die ich schon immer unbedingt lösen wollte. Unter anderem deshalb hatte ich ja auch Psychologie studiert. Eines der wirklich größten Rätsel ist das Geheimnis der menschlichen Sprache. Und hier, als Unterrätsel, das Geheimnis der Sprache der Frauen.

Man könnte ja denken, die Sprache wäre keine große Sache. Ein Wort bedeutet, was ein Wort eben bedeutet. Ein Tisch ist ein Tisch, ganz gleich, ob ein chinesischer Philosoph oder ein britischer Kohlegrubenarbeiter das Wort für Tisch in seiner Sprache ausspricht. Niemand würde auf die Idee kommen zu sagen: »Ich will einen Tisch«, wenn er in Wahrheit ein Fahrrad will.

Dachte ich.

Frauen sprechen rein äußerlich dieselbe Sprache wie Männer, und gleichzeitig sprechen sie innerlich oft überhaupt nicht dieselbe Sprache. Dieses Phänomen macht viele Männer ein Leben lang fast verrückt. Wenn eine Frau zum Beispiel zu ihrem Mann sagt: »Sieh mal, der blonde Typ da drüben hat eine wirklich coole Jacke an«, dann kann das im Kopf des Mannes eine Menge verschiedener Dinge auslösen. Manche davon mit schwerwiegenden Folgen. Aus der Sicht des Mannes, dessen Begleiterin gerade die tolle Jacke an dem fremden Mann lobt, kann es heißen: *Du bist gerade weniger cool und solltest etwas an dir verändern.* Oder es kann bedeuten: *Deine Jacke sieht billig aus, du musst mehr Geld verdienen, um dir eine noch coolere, superteure zu kaufen.* Oder es kann im Kopf des Mannes übersetzt werden als: *Ich überlege gerade, dich zu verlassen und mir einen Typen wie den da zu suchen.*

Dabei meint die Frau vielleicht einfach nur, dass die Jacke dort drüben zu dem Mann dort drüben passt.

Vielleicht!

Genau dieses »Vielleicht« ist ein ganz enormes Problem, das für viele Männer zu einem Alptraum werden kann. Was meint sie wirklich? Die Sprache der Frauen ist in meiner Welt ein großes Mysterium, über das ich eigentlich gerne ein Buch schreiben wollte. Aber ich hatte noch nicht genug davon verstanden. Auch nicht mit Annies Hilfe. Denn Annie war keine ganz durchschnittliche Frau, daher konnte ich die geheimen Codierungen der Frauen an ihr nicht gut studieren. Wenn Annie zu mir etwas sagte, dann meinte sie es genau so, wie sie es eben sagte. Vielleicht machte sie das nur meinetwegen so, ich weiß es nicht, aber ich habe Annie nie anders kennengelernt.

Wenn sie zum Beispiel sagte: »Winston, zieh die Schuhe aus, wenn du aus dem Garten kommst«, dann wusste ich, dass sie recht hatte, und dankte ihr für die Erinnerung.

»Stimmt, Annie. Entschuldigung!«, rief ich.

»Keine Ursache«, sagte Annie.

Klare Worte konnte ich gut verstehen, und so wusste ich immer, was ich wann zu tun hatte, damit alles in unserer Beziehung gut funktionierte. Das klappte auch in anderen Fällen einwandfrei. Wenn Annie Lust auf einen Kuss hatte, kam sie in meine Nähe, sah mich mit ihren smaragdgrünen Augen an und sagte: »Einen Kuss bitte!«

Ich liebte Annie, und ich mochte es sehr, sie zu küssen. Wenn sie mich daran erinnerte, machte ich es nur allzu gern. Und weil sie mir immer sagte, was sie gerade mochte, bekam ich nie das Gefühl, sie zu wenig oder zu viel zu küssen.

Oder sie brauchte eine Umarmung, dann sagte sie: »Winston, umarmst du mich bitte?« Ich tat es dann immer, und es war jedes Mal genau richtig und wunderschön. Für uns beide.

Erwachsenenpsychologie ist nicht mein Fachgebiet, aber ich habe von den Müttern meiner kleinen Patienten gehört, dass es nicht normal war, wie Annie und ich es machten. Manche Frauen erzählen ihrem Mann zum Beispiel, dass sie heute einen schweren Tag hatten oder sich über jemanden geärgert haben oder dass ihnen etwas weh tut. Und dabei denken sie die Worte: *Ich bräuchte jetzt eine liebevolle Umarmung,* und sehen in die Richtung ihres Mannes, der vielleicht gerade fernsieht oder liest oder etwas isst. Und nichts passiert. Dann denken sie: *Wenn er mich wirklich lieben würde, dann würde er mich jetzt umarmen und küssen. Weil ich einen schweren Tag hatte.* Und noch immer passiert nichts, weil ihr Mann keine Gedanken lesen kann, so wie auch ich keine Gedanken lesen kann. Annie weiß das, deshalb sagt sie mir, was sie denkt. Aber andere Frauen haben mir erzählt, dass sie dann eher still werden oder ein trauriges Gesicht machen oder über Dinge sprechen, die nichts mit einer Umarmung zu tun haben.

Eines Abends nach einer Sitzung, in der mir eine Mutter von so einer Sache berichtet hatte, ging ich nach oben zu Annie, die gerade an ihrem Schreibtisch über der Korrektur von Schulaufgaben saß.

»Annie, ich muss unbedingt etwas herausfinden«, sagte ich. »Etwas, das viele Frauen erzählen und zu dem sie, so denke ich, eine Antwort von mir erwarten. Aber ich habe keine Antwort, deshalb dachte ich, du könntest es mir erklären.«

Annie legte ihren roten Stift beiseite und drehte sich auf ihrem Stuhl zu mir um. Ich sah sie an, und mein Herz hüpfte vor Freude, weil ich sie so schön und so liebenswert fand. Ich fragte mich zum tausendsten Mal, warum sie überhaupt bei mir war und nicht bei einem besseren Mann.

»Um was geht es denn, Winston?«, fragte sie.

»Es geht um die Sprache der Frauen.«

»Und um was genau?«

»Männer verstehen sie oft nicht«, sagte ich. »Entweder, weil etwas gar nicht ausgesprochen wird oder weil über etwas ganz anderes gesprochen wird als über das, was eigentlich gerade gemeint ist.«

Annie sah mich konzentriert an, was zwei kleine Falten über ihrer Nasenwurzel erzeugte. Das mochte ich, weil ich mir dabei vorstellte, wie sie im Alter tiefer und länger wären, mit weiteren Falten außen herum, und dass ich dann noch immer darauf blicken und mich darüber freuen würde, Annie in meinem Leben zu haben. Ich fand gemeinsames Älterwerden prima und liebte jede von Annies Falten, auch wenn sie selbst sie nicht mochte.

»Kannst du das genauer erklären?«, fragte Annie. »Oder mithilfe eines Beispiels?«

»Geraldine Mansfield erzählte mir ...«

»Die Großmutter der kleinen Rosa?«, unterbrach sie mich.

»Ja, genau. Also sie sagt beispielsweise zu ihrem Mann: ›Früher sind wir fast jede Woche tanzen gegangen.‹ Und ihr Mann denkt kurz nach und sagt dann: ›Ja. Möchtest du denn tanzen gehen?‹ Und sie sagt: ›Nein, ich kann doch nicht mehr wegen der Arthrose in der Hüfte.‹ Und er sagt: ›Ja, das ist schade. Wenn man jung ist, fällt einem vieles leicht, was später einfach nicht mehr geht.‹«

Annie hatte konzentriert zugehört und sah mich noch immer aufmerksam an. »Und?«, fragte sie. »Wo ist das Problem?«

»Geraldine Mansfield glaubt, dass ihr Mann sie nicht mehr so liebt wie früher, und das macht sie sehr traurig. Sie sagt, er umarmt sie kaum noch, macht ihr nur selten Komplimente und erwähnt häufig Dinge, die ihr spiegeln, dass sie älter wird.«

Annie nickte. »Und du möchtest wissen, warum sie ihm das nicht direkt sagt.«

Ich nickte ebenfalls.

»Sie hat es ihm gesagt, in der Sprache der Frauen«, erklärte Annie.

»Das habe ich schon vermutet. Deshalb frage ich ja dich.«

»Als Erstes hat sie ein Bild in ihrem Kopf, wie sie zusammen mit ... wie heißt ihr Mann?«, fragte sie.

»Brooklyn.«

»Ihr Mann heißt wirklich Brooklyn?«

»Ja, sie nennt ihn Brooks.«

»Nun gut. Also, in Geraldines Kopf schweben Brooks und sie in eleganter Kleidung zu romantischer Musik über eine Tanzfläche. Sie sind beide jung, haben schöne Körper und endlos Kraft, um die ganze Nacht hindurch zu tanzen und sich anschließend vielleicht sogar noch zu Hause zu lieben.«

»Schöne Erinnerung«, sagte ich.

»Aber das erzählt sie Brooks nicht«, sagte Annie. »Sie hofft, dass er es aus ihrem Satz über das frühere Tanzen herausliest. Sie hofft, dass er dieselben Erinnerungen bekommt und sich dabei erneut in sie verliebt und ihr so wie damals zeigt, wie sehr er sie verehrt.«

»Oh, mein Gott! Sie will gar nicht tanzen?«, fragte ich.

Annie schüttelte den Kopf: »Wahrscheinlich nicht.«

»Wie soll er das jemals herausbekommen?«

»Das genau ist das Problem zwischen Männersprache und Frauensprache«, sagte Annie.

»Ich wollte ein Buch darüber schreiben«, sagte ich, »aber so, wie es aussieht, ist das unmöglich.«

»Ich finde, es wäre dennoch eine gute Idee«, sagte Annie. »Vielleicht mit Zeichnungen.«

»Ich denke darüber nach«, sagte ich.

Annie nahm ihren roten Stift wieder in die Hand. »Ich würde dich unterstützen«, sagte sie, während sie ein neues Schulheft zur Hand nahm.

»Wirklich?«

»Natürlich.«

Heute denke ich, dass ich Annie viel weniger unterstützt habe als sie mich, aber es fällt mir nichts ein, was ich hätte anders machen können.

Auf jeden Fall war die geheime Sprache der Menschen ein hochinteressantes Forschungsgebiet für mich, da ich viele Dinge, die für andere selbstverständlich sind, nie erlebt und nie gelernt hatte. Wenn jemand beispielsweise sagt: »Winston, wir könnten zusammen einen Kaffee trinken gehen«, so glaube ich, dass die Person gerade eine solche Möglichkeit überprüft, und sage: »Ja, das könnten wir.« Viel besser wäre, derjenige würde zu mir sagen: »Winston, möchtest du jetzt mit mir einen Kaffee trinken gehen?«

Immerhin hatte ich relativ gut gelernt, auf einfach verschlüsselte Dinge dieser Art zu antworten, auch wenn es gar keine Frage war. Aber komplexere und verborgene Ebenen hinter der Sprache sind mir lange verschlossen geblieben.

Wenn ein Mann und eine Frau zum Beispiel vom ersten gemeinsamen Abendessen kommen und zum Abschluss Kaffee getrunken haben, und beide stehen vor der Tür der Frau, dann sagt die Frau manchmal: »Kommst du noch auf einen Kaffee mit hoch?« Das ist etwas, über das man gut nachdenken sollte, um nicht zu schnell zu antworten: »Vielen Dank, aber wir haben doch gerade Kaffee getrunken.« Ich habe inzwischen verstanden, dass es ein codiertes Angebot für Sex ist, aber wenn es ein Code ist, den jeder kennt, warum benutzt man dann einen Code? Warum sagt die Frau nicht unverschlüsselt, was sie im Sinn hat, sodass man es auf Anhieb verstehen kann?

Ich glaube, so etwas könnte viele Menschen bei näherer Betrachtung ebenso verwundern wie mich, deshalb wäre es bestimmt ein sinnvolles Thema für eine Erforschung.

Ich erinnere mich, wie Annie und ich mit Linda und James in einem Thairestaurant beim Abendessen waren, als ich eine weitere seltsame Codierung entdeckte. Ich hatte bis dahin nie verstanden, warum sich erwachsene Liebespartner in Gegenwart von anderen gegenseitig beleidigen.

»Oh, das könnt ihr vergessen«, sagte Linda zum Beispiel. »James ist ein fauler Hund. Er denkt nicht mal daran, mir beim Kochen zu helfen.«

»Das ist eine Lüge«, sagte James und seine Stimme klang aggressiv. »Ich koche sogar häufig selbst. Nur gibt es Leute in unserem Haushalt, die vergessen, die Gewürze nachzukaufen.«

»Seht ihr, wie er rot wird«, sagte Linda daraufhin und deutete auf James' Gesicht. Aber James wurde nicht rot, auch nicht, nachdem sie es gesagt hatte.

So geht das dauernd bei den beiden. Solche Dialoge gehören für mich zur Kategorie der Meisterklasse, weil es mich enorme Anstrengung kostet zu entschlüsseln, was wirklich gemeint ist. Das macht einen gemeinsamen Abend sehr anstrengend.

»Annie, warum beschimpfen sich James und Linda eigentlich ständig?«, fragte ich auf der Heimfahrt.

»Weil sie sich lieben«, antwortete Annie. »Und es ist kein Beschimpfen.«

»Aber sie tragen ihre Probleme vor uns beim Abendessen aus. Warum klären sie das nicht zu Hause oder beim Therapeuten?«

»Weil sie gar kein Problem haben. Sie spielen es nur.«

»Dann hilft er ihr also in Wahrheit beim Kochen?«

»Ich denke, eher nicht«, sagte Annie

Ich überlegte einen Moment.

»Ich bin froh, dass ich dich habe, Annie«, sagte ich dann.

»Ich liebe dich auch, Winston.«

Die Sache mit der Wortwahl ist für mich auf so vielen Ebenen verschlüsselt, dass es fast kein Ende nimmt. In meiner Praxis

streiten sich manche Eltern vor meinen Augen wie verrückt und sprechen sich dabei mit »Schatz« und »Liebling« an. Ich frage mich dann, wie sie sich nennen, wenn sie sich wieder mögen. Wahrscheinlich liegt der wichtige Unterschied im Tonfall, so wie in der chinesischen Sprache. Man kann das Wort »Liebling« so aussprechen, als wollte man mit einem Messer ein Stück Fleisch zerteilen oder als würde man den anderen mit einem Samttuch über die Wange streicheln. Mich hat das schon immer interessiert, weil ich über diese Gabe nicht verfüge. Mir fehlt ganz offensichtlich eine komplette Dimension der menschlichen Sprache. Wenn ich zu Annie »Liebling« sage, meine ich damit immer und in jedem Moment, dass sie der liebste Mensch in meinem Leben ist. Und wenn ich sie gerade nicht mag, was sehr selten vorkommt, gehe ich in mein Zimmer und überlege, warum. Nach einer Weile habe ich eine Idee dazu entwickelt, mit der ich wieder zu ihr gehe, um ihr davon zu berichten. Gemeinsam finden wir dann meistens schnell heraus, was wirklich los ist.

Sie könnten mich jetzt fragen, was das alles mit dem Sinn des Lebens zu tun hat. Nun, meiner Erfahrung nach ist es so: Je weniger ein Mensch die anderen Menschen um sich herum verstehen kann, umso einsamer wird er sich fühlen. Also ist es von großer Bedeutung für ein gutes Leben, die nahestehenden Menschen zu verstehen.

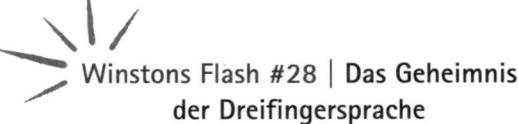

Winstons Flash #28 | Das Geheimnis der Dreifingersprache

Unsere Sprache deutet immer wie eine Hand mit drei Fingern auf etwas, das wir ausdrücken wollen. Ein Finger ist das, was wir sagen. Der zweite Finger ist die Art, wie wir es sagen. Der dritte besteht aus dem, was wir wirklich meinen.

Es ist wichtig, darauf zu achten, dass alle drei Finger parallel liegen und auf dasselbe Ziel deuten. Sonst könnten andere Menschen Probleme bei der Entschlüsselung bekommen, was anschließend zu Problemen in der Beziehung führt. Gute Beziehungen sind aber für den Sinn unseres Lebens wichtig. Deshalb ist eine verständliche Ausdrucksweise wichtig für den Sinn unseres Lebens.

Odem

In vielen alten Kulturen war das Wort für Atem gleichzeitig auch das Wort für Leben, Lebenskraft und Geist. Jeder einzelne Atemzug bedeutet also ein Stück Leben. Wenn wir unseren Alltag leben, denken wir selten daran, doch wenn man unter Wasser in einem verschlossenen, bereits zu drei Vierteln voll gelaufenen Auto sitzt, wird die Luftmenge plötzlich endlich. Und damit extrem wertvoll.

Ich konnte buchstäblich spüren, dass nur noch ein paar Dutzend Atemzüge um mich herumschwebten, die wie Menschen in einer Kassenschlange darauf warteten, Stück für Stück durch meinen Lungenscanner gezogen zu werden. Als mir das bewusst wurde, fiel mir das Geräusch meines Atems plötzlich überdeutlich auf, und das wiederum erinnerte mich an das Geräusch von Annies Beatmungsgerät.

Etwa zwei Monate nach der Rückkehr in unser Haus hatte mitten in einer Routineuntersuchung durch den Arzt der Atemreflex eingesetzt. In diesem Moment hätte ich am liebsten Dr. Williamson angerufen, in die Hände geklatscht und ins Telefon gesungen: »Sehen Sie mal, Sie Idiot, Ihre Mörderstatistiken taugen gar nichts!« Aber das war natürlich nicht gut, denn Annie war noch lange nicht über den Berg. Das tiefe Koma blieb, und sie musste genauso weitergepflegt werden wie zuvor. Nur mein Schlaf wurde nicht mehr durch die Maschinengeräusche gestört.

Unter Beobachtung

Dafür störte plötzlich etwas anderes. Etwa eine Woche nach Annies Fortschritt überkam mich besonders abends immer wieder ein seltsames Gefühl. Ich überlegte, ob es daran lag, dass ich mit Annie zusammenlebte, während sie gar nicht wirklich da war, nur mit ihrem Körper sozusagen, ohne dass ich wusste, wo sich ihre Seele gerade befand. Immer wieder sah ich sie in der Hoffnung an, eine winzige Regung zu finden, an der ich ablesen konnte, dass irgendwann alles wieder gut würde. Aber sie lag nur mit geschlossenen Augen da und atmete gespenstisch leise vor sich hin.

Natürlich ist das eine seltsame Situation, aber gerade in den letzten Tagen kam noch etwas hinzu, das ich nicht greifen konnte. Meistens nach Einbruch der Dunkelheit hatte ich das Gefühl, beobachtet zu werden. Vielleicht kennen Sie das auch – plötzlich überlegen Sie, ob jemand im Haus verborgene Kameras installiert hat, oder Sie denken, jemand starrt Sie durch ein Fenster an, vielleicht aus dem Haus gegenüber mit einem Fernglas. Am Anfang sagen Sie sich, dass es nur Hirngespinste sind, doch wenn das Gefühl nicht aufhört, beginnen Sie, ein ganz klein wenig nachzusehen.

Tief in jedem von uns, ganz gleich, wie alt wir sind, lebt noch immer ein Kind. Was macht man mit einem Kind, das gerade glaubt, im Haus würde sich ein Monster verstecken? Man zieht ihm das Shirt mit Henry, dem Piratenhasen, an, schaltet alle Lichter ein und durchsucht gemeinsam jedes Zimmer bis in den letzten Winkel. Genauso machte ich es. Als Erstes ging ich ins Schlafzimmer, gab Annie einen Kuss auf die Wange und tausch-

te mein Polohemd gegen ein Hasenshirt. Dann arbeitete ich mich etagenweise durch alle Zimmer, bis hinauf zum Dachboden. Ich knipste die Lichter an und durchsuchte jeden Raum und jeden größeren Schrank. Als Dr. Winston Flash war mir natürlich in jeder Sekunde vollkommen klar, dass es keine Monster gibt, doch das Kind in mir war sich dessen nicht so sicher. Deshalb gab ich diesem Kind die Möglichkeit, sich selbst zu überzeugen.

Nachdem sich alle Räume als einbrecher- und monsterfrei erwiesen hatten, blieb nur noch der Keller. Natürlich, der Keller! Wie in einem schlechten Horrorstreifen. Aber wenn man ihn auslässt, denkt das Unterbewusstsein, dass es jetzt ganz sicher der Keller ist. Also öffnete ich die Tür zur Treppe nach unten und schaltete das Licht ein.

»Komm raus und zeig dich!«, rief ich.

Ganz toll!, sagte Professor Baldwin in meinem Kopf. *Jetzt bist du doch paranoid geworden. Als Nächstes setzt du dir eine Blechmütze auf, damit niemand deine Gedanken abhört.*

Diese Vorstellung fand ich dermaßen lustig, dass der Drang, den Keller zu kontrollieren, verschwand und ich die Tür wieder schloss. Damit war das seltsame Gefühl erledigt. Dachte ich.

Doch das Schicksal hat die Eigenschaft, die bedeutsamen Dinge genau dann geschehen zu lassen, wenn wir es am wenigsten erwarten. Ich spülte gerade die Teekanne aus und ließ meinen Blick in die Dunkelheit vor dem Küchenfenster schweifen, als ich die Gestalt wahrnahm. Es war ein Mann. Er stand neben dem Hydranten auf der gegenüberliegenden Straßenseite und beobachtete unser Haus. Er blieb im Schatten eines Baums, sodass ich trotz der Straßenlaterne sein Gesicht nicht erkennen konnte. Natürlich hätte es auch ein Passant sein können, und ich konstruierte gerade eine neue Wahngeschichte. Aber alles in mir war sich sicher, dass dieser Mann nicht zufällig dort stand, sondern mich beobachtete.

Ich ließ die Teekanne in der Spüle stehen und bewegte mich wie beiläufig aus dem Sichtbereich des Küchenfensters. Im Gang stand eine Kommode, auf der Annie und ich immer Schlüssel, Geld und die Telefone ablegten. Ich nahm mein Handy und überlegte, wen ich anrufen sollte. Die Polizei? Oder einen Freund? Da wurde mir klar, dass ich gar keinen persönlichen Freund hatte. Ich kannte alle nur wegen Annie, und meinem Gefühl nach hatten auch die gemeinsamen Abende mit anderen Pärchen vor allem von Annies sozialen Qualitäten gelebt. Aus meiner Sicht der Welt würde sich niemand mit mir treffen, wenn nur ich dabei wäre – weil ich kein wertvoller Gesprächspartner war, wenn es um belanglose Gespräche ging.

Ich denke, alle meine Beziehungen gründen auf dem Interesse an gemeinsamen Rätseln, auf der Leidenschaft, Dinge zu erforschen, auf der Freude, Erkenntnisse zu gewinnen. Wenn all das nicht stattfindet, ist es so, als würde meine Batterie den Geist aufgeben, das Licht geht aus – und ich werde zu einem mühsamen Tischpartner, der ungeschickte Sätze von sich gibt.

Ich hielt das Telefon in der Hand und starrte auf die eingespeicherten Kurzwahlen.

Ein Freund in der Not ..., hörte ich die Stimme von Lizzie, der Schildkröte, in meinem Kopf.

Ganz genau, dachte ich. *Keiner da.*

Dann erinnerte ich mich daran, dass es ja nicht nur um mich ging. Im Schafzimmer lag Annie, und meine Aufgabe war es, mich um sie zu kümmern und sie zu beschützen. Und deshalb durfte ich jetzt jeden unserer gemeinsamen Freunde anrufen. Es war sogar meine Pflicht, das zu tun, weil Annie es genauso gemacht hätte.

Ich drückte die Kurzwahl von John Storm, einem Lehrerkollegen von Annie. Wirtschaft und Sozialkunde. Nach dreimaligem Läuten nahm er ab.

»John, es geht um Annie«, sagte ich, nachdem er sich gemeldet hatte.

»Was ist mit ihr?«, fragte John.

»Draußen steht ein Mann im Dunkeln. Er beobachtet unser Haus.«

»Verdammt, Winston. Ruf sofort die Polizei«, sagte John.

»Ich dachte, du könntest kommen und langsam an ihm vorbeifahren und dabei nachsehen, wie er aussieht.«

»Und dann?«, fragte John Storm.

»Na ja, ich weiß nicht«, sagte ich. »Vielleicht geht er dann weg.«

»Das ist kein guter Plan«, sagte John Storm. »Du solltest die Polizei rufen.«

»Ja, vielleicht ist es das Beste ...«, sagte ich, als es plötzlich an der Tür klopfte.

Ernie

Wir haben eine dieser Türen, die in der oberen Hälfte mit einer Milchglasscheibe ausgestattet sind, damit mehr Tageslicht in den Gang fällt. Falls Sie sich gerade mit dem Kauf einer Eingangstür beschäftigen, kann ich Ihnen diese Version nicht empfehlen. Tagsüber hat sie ihre Berechtigung, aber nachts und wenn man allein im Haus ist, sind solche Türen wirklich Mist. Das Licht von der Straße wirft einen derart fahlen, gelblichen Schein in den Gang, dass man mit völligem Dunkel besser dran wäre. Wenn dann noch jemand vor dem Glas steht und Sie soeben Ihr Haus nach Monstern abgesucht haben, wirkt seine Silhouette ziemlich sicher nicht wie etwas, das Sie gerne hereinbitten möchten.

Ich legte die Kette vor und umklammerte mein Handy, als wäre es ein Schlagring – was dafür sorgte, dass John Storm aus der Leitung flog. Ich öffnete die Tür einen Spalt. Es war der Mann von der anderen Straßenseite, und ich kannte ihn.

»Sie sind Ernie Mottershaw«, sagte ich.

»Bin ich, Sir.«

Er zog seine Mütze vom Kopf. Zumindest die Eltern waren Iren, wie ich vermutete. Ich mochte Iren, weil Annie irische Großeltern hatte.

»Sie haben Annie überfahren«, sagte ich.

Er sah mich betroffen an und nickte.

»Standen Sie die ganze Zeit auf der Straße herum?«

Das war eine rhetorische Frage, denn natürlich hatte er das getan. Er nickte noch mal.

»Stand herum, Sir. Entschuldigung.«

Viele Iren sprechen schottisch-gälisch und haben kein Wort für Ja oder Nein, sie wiederholen stattdessen die relevanten Satzteile. Das irritiert mich manchmal.

»Und gestern auch?«, fragte ich. »Und vorgestern? Und in der letzten Woche?«

Er räusperte sich und fuhr sich durch die kurzen Haare. Ich sah, dass er schwitzte, was mich wunderte, denn es war eine kühle Nacht. Er wirkte nicht bedrohlich, und ich dachte, ich sollte John Storm anrufen und Entwarnung geben, denn John war ein entschlussfreudiger Mann. Nicht, dass gleich eine Spezialeinheit der Polizei aufschlug und unser Haus durchpflügte.

»Ich muss kurz telefonieren«, sagte ich.

»Ich kann auch gehen«, sagte Ernie Mottershaw.

»Bleiben Sie. Ich muss nur telefonieren.«

»Ich will keinen Ärger machen«, sagte er.

Ich hatte schon immer das Problem, dass mir mitten in Gesprächen ein wichtiger Gedanke kommt, dem ich augenblicklich nachgehen muss. Das ist einer der Gründe, warum ich ständig ein Notizbuch mit mir herumtrage. Sobald ich den Gedanken aufgeschrieben habe, wird mein Kopf frei, und ich bin wieder im Geschehen.

Ich hielt das Handy in meiner Rechten, hatte die Linke am Türgriff, dachte daran, dass ich telefonieren musste, und sah gleichzeitig in Ernie Mottershaws Augen. Traurige Augen.

»Okay, möchten Sie vielleicht auf eine Tasse Tee hereinkommen?«, fragte ich schließlich.

»Ich will nicht stören«, sagte er.

»Sie stören nicht. Ich weiß, warum Sie hier sind.«

»Natürlich«, sagte er. »Sie sind ja Psychologe.«

»Eigentlich nur für Kinder. Aber ich weiß es trotzdem.«

Er trat ein und hängte seine Jacke mit sorgfältigen Handgriffen im Gang auf. Ernie Mottershaw war ein großer Mann, nicht

allein von der Höhe her – er überragte mich um etwa eine Handbreit –, sondern auch aufgrund seiner Präsenz. Er trug eine so schwere Wolke um sich herum und füllte unseren Eingang so massiv aus, dass ich froh war, als ich ihn am Küchentisch untergebracht hatte.

Ich setzte Wasser auf, spülte die Kanne fertig ab und stellte zwei Tassen und einen Teller mit Plätzchen auf den Tisch, alles, ohne ein Wort zu sagen. Mottershaw war ein einfacher Mann, das wurde jedem klar, der ein paar Worte mit ihm wechselte. Ich fragte mich, was ich mit ihm anstellen sollte.

»Nehmen Sie Zucker oder Milch in Ihren Tee?«, fragte ich.

»Zucker und Milch, Sir. Beides, gerne«, sagte er.

Ich stellte die Dosen auf den Tisch und füllte das kochende Wasser in die Porzellankanne. Dabei dachte ich, dass Annie das immer gemacht hatte, wenn Gäste da waren, und nun tat ich exakt dasselbe für den Mann, der sie praktisch umgebracht hatte, während sie selbst ein paar Meter weiter im Koma lag.

Ich stellte den Tee auf den Tisch und sah ihn an. Er hatte Hände wie ein Maulwurf, riesig, mit feinen Rissen in der Haut, in denen sich etwas Dunkles festgesetzt hatte, so wie Erde oder Motoröl. Etwas, das nicht wegging, auch wenn man die Haut mit Seife und einer Bürste schrubbte. Es waren die Hände eines Mannes, der schon sein Leben lang körperlich arbeitete.

»Was machen Sie denn so, Mr Mottershaw?«

»Jetzt gerade oder allgemein?«, fragte er.

»Beruflich. Und allgemein«, sagte ich.

Er schaufelte sich zwei Ladungen Zucker mit Annies silbernem Zuckerlöffel in seine Tasse. Für mich sah er dabei aus wie jemand, der versucht, mit Winterhandschuhen einen Faden in ein Nadelöhr zu führen.

»Ich fahre Lastwagen.«

»Das ist mir klar«, sagte ich.

»Für Living Food«, sagte er. »Fleisch von schottischen Rindern nach London. Und Stoffe aus London hoch nach Schottland.«

Ich starrte ihn an.

»Mit einem anderen Aufleger natürlich«, sagte er.

»Natürlich«, sagte ich. »Wohnen Sie in London?«

»Das tue ich«, sagte er.

»Haben Sie Familie?«

»Eine Frau und einen Sohn«, sagte er. »Vierzig und sieben.«

»Wie schön«, sagte ich.

Es entstand eine Pause. Ich fragte mich, ob eine Szene noch absurder sein konnte als diese hier. Vor meinem inneren Auge sah ich unser Haus von oben, mit abgenommenem Dach, so wie wenn man zu Weihnachten in eine neue Puppenstube blickt. Ich sah das Zimmer am Ende des Gangs mit Annies Bett und uns Männer an diesem Tisch und ...

»Ich muss sofort telefonieren!«, sagte ich und sprang auf. Ich schnappte mein Handy, lief durch den Gang ins Wohnzimmer und wählte noch mal die Nummer von John Storm.

»Er ist im Haus«, flüsterte ich ohne Umschweife, nachdem John abgenommen hatte. »Es ist der Mann, der Annie überfahren hat, und er will reden. Wir brauchen keine Polizei.«

»In Ordnung, Winston. Wenn sich etwas ändert, ruf mich an«, sagte John Storm.

»Das werde ich tun«, sagte ich und legte auf. Endlich ließ die innere Anspannung nach. Ich ging zurück in die Küche. Ernie Mottershaw saß unverändert an seinem Platz.

»Ich weiß nicht einmal genau, warum ich hier bin, Dr. Flash«, sagte er.

Ich glaube, er hatte die ganze Zeit darüber nachgedacht, was er sagen wollte, und das war sein Ergebnis.

»Verstehe«, sagte ich.

»Ich dachte, ich fahre einfach her und schaue, was geschieht.«

»Das haben Sie richtig gemacht«, sagte ich.

»Sind Sie auf mich böse?«, fragte er.

Ich überlegte einen Moment.

»Ja«, sagte ich dann. »Denn Sie haben den einzigen Menschen überfahren, der mir jemals etwas bedeutet hat. Annie war mein Lebensinhalt. Sie war der Grund, warum ich morgens Freude am Aufstehen hatte, und der Grund, warum ich mich abends ins Bett legte und für den Tag dankbar war. Ja, ich bin böse auf Sie.«

Er sah mich an, Tränen in den Augen und beide Hände so fest um Annies Teetasse gekrallt, dass ich befürchtete, sie würde gleich zerspringen.

»Aber das macht nichts, Mr Mottershaw«, fuhr ich fort. »Denn ich denke, Sie sind ein rechtschaffener Mann. Ich bin böse auf den Ernie Mottershaw aus der Vergangenheit, der meine Frau überfahren hat. Immer wenn ich an die Sekunden zurückdenke, weiß ich nicht, wie ich das jemals verzeihen soll, wirklich. Ich habe keine Ahnung. Aber jetzt gerade sehe ich den Mr Mottershaw von heute vor mir sitzen. Und er ist ein Mann, der in diesem Moment keine anderen Menschen überfährt, sondern Angst hat und ein zerstörtes Leben ohne Freude.«

»Das ist wahr, Dr. Flash.«

Er weinte, und sein Gesicht wurde dabei fast so rot wie die Steaks, die er von Schottland herunterholte.

»Diesem Mann hier kann ich vergeben«, sagte ich. »Falls das eine Rolle spielt.«

»Das spielt eine Rolle. Eine große Rolle.«

»Noch etwas Tee?«

»Tee ist gut.« Er fischte sich die Papierserviette aus dem Plätzchenteller, um sich damit die Nase zu putzen.

»Ich habe mir etwas ausgedacht«, sagte er, nachdem er mit dem Schnäuzen fertig war.

Ich zog überrascht die Augenbrauen hoch. »Was denn?«

»Ich möchte etwas tun. Irgendwie helfen. Was in Ordnung bringen oder so.«

»Es war ein Unfall«, sagte ich.

»Kann schon sein, Dr. Flash. Aber ich kann dennoch nicht schlafen. Finde keine Ruhe, nicht am Tag und nicht in der Nacht.«

»Ich auch nicht«, sagte ich.

»Und darum geht es. Ich möchte etwas tun.«

»Das müssen Sie nicht«, sagte ich.

»Möchte ich aber, Dr. Flash.«

»Was möchten Sie denn tun?«

»Ich habe etwas Geld ...«, sagte er.

»Oh nein!«, rief ich. »Hören Sie sofort damit auf. Bitte.«

»Ich möchte aber etwas tun«, wiederholte er.

»Indem Sie Ihre Rente verschenken?«, sagte ich. »Dann müsste ich mir über Ihre Familie auch noch Sorgen machen.«

»Ich habe etwas geerbt.«

»Noch schlimmer, dann gehörte es Ihren Eltern.«

»Mr Flash, Doktor, ich komme damit nicht klar«, sagte er und seine Verzweiflung war nicht zu übersehen. »Wenn ich etwas tun könnte, würde mir das vielleicht helfen.«

»Ich habe Ihnen doch schon vergeben. Oder wie immer man das nennt.«

Er sah mich an, und für einen Moment schwebte ein Vakuum über dem Tisch.

»Ich störe Sie«, sagte er dann. »Das will ich nicht.« Er machte Anstalten aufzustehen.

»Warten Sie, Mr Mottershaw«, sagte ich und gab ihm mit einer Handbewegung zu verstehen, dass er sitzen bleiben solle. »Warten Sie bitte einen Moment, ich hole etwas.«

Ich verließ die Küche, lief den Flur entlang bis zur Kellertür und dann nach unten. Ich hatte von Anfang an dafür gesorgt,

dass unsere Sachen in gleich großen, transparenten Plastikkisten in Metallregalen aufgereiht standen. Es gab eine ganze Regalwand mit Plüschfiguren, alle in beschrifteten Boxen. Annie hatte zu bedenken gegeben, dass es eigentlich unsinnig sei, auf eine durchsichtige Kiste mit zwanzig Henrys ein Etikett mit der Aufschrift »Henry« zu kleben. Aber wenn eine Kiste leer war, wusste man sofort, wo etwas fehlte. Wie auf diesen Werkzeugwänden, an denen der Umriss des Werkzeugs zeigt, was gerade nicht am Platz ist. So eine hatte ich auch, und weil mir das den Kopf frei hält, hatte ich das Prinzip auf die Kisten übertragen. Abgesehen davon, dass ich sowieso viel in Kisten denke.

Ich nahm einen Henry, eine Lizzie und einen Professor. Dazu aus dem gegenüberliegenden Regal einen Stapel T-Shirts und einen Schwung Hefte mit gezeichneten Geschichten. Als ich alles vor mir sah, überlegte ich es mir noch mal anders und nahm von jedem je eine Kiste. Ich brachte alles nach oben und reihte es im Gang nebeneinander auf. Mit drei Figuren, einem T-Shirt und einem Heft kam ich zurück in die Küche und legte die Sachen auf den Tisch.

»Ich habe etwas, das Sie tun können, wenn Sie möchten«, sagte ich.

Ernie Mottershaw starrte die Dinge vor ihm auf eine Art an, die mich befürchten ließ, dass ich ihn gleich überfordern würde.

»Mögen Sie Kinder?«, fragte ich.

»Ich mag Kinder.« Er nickte. »Aber was ...?«

»Das sind Henry, Lizzie und Professor Baldwin«, sagte ich und setzte die Figuren der Reihe nach vor ihn hin. »Vor der Tür stehen drei Kisten voll davon. Dazu gibt es diese T-Shirts. Mut, Vorsicht und Weisheit, so wie es die Figuren darstellen. Und außerdem diese Hefte und Bücher. Das alles ist für Kinder.«

Er starrte auf meine Brust, und in diesem Moment wurde mir klar, dass ich noch das Henry-der-Piratenhase-T-Shirt anhatte.

Zumindest wurde die schwere Wolke um ihn herum etwas leichter. Ich atmete einmal tief durch.

»Mr Mottershaw, nehmen Sie all diese Dinge mit sich. Gehen Sie in Kinderkrankenhäuser oder in Waisenhäuser hier in London und fragen Sie, ob Sie dort Geschichten vorlesen dürfen. Wenn ein Kind Ihr Herz berührt, schenken Sie ihm die Figur, die es gerade am meisten braucht. Das machen Sie so lange und so oft, wie Sie wollen. Bis Ihr Herz wieder leicht ist. Wenn Sie weitere Figuren brauchen, kommen Sie wieder, ich habe den halben Keller voll davon.«

»Das ist sehr großzügig von Ihnen, Dr. Flash, Sir«, sagte er.

»Aber ich wollte eigentlich etwas für Sie tun. Und jetzt tun Sie etwas für mich.«

Ich schüttelte den Kopf. »Wenn Sie es so machen, dann tun Sie etwas für die Kinder«, sagte ich. »Und für meine Frau. Sie hätte es so gewollt.«

»Ich verstehe das nicht, aber ich werde es tun«, sagte Ernie Mottershaw.

»Aber nur, wenn Sie es selbst auch wollen«, sagte ich.

»Ich will das«, sagte er. »Verdammt will ich das.«

»Gut. Sind Sie mit dem Auto hier?

Er nickte.

»Ich bringe Sie zur Tür«, sagte ich.

Er sagte nichts und nickte noch mal. Nachdem er seine Jacke vom Haken genommen hatte, drehte er sich zu mir um.

»Dürfte ich sie vielleicht sehen?«, fragte er. »Um mich zu entschuldigen. Ich weiß, dass sie es nicht hört, aber vielleicht ja doch.«

»Nein, ich denke nicht«, sagte ich.

»Natürlich.« Er zog die Jacke fertig an und setzte seine Mütze auf. »Wenn Ihnen sonst noch etwas einfällt, lassen Sie es mich wissen, bitte.«

Er hielt mir eine Visitenkarte entgegen, die aussah, als hätte sie schon viele Jahre in seinem Geldbeutel verbracht und wäre zwischendurch immer mal wieder unter seinen Lastwagen gekommen.

»Danke«, sagte ich und nahm sie ihm ab.

Er wirkte erleichtert.

Was man mit der Schuld eines anderen anstellen soll, ist ein unendlich vertracktes Problem, finde ich. Falls er wirklich etwas Gravierendes angerichtet hat, verschwindet die Schuld nicht einfach, nur weil man ihm vergibt. Als wäre die Schuld nach einer Tat eine Sammlung von Betongewichten, die nicht allein dem Schuldigen, sondern allen Beteiligten auf den Schultern liegen. Ich habe beobachtet, dass zwei grundsätzliche Wege die Schultern der Betroffenen erleichtern.

Entweder war es eine Form von Absicht. Dann wird der Täter gesetzlich bestraft. Dabei ist es wichtig, dass er eine ähnliche Menge an Leid verpasst bekommt, wie er selbst angerichtet hat. Falls das nicht geschieht, werden die Betroffenen das Urteil im Normalfall als ungerecht empfinden.

Oder aber es war ein Versehen. Dann sollte der Verursacher genauso viel Gutes tun, wie er zuvor Ungutes getan hat. Wann genau es genug ist, bestimmt das Gefühl der Beteiligten. Manchmal denke ich, wir haben irgendwo einen verborgenen Sensor eingebaut, der solche Dinge messen kann.

Auf jeden Fall probierte ich bei Ernie Mottershaw die Variante »Tue Gutes, bis es genug ist« aus. Ich hatte das Gefühl, es würde funktionieren, denn als ich ihn mit den Kisten weggehen sah, wurde mir ein wenig leichter ums Herz.

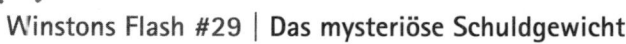

Eine Schuld ist wie ein Gewicht, das auf Tätern und Opfern gleichermaßen lastet, bis es fortgehoben wird. Offenbar ist es möglich, dieses Gewicht zu verringern, indem man gute Dinge tut, unabhängig davon, ob diese guten Dinge die Schuld direkt betreffen. Es ist ein rätselhafter Zusammenhang, aber irgendwie gibt es ihn.

Im persönlichen Kontakt ist das Vergeben ein weiteres gutes Werkzeug, damit es leichter wird. Doch manchmal können wir das nicht, weil das Ereignis zu schlimm war. Dann bleibt immerhin die Möglichkeit, uns selbst zu vergeben. Dafür, dass wir nicht vergeben können.

Was würden Sie tun?

★ Minute 5:15

Stellen Sie sich vor, Sie säßen nachts mit einer kleinen Taschenlampe in der Hand in einem Sessel, der in einem verschweißten
Glaswürfel steht, der wiederum am Grund eines Swimmingpools
voller grüner Götterspeise liegt. Durch zwei Dutzend winzige
Löcher strömt von allen Seiten Wasser in Ihren Würfel. Es ist
Freitagnacht, und es wird garantiert kein Hausmeister vorbei-
kommen und nachsehen.

Was tun Sie?

Winston Churchill sagte einmal: »Wenn du gerade durch die
Hölle gehst, geh einfach weiter.«

Wenn es aber kein Weiter gibt?

Ist dann Hingabe die richtige Entscheidung, oder wäre das
eher Aufgeben? Der Unterschied zwischen Aufgeben und Hingabe war mir nie klar, weil man meiner Beobachtung nach in beiden Fällen nichts mehr macht.

Das Wasser stand mir inzwischen am Rippenbogen, es muffel-
te nach Fisch und Algen und Schlamm. Alles, was ich an Annies
Wagen so geliebt hatte, war verschwunden, und Zuflucht und
Geborgenheit bot er auch nicht mehr. So viele Jahre hatte ich
den Peugeot wie meinen größten Schatz gehütet, und innerhalb
weniger Minuten war er zu etwas geworden, das ich um jeden
Preis loswerden wollte. Ich finde, das Leben bleibt immer eine
unberechenbare und unlogische Sache, selbst wenn man die einzelnen Zusammenhänge erkennt und versteht.

Das Gebilde aus grünem Schlick bewegte sich ganz leicht auf
den Scheiben hin und her, ein wenig wie diese Riesenlappen in

den Autowaschstraßen. In meiner Fantasie waren die Darmzotten des Schleimmonsters von Knockruan Loch gerade dabei, wieder einmal einen verschluckten Wagen zu verdauen.

Los, drück die Tür auf, sonst wirst du gleich sterben!, sagte Henry.

Tu das auf keinen Fall, sonst wirst du sofort sterben!, sagte Lizzie.

Ich war gerade dabei, völlig durchzudrehen. Nur die ruhige Stimme von Professor Baldwin hielt mich davon ab, dem Wahnsinn die Herrschaft über meinen Kopf zu geben.

Hör nicht auf die beiden, sagte der Professor. *Du brauchst jetzt die drei lebenswichtigen Dinge.*

Ich hörte seine Worte, sah auf die Plüschfigur, blau, nass, zusammengefallen, mit tropfendem Rüssel und schwarzem, schlappem Doktorhut. Plötzlich wurde mir klar, dass ich Professor Baldwin und seine sachliche, beruhigende Art liebte. Eigentlich war sein Charakter mir am ähnlichsten.

»Okay«, sagte ich. »Drei Dinge. Und welche sind das?«

Phil

Ich sage es Ihnen gleich. Aber zuerst muss ich Ihnen Phil Noteworthy vorstellen, denn er ist der Auslöser dafür, dass ich auf die drei lebenswichtigen Dinge kam. Phil ist ein Bekannter aus unserer Studienzeit in Oxford. Wahrscheinlich hätte ich ihn nie kennengelernt, wenn ich Annie nicht kennengelernt hätte, denn er studierte Jura, was für mich damals zu den langweiligsten Studiengängen im Universum gehörte, obwohl Jura eigentlich die Meisterklasse ist, wenn es um das Einordnen von Sachverhalten in Kisten geht. Ich glaube, dass Phil ein wenig auf Annie stand und darauf hoffte, dass sich die Angelegenheit mit mir eines Tages erledigen würde. Hat sie aber nicht, und so stand Phil vor der Wahl, Annie nie wiederzusehen oder ein sogenannter guter Freund zu werden.

Phil ist heute Wirtschaftsanwalt, sozusagen ein Krieger, den man mieten kann, wenn es vor Gericht zu einer Schlacht ums Geld kommt. Bestimmt ein ehrenwerter Beruf, den ich persönlich aber gruselig finde, weil ich nicht verstehen kann, warum Menschen sich wegen Geld und Zahlen auf Dokumenten bekriegen. Ich verstand auch lange nicht, warum Phil so viel Spaß an diesem Beruf hatte, bis er es mir eines Tages erklärte.

»Phil, mir wird oft ganz schlecht, wenn du erzählst, was deine Klienten alles mit den Klienten der Gegenpartei machen«, sagte ich, als wir bei einem sonntäglichen Barbecue in Phils Haus im Londoner Westend saßen. »Wie gelingt es dir, daran Freude zu finden?«

»Warum sollte das ein Problem sein?«, fragte Phil.

»Das ist keine Antwort«, sagte ich.

Phil kannte mich schon eine Weile, deshalb nahm er mir manche Dinge nicht übel, die andere Leute wahrscheinlich vor den Kopf gestoßen hätten.

»Stimmt«, sagte er. »Für eine Antwort brauche ich noch deinen Gedankengang, warum mein Beruf dir Übelkeit bereitet.«

»Es ist nicht dein Beruf selbst«, sagte ich. »Es ist der Streit der Menschen, die vor Gericht ziehen. Allein die Vorstellung, dass ich gegen Annie drei Jahre lang Krieg führen würde, nur um am Ende Geld zu bekommen, macht mir schwache Knie.«

»Das geht nicht nur dir so«, sagte Phil. »Manche meiner Klienten werden während einer längeren Auseinandersetzung krank oder haben Unfälle oder brauchen Leute wie dich.«

»Mich?«

»Psychologen. Für sich oder ihre Kinder.«

»Das stimmt«, sagte ich. »Meine Frage war nur, warum es dir nichts ausmacht, dich den ganzen Tag lang um Geld zu streiten.«

»Weil es mein Beruf ist.«

Ich dachte einen Moment nach.

»Das ist immer noch keine Antwort«, sagte ich dann.

Phil seufzte, was in mir den Verdacht weckte, dass er sich nur deshalb mit mir unterhielt, weil er als Gegenleistung dafür ein paar Stunden lang mit Annie am Tisch sitzen konnte. Die war allerdings gerade mit Phils Frau Eurora im Haus unterwegs, weshalb Phil mir nicht gut entkommen konnte.

»Magst du noch ein Bier?«, fragte er.

Ich überlegte, ob er vielleicht plante, mich betrunken zu machen, damit ich aufhörte, ihm unangenehme Fragen zu stellen. Aber ich werde nicht betrunken, niemals. Wenn ich Alkohol trinke, verändern sich natürlich Körperfunktionen – wie der Gleichgewichtssinn oder die Stimme oder meine Fähigkeit, klar zu sehen. Und die Welt in meinem Kopf dreht sich auch. Aber ganz gleich, was geschieht, meine Gedanken bleiben immer klar

und sehen sich das alles an. Ich denke dann zum Beispiel: *Interessant! So ist es also, wenn man betrunken ist. Mal sehen, was sich verändert, wenn ich noch ein Bier trinke.*

Weil ich heute nicht fahren musste, hatte ich keine Bedenken gegen dieses Experiment.

»Ja, gerne noch ein Bier«, sagte ich zu Phil.

Ich glaube, er war glücklich, dass er aufstehen und in die Küche gehen konnte, um zwei Flaschen aus dem Kühlschrank zu holen. Er hoffte bestimmt, dass sich das Thema damit erledigt hatte, und ich wusste, dass es jetzt nicht gut war, ihn weiter damit zu bedrängen, mir seinen Beruf zu erklären.

»Ich finde, du bist ein guter Wirtschaftsanwalt«, sagte ich, als er zurückkam, und hoffte, dass es versöhnlich klang.

»Tatsächlich?« Phil sah mich mit einer Mischung aus Verwunderung und Erleichterung an.

»Ja«, sagte ich.

»Und wie kommst du so plötzlich zu dieser Überzeugung?«

Das klang ein wenig schnippisch, aber mit mir war es ja auch nicht leicht.

»Weil du ein guter Mensch bist«, sagte ich. »Und wenn gute Menschen etwas tun, ganz gleich in welchem Beruf, werden sie dort immer das Gute mit einbringen.«

Phil zog die Brauen hoch, was bei ihm eine ziemliche Veränderung im Ausdruck bewirkte, denn er hatte buschige, schwarze Brauen und einen ebenso dunklen, lockigen Haarschopf. Es sah ein wenig aus wie bei einer Bauchrednerpuppe, bei der man die Brauen extra kontrollieren kann, um damit im richtigen Moment einen Lacher zu erzeugen. Ich fand es lustig und lächelte Phil deshalb an.

»Danke«, sagte er. »Das ist tiefgründig.«

Ich legte meinen Kopf schnell einmal nach links und nach rechts, was manchmal ein knackendes Geräusch in meinem Na-

cken erzeugt, das ich entspannend finde. Phil schien wieder Spaß daran zu finden, sich mit mir zu unterhalten.

»Weißt du, persönlich streite ich überhaupt nicht gerne«, sagte er. »Du musst nur mal Eurora fragen. Sie hat bei uns eindeutig die Hosen an.«

»Genau wie bei uns«, sagte ich und nickte. Die meisten Menschen entspannen sich, wenn sie sich verstanden fühlen, und das geschieht, wenn man ihnen in ihrer Meinung zustimmt, oder noch besser, wenn man ihnen zeigt, dass es einem selbst so ähnlich geht wie ihnen. Aber es muss die Wahrheit sein, sonst merken sie es eines Tages, und das beschädigt die Freundschaft. Für mich war es kein Problem, denn ich sagte die Wahrheit, und Phil entspannte sich.

»Ich wollte nie Anwalt werden«, erklärte er. »Aber mein Vater bestand darauf.«

»Wie bei mir«, sagte ich und winkte ihm ein wenig mit meinem Bierglas zu.

»Was hat man schon für eine Wahl, wenn man siebzehn ist und sich für ein Studium einschreiben muss.«

Phil nahm einen Schluck und ich auch. Gleichzeitig Bier zu trinken erschafft Nähe – wegen der Spiegelneuronen –, deshalb gilt es als unhöflich, damit aufzuhören, wenn man noch zusammensitzen will.

»Genau«, sagte ich, während ich spürte, dass etwas in meinem Kopf langsam zu rotieren begann – wie ein Strudel aus warmer Luft, der die Gehirnzellen durchspült und sie dabei ein wenig mit sich dreht. Es war dunkles Starkbier. »Ich wollte auch nie Psychologe werden.«

»Verrückt«, sagte Phil und schüttelte den Kopf. »Ich frage mich, warum das alles so abläuft. Als hätte man keinen freien Willen. Schwups ist man Anwalt und hat nie wirklich darüber nachgedacht.«

Wenn Männer beim Biertrinken philosophische Fragen erörtern, bleibt es am Ende meistens bei einer größeren, ungelösten Frage, die dann eine Weile über dem Tisch schwebt, bis sie durch ein allgemeines Kopfschütteln und einen kräftigen Schluck dorthin entlassen wird, wo sie herkam. Deshalb nenne ich diese letzte Frage die »schwebende Abschlussfrage«. Jeder am Tisch weiß, dass man sie nicht beantworten darf, denn sonst hört das Gesprächsthema nicht auf, und manche Anwesenden könnten ungehalten werden. Das Problem ist also herauszufinden, wann der richtige Moment dafür gekommen ist. Falls man sich zu früh entscheidet, eine wichtige Frage kopfschüttelnd stehenzulassen, denkt der andere, man würde sich nicht dafür interessieren oder man wäre zu dumm für tiefere Erörterungen. Wenn man es hingegen zu spät macht und einfach weiter nachdenkt und antwortet, wird man für einen Besserwisser gehalten, der eine unbeschwerte Stimmung zerstört, und als Folge davon wird man vielleicht nicht mehr eingeladen.

Ich habe lange darüber gerätselt, warum das so ist, und ich glaube, Menschen mögen es nicht, wenn sie in einem Spiel unterliegen. Sie mögen es, wenn man Gemeinsamkeiten erschafft – das verbindet sie miteinander.

Nichtwissen ist eine solche Gemeinsamkeit. Wenn jemand zum Beispiel sagt: »Tja, wer weiß das schon. Höchstens Gott, falls es ihn überhaupt gibt«, und Sie antworten: »Nein, ich weiß es«, dann sind Sie kein beliebter Gesprächspartner. Wenn Sie hingegen antworten: »Ja, das stimmt wohl«, werden Sie zu einem angenehmen Gesprächspartner. Obwohl Sie also eine Antwort wissen, sagen Sie lieber, Sie wüssten es auch nicht, nur damit der andere seine Ruhe hat. So erhält man Freundschaften, soweit ich es bislang verstanden habe.

»Phil, kannst du eigentlich gut mit Geld umgehen?«, fragte ich, um das Thema zu wechseln.

Schon als ich es aussprach, zuckte ich innerlich zusammen und fuhr mit einer Hand in Richtung Mund. Ich erinnerte mich an Annies Anweisungen, und soeben hatte ich eine missachtet. Annie sagte, man solle beim Barbecue nie über Religion, Geld oder Politik sprechen. Beruf und Gesundheit höchstens zwei Fragen in Folge. Urlaub, Hobbys und schöne neue Gegenstände hingegen beliebig, solange es funktioniert.

»Ich frage das, weil es um einen schönen neuen Gegenstand geht«, fügte ich schnell hinzu.

Phil entspannte sich, was ich daran erkannte, dass er sich zurücklehnte und vorsichtig lächelte.

»Ein wenig«, sagte er. »Um welchen Gegenstand geht es?«

»Du hast ein so schönes Segelboot. Segelboote stehen für Erfolg, und mich interessiert, was das Rezept für deinen Erfolg ist«, sagte ich.

Erfolg stand nicht auf der Negativ-Themen-Liste, und ich hoffte, die Situation damit gerettet zu haben, ohne dass er merkte, welche inneren Verrenkungen ich gerade machte.

Phil grinste und nahm einen Schluck Bier. Nun wusste ich, dass ich ein gutes Thema getroffen hatte.

»Erfolg«, sagte er, nachdem er das Glas wieder abgestellt hatte, »ist wie ein Kind.«

»Nicht möglich«, sagte ich. »Dann fällt er sogar ein wenig in mein Ressort.«

»So war es nicht gemeint, aber wenn du unbedingt willst, dann ja«, sagte Phil.

Dann machte er eine Pause, während der meine Aufgabe darin bestand, mich nach vorn zu beugen und ihn interessiert anzusehen.

»Das Geheimnis von Erfolg lautet erstens: Du musst Spaß am Spielen haben. Und zweitens: Du darfst dir deine Spielzeuge nicht wegnehmen lassen«, sagte Phil schließlich.

Ich lehnte mich zurück, nippte kurz am Bier und wischte mir mit den Fingern langsam die Lippen ab. Die Pausen sind in einer guten Männerkommunikation fast wichtiger als die Redezeiten. Womit sich das Ganze diametral von der Frauenkommunikation unterscheidet.

»Das klingt nach einer durchdachten Philosophie«, sagte ich dann.

»Alles nur Erfahrung«, sagte Phil. »Aus über tausend Fällen. Es gewinnt nicht einfach der, der recht hat.«

»Nicht?«

»Ganz und gar nicht«, sagte Phil, der bei diesem Thema eindeutig an Fahrt aufnahm. »Es gewinnt der, der sich niemals die Butter vom Brot nehmen lässt, ganz gleich, was andere auch versuchen.«

»Butter?«, fragte ich.

»Butter«, nickte Phil. »Viele denken, man müsste gut Gas geben können, schlauer sein, sich durchsetzen und so. Aber die Wahrheit ist: Man muss gut einstecken können. Einstecken ist das Wichtigste, wenn du gewinnen willst.«

»Wie ungewöhnlich«, sagte ich und nahm einen Schluck, um Zeit zu gewinnen. Ich erinnerte mich an einige Mobbingszenen aus meiner Jugend.

»Aus eigener Erfahrung kann ich das nicht bestätigen, obwohl ich Experte im Einstecken bin«, sagte ich.

»Weil du das Zweitwichtigste noch nicht kennst«, sagte Phil. »Das Durchhalten. Nach allem, was ich bisher erlebt habe, geben die Menschen zu früh auf. Statistisch gesehen gewinnt der mit dem längsten Atem.«

»Aber wie hält man lange durch, wenn man ständig einstecken muss?«, fragte ich.

Ich fand es toll, wenn jemand über sein Lieblingsthema zu sprudeln begann, weil ich mich dann fühlte wie an der Super-

marktkasse, wenn man kaum damit nachkommt, die ganzen schönen Einkäufe in den Körben zu verstauen.

»Durch dein Ziel«, sagte Phil. »Wenn du kein Ziel hast, gibst du auf, sobald es schwierig wird. Hast du hingegen ein Ziel, steckst du ein, was kommt, und gehst dennoch immer weiter. Einstecken können, durchhalten, Ziele haben.«

Er hob seine Flasche an und stellte sie lautstark auf den Bierfilz zurück.

»Das klingt einfach«, sagte ich, während mir gerade eine neue Geschichte für gemobbte Kinder einfiel, allerdings nicht mit Phils Erfolgskonzept. »Das muss ich mir gleich unbedingt aufschreiben.«

»Du kannst dich gerne auf mich beziehen«, sagte Phil und kippte den letzten Schluck aus seinem Glas hinunter.

»Gerne«, sagte ich. »Falls es dir nichts ausmacht, in einem Atemzug mit einem blauen Elefanten und einem einäugigen Hasen genannt zu werden.«

»Oh Gott, nein«, sagte Phil. »Dann natürlich nicht!«

Ich mag Anwälte. Sie denken in Kisten.

Für mich war es ein wundervoller Barbecue-Sonntag gewesen, denn auf der Grundlage dieses Gesprächs mit Phil entwickelte ich meine neue Geschichte: »Die drei lebenswichtigen Dinge des Professor Baldwin.«

Die drei lebenswichtigen Dinge
des Professor Baldwin
(für schwierige Situationen)

★ Minute 5:25

Das Wasser stand mir bis zum Bauch, und die Muskeln zwischen meinen Rippen zitterten vor Kälte wie die Daunen einer Ente beim Aufplustern.

Rot, gelb, grün, sagte Professor Baldwin. *Die Ampel für alle schwierigen Situationen.*

»Die Ampel? Jetzt?«, fragte ich.

Das ist das Problem mit dem Stress: Wenn alles in uns schreit, dass wir jetzt sofort etwas tun müssen, und die Zeit fürs ordentliche Nachdenken nicht reicht, machen wir plötzlich einfach »irgendwas«. Und das kann in Situationen wie meiner den Tod bedeuten. Dafür hatte ich die Ampel entwickelt, an die mich die Stimme von Baldwin gerade erinnerte.

Rotes Herz. Gelbe Lampe. Grüne Bohrmaschine, sagte der Professor.

»Ja, klar ...«, sagte ich.

Was soll denn »ja, klar« bedeuten?, schaltete sich Henry ein. *Die Farbenampel hast du selbst erfunden, um deinen Passagieren zu helfen, wenn sie in schwierigen Situationen stecken. Wir saufen gerade ab! Das ist eine schwierige Situation!*

Wir sollten es für ihn zusammenfassen, dann kriegt er es bestimmt wieder auf die Reihe, piepste Lizzie.

Mir war schon klar, dass ich gerade dem Gerede der von mir geschaffenen Figuren in meinem eigenen Kopf zuhörte. Aber es

war besser, als niemanden zu haben und all die irrsinnigen, verworrenen Gedanken sich selbst zu überlassen.

»Rot, gelb, grün«, sagte ich. »In Ordnung. Was bedeutet das für mich jetzt?«

Rotes Herz, sagte Lizzie. *Erinnere dich an das, was du tief im Herzen ursprünglich wolltest. Du könntest es im Zuge all der Verwicklungen vergessen haben.*

Gelbe Lampe, sagte Professor Baldwin. *Richte das Licht auf die Fähigkeiten, die du hast, und benutze sie. Sonst denkst du dauernd an Fähigkeiten, die dir fehlen, und tust nichts.*

Grüne Bohrmaschine, rief Henry. *Gib nicht auf und bohre weiter. Du könntest ganz dicht vor dem Durchbruch sein und es nur nicht wissen.*

»Danke, Leute«, sagte ich.

Rot: Tief im Herzen wollte ich nur zu Annie zurück, auch wenn ich nicht wusste, ob sie das bemerken würde. Gelb: Mein Licht war tatsächlich gerade auf das gerichtet, was nicht funktioniert hatte, statt sich darauf auszurichten, was ich mit meinen Fähigkeiten noch bewirken konnte. Grün: Ja, ich hatte gerade aufgehört, mein Loch weiter zu bohren. Aber die Wahrheit war: Ich durfte nicht aufgeben, weil Annie da draußen auf mich wartete und mich brauchte. Und das war der Wert, den mein Leben noch hatte.

»Gut«, sagte ich. »Dann bohre ich weiter.«

Beverlys Besuch und das Rätsel der Hingabe

»Winston, nur damit du es nicht vergisst, heute Abend besuchen uns Beverly und Andrew«, sagte Annie.

»Oh verdammt!«, rief ich.

»Wieso? Hast du etwas vor?«

»Nein. Aber diese Frau ist so anstrengend für mich«, sagte ich. »Sie redet ständig von Loslassen und Hingabe und diesem ganzen esoterischen Zeug. Und sieh sie dir an! Sie hat keinen ordentlichen Beruf, ihre Beziehung ist sehr wahrscheinlich im Eimer, und wir müssen immer bezahlen, wenn wir gemeinsam essen gehen. Wenn das das Ergebnis von Hingabe und Loslassen ist, weiß ich nicht, wofür es gut sein soll.«

»Schatz, du regst dich ja richtig auf!«, sagte Annie.

»Ja, weil ich diese Frau noch immer in keine Kiste einordnen kann«, sagte ich.

»Du magst sie einfach nicht«, sagte Annie. »Deshalb sprichst du auch nie ihren Namen aus.«

»Das kommt noch hinzu«, sagte ich. »Aber irgendetwas nervt mich an ihr ganz besonders.«

»Vielleicht sagt sie etwas, das mit dir zu tun hat, und deshalb trifft es dich«, schlug Annie vor.

»Ganz bestimmt.«

»Etwas, das du insgeheim untersuchst, aber noch nicht verstehst.«

»Genau so ist es.«

»Und wenn Beverly ihre Meinung sagt, geht dir der Hut hoch, weil sie bereits ihre Antworten hat und glücklich damit ist.«

»Das ist exakt der Punkt«, sagte ich. »Sie hat so selbstsichere Antworten, aber die taugen nichts. Zumindest nicht für mich.«

»Zum Beispiel?«

»Sobald ich ein Thema anspreche, das ich gerade ergründen will, und wir ein wenig in die Tiefe gehen, sagt sie: ›Lass es einfach los, dann wird die Antwort schon zu dir kommen.‹ Wie blöd ist das denn?!«

»Deine Themen sind aber manchmal auch kompliziert«, sagte Annie.

»Was ist denn kompliziert an der Frage, was der Sinn des Lebens ist?«

»Ich meine, sie sind tiefgründig«, sagte Annie. »Nicht so aus dem Handgelenk heraus zu beantworten.«

»Gut, dann könnte sie ja sagen: ›Das ist nicht so einfach zu beantworten.‹ Und wir könnten gemeinsam weiterüberlegen. Stattdessen grinst sie, als wüsste sie Bescheid, und erklärt mir, ich solle loslassen.« Ich schüttelte den Kopf. »Mit ihr an einem Tisch zu sitzen macht mich nicht glücklich.«

»Ich werde sie einfach nicht mehr einladen«, sagte Annie.

»Auf keinen Fall«, sagte ich. »Beverly – siehst du, ich habe ihren Namen gesagt – ist deine Freundin, und natürlich lädst du sie ein, wann immer du möchtest. Ich muss nur herausfinden, was dieses ständige Gerede mit dem Loslassen bedeuten soll.«

Ich überlegte kurz. »Wenn sie so sicher ist, muss sie entweder verrückt sein, oder sie weiß wirklich etwas, das ich noch nicht verstehe. Mir wäre es lieber, sie wäre verrückt.«

»Ach?«

»Ja, dann könnte ich in aller Ruhe mit euch am Tisch sitzen, und es gäbe kein Problem.«

»Und was machen wir jetzt?«

»Wir könnten die Frage, woher sie ihr ganzes sicheres Wissen bezieht, heute Abend in aller Ruhe klären.«

»Oh nein, nicht, wenn du so drauf bist«, sagte Annie.

»Ich bin ganz ruhig.«

Annie schüttelte den Kopf.

»Na gut, bin ich nicht«, sagte ich. »Aber ich werde so tun, als wäre ich ganz ruhig.«

Annie schüttelte nochmals den Kopf.

»Und warum nicht?«

»Weil du dich nicht verstellen kannst. Jeder würde es sofort merken.«

»Und was dann?«, fragte ich.

Annie lächelte. »Wir könnten das Thema wirklich zusammen besprechen. Aber es geht nur, wenn du nicht beweisen willst, dass Beverly verrückt ist.«

»Ich bin völlig unvoreingenommen«, sagte ich und sah, dass Annie die Brauen hochzog, nickte und ihren Mund zusammenzog, als wollte sie an einem Strohhalm saugen.

»Und das war gerade gelogen«, fuhr ich fort. »Verdammt, Annie, ich will Menschen nicht ablehnen. Ich will Menschen lieben. Weil es ein viel besseres Leben ist, wenn man liebt, als wenn man ablehnt. Aber es gibt Menschen, bei denen es mir schwerfällt, Liebe zu entwickeln, selbst wenn sie sich ganz normal verhalten. Also muss das Problem bei mir liegen. Das ist die gute Nachricht in dieser Sache, denn wenn es an mir liegt, kann ich es untersuchen.«

»Vielleicht muss man nicht immer alles untersuchen, Schatz«, sagte Annie.

»Was denn sonst?«

Sie kam zu mir und berührte ganz leicht meine Schulter, dort wo sie in den Hals übergeht. Ich mochte das unglaublich gerne, weil es den ganzen Körper hinunterrieselte und meinen Kopf leicht machte.

»Du könntest es einfach so annehmen, wie es ist«, sagte sie.

Das war ein typischer Spruch von dieser Beverly, aber wenn Annie es sagte, hatte ich nichts dagegen.

»Das ist eine gute Idee von dir«, sagte ich. »Ich werde mich sortieren – und dann los.«

Wissen Sie, Beverly war kein schlechter Mensch, allein schon, weil ein schlechter Mensch niemals Annies Freundin hätte sein können. Sie war vielleicht nur ein wenig überkandidelt. Auf jeden Fall probierte ich an diesem Abend eine ganz neue Strategie aus. Ich hatte mir überlegt, Beverlys Aussagen nicht als Aufforderung zu einer näheren Betrachtung zu verstehen. Ganz gleich, was sie sagte, ich sortierte es in eine Kiste mit der Aufschrift »Beverlys kunterbunte und erstaunlich unlogische Welt«.

Was immer sie sagte, ich ließ es einfach in ihre Kiste fallen und war zufrieden. Ich konnte lächeln und zustimmend nicken und Wein nachschenken, ohne mich im Geringsten aufzuregen. Das war unglaublich befreiend. Ich fühlte mich plötzlich sehr höflich und galant, fast schon redegewandt. Ich glaube, ich habe an diesem Abend etwas über das gute Verhalten in Gesellschaft verstanden. Alles, worauf es ankommt, ist, die passenden Kisten parat zu haben.

Als wir die übliche Pause zum Beinevertreten machten und ich mit Beverlys Freund Andrew und zwei Biergläsern in den Garten ging, hörte ich, während wir an der Küchentür vorbeigingen, wie Beverly Annie fragte: »Was ist denn heute Abend mit Winston los?« Ich lausche nicht absichtlich an Türen, weil ich das unehrenhaft finde, also ging ich einfach weiter. Deshalb kenne ich auch Annies Antwort nicht, aber die Frage gehört zu haben, zeigte mir, dass meine neue Strategie für alle Beteiligten gut war. Und darauf kommt es am Ende an, wenn man ein gutes Leben haben will.

»Das war ein schöner Abend«, sagte Annie, nachdem unsere Gäste gegangen waren.

»Das finde ich auch«, sagte ich.

»Wir hatten gute Gespräche, und das Beef war hervorragend.«

»Ganz ausgezeichnet. Und der Wein, den Beverly mitgebracht hat, passte fast perfekt«, sagte ich.

»Winston, was hast du gemacht?«, fragte Annie.

»Ich? Nichts! Warum?«

»Irgendwas hast du ganz sicher gemacht, denn du hast sie kein einziges Mal angegriffen.«

»Ich greife nie an, ich frage nur«, sagte ich.

»Es gibt Fragen, die wie Angriffe empfunden werden können«, sagte Annie, und natürlich hatte sie damit recht. »Aber heute war alles so entspannt. Was immer du herausgefunden hast, lass es mich gerne wissen, wenn du es aufgeschrieben hast.«

Ich behielt es noch ein paar Minuten für mich, dann sagte ich es Annie.

Winstons Flash #30 | Hingabe = Nichtstun?

Ich glaube, Hingabe bedeutet nicht, nichts zu tun. Denn das wäre Selbstaufgabe. Hingabe bedeutet, nicht mehr gegen unabänderliche Umstände anzukämpfen, damit alle Kraft und Leidenschaft für die Dinge erhalten bleibt, die man verändern kann. Vielleicht hat es auch damit zu tun, manche Dinge oder Aussagen oder Menschentypen in die richtige Kiste einzuordnen und es dann gut sein zu lassen.

Vielleicht wird Hingabe durch die Erkenntnis erleichtert, dass die allerletzte Entscheidung über das Gelingen nicht in unserer eigenen Hand liegt. Aber das muss ich noch untersuchen.

Warum wir die richtigen Dinge oft nicht tun

Oder: Die verdammte Prokrastination

★ **Minute 5:45**

Grüne Bohrmaschine also. Nicht aufgeben, sondern weiterbohren. Ich muss zugeben, dass mir Professor Baldwins drei Dinge für schwierige Situationen eine gewisse Kraft gaben. Als ich mir die grüne Bohrmaschine bildlich vorstellte, fiel mir plötzlich auch ein, wo der blöde rote Hammer war. Und dafür gab es, bitte verzeihen Sie mir, wirklich nur ein Wort:

»Scheiße!«, rief ich. »Wie bescheuert ist das denn?!«

Der Hammer lag in seiner Originalverpackung im Regal bei den Autoputzmitteln. Ich hatte ihn nicht ausgepackt und nicht ins Auto geräumt, hatte sozusagen das begonnene Loch nicht fertig gebohrt. Nur weil ich gerade keine Schere gefunden hatte, um diesen nervigen, verschweißten Plastikblister aufzubrechen, und mich Annie genau dann zum Kaffee gerufen hatte. Ich wollte es später zu Ende bringen, hatte es mir immer wieder vorgenommen, das Ding ganz perfekt mitsamt seiner Halterung irgendwo griffbereit im Auto zu montieren. Aber das war nie passiert. Nun saß ich mitten im Ergebnis eines Phänomens, über das ich im Studium sogar selbst ein Referat gehalten hatte: Prokrastination – unsere Eigenart, lästige, aber wichtige Dinge wider alle Vernunft und besseres Wissen immer weiter vor uns herzuschieben. Die Aufgabe liegt vor uns, und wir denken: *Ach, morgen reicht es auch noch.* Und morgen denken wir: *Ich weiß ja, aber ich habe heute echt keine Lust, ich mache es am Wochen-*

ende. Und am Wochenende denken wir: *Jetzt ist Wochenende, und ich habe die Pflicht, mich zu erholen. Ich mache es frisch am Montagmorgen.* Und am Montagmorgen schiebt sich etwas Wichtigeres dazwischen und am Dienstag natürlich auch ... Und erst im allerletzten Moment, wenn es nicht mehr aufschiebbar ist, geben wir Vollgas und versuchen, die Situation irgendwie zu retten. Vielleicht.

Warum tun wir das? Warum warten wir mit wichtigen Handlungen so lange, bis wir riskieren, nur wegen dieser Verzögerung ganz und gar zu scheitern?

Mein Referat dazu umfasste damals über siebzig Seiten, aber den Hauptgrund kann ich Ihnen ganz einfach erklären. Wir verschieben es, weil der süße kleine Evolutionsaffe in unserem Gehirn lieber hier und jetzt lustig spielen und sich eine leckere Banane gönnen will, statt lästige Dinge zu erledigen, für die es gerade keine Banane gibt. Solange wir immer wieder gegen diesen Urimpuls verlieren, schieben wir die Aufgabe vor uns her.

Wir müssen diesen Affen in uns beaufsichtigen, sonst macht er mit uns, was er will. Beseitigen können wir ihn nicht, aber Verhandeln funktioniert. Wir können sagen: »Hey, wenn du mit mir zusammen den roten Hammer aus dem verdammtem Blister rausschneidest und wir die Halterung im Auto anschrauben, dann gönnen wir uns zur Belohnung hinterher einen Muffin und einen Kaffee mit Annie.« Das macht der Affe mit.

Ich hatte sogar einen Merksatz zu dem ganzen Thema erfunden: »Erliege nicht der Sofortbanane!« Und trotzdem war ich selbst in diese Falle gegangen.

»In Ordnung, genug herumgesessen«, sagte ich laut.

Der Wasserpegel hatte inzwischen mein Herz erreicht. Die Luft war feucht wie in einer Gruft, und das Gurgeln der entweichenden Atemluft aus dem Wageninneren umgab mich von allen Seiten.

»Ich steige jetzt aus«, sagte ich – ein wenig in der Hoffnung, dass jemand Einspruch erheben und mir die perfekte Lösung in den Kopf schicken würde. »Ist mir verdammt noch mal egal, ob das da Schlick ist. Wenn ich gar nichts mache, bin ich in zwei Minuten tot.«

Du fluchst ganz schön viel, seit wir im See sind, sagte Lizzie.

Mehr als in den letzten fünf Jahren zusammen, sagte Professor Baldwin.

Insgesamt war das der vierzehnte Fluch, sagte Lizzie.

Lasst ihn, sagte Henry. *Ausnahmesituation. Sein Schiff liegt auf Grund.*

Ich sah mir noch mal genau an, was mich da draußen erwartete. Im gedämpften Licht der Scheinwerfer und Innenbeleuchtung wirkte das Gewirr der fingerdicken Schlingpflanzen so robust wie Stahlkabel. Es war also noch schlimmer als ein Glaswürfel in einem Schwimmbad. Denn über den Würfel hatte jemand einen Anhänger voll Gartenschläuche und Elektrokabel geschüttet.

Wenn ich gleich die Tür öffnete, müsste ich das ganze Zeugs auf einmal wegdrücken und mich senkrecht nach oben aus dem Wagen zwängen. Ansonsten könnte ich mich in dem Pflanzenverhau verheddern.

»Scheiße!«, rief ich und schlug mit dem Handballen auf den oberen Teil des Lenkrads, der noch aus dem Wasser ragte.

Fünfzehn, sagte Lizzie.

Ich stemmte mich mit der rechten Schulter gegen die Fahrertür, holte tief Luft und zog am Türgriff.

Winstons Flash #31 | Prokrastination

Wichtige Entscheidungen, Aussprachen oder Handlungen aufzuschieben kann zu großem Unglück führen. Am Ende blickt man zurück und fragt sich, warum man es bloß nicht eher gemacht hat.

Doch wenn wir uns jetzt schon eine bessere Zukunft vorstellen und uns fragen, was wir hier und heute dafür tun können, hilft das manchmal, das Aufschieben zu beenden.

Warum wir falsche Dinge
immer weiter tun
(eine Vermutung, die wahrscheinlich stimmt)

Wenn Prokrastination bedeutet, die richtigen Dinge wissentlich einfach nicht zu tun, dann wäre das Gegenstück dazu, falsche Dinge trotz besseren Wissens immer weiter zu tun.

Das Erste kann ich persönlich gut verstehen, ich neige selbst zum Aufschieben. Das Zweite hingegen konnte ich lange Zeit überhaupt nicht verstehen. Warum ändert ein Mensch sein Verhalten nicht, selbst wenn er weiß und erlebt und fühlt, dass er sich damit keine gute Zukunft erschafft? Wir sind doch intelligente Lebewesen! Aber nachdem es sogar Universitätsprofessoren in ihrem Privatleben erwischt, hat es mit der Intelligenz vielleicht gar nichts zu tun.

Einen zentralen Schlüssel für dieses vertrackte Problem fand ich erst durch meine Arbeit mit den Kindern. Dieser Schlüssel wird schon sehr früh geschmiedet, und er sieht so aus: Viele Eltern sind überzeugt davon, dass es eine gute Idee ist, ihre Kinder von Beginn an für gute Leistungen zu loben und zu belohnen. Wegen der Motivation und so. Auf den ersten Blick klingt das nach einer guten und richtigen Idee. Was über die Jahre hinweg geschieht, ist jedoch Folgendes: Das Kind lernt, dass es belohnt wird, wenn es Dinge tut, die den Eltern gefallen.

Und schon haben wir einen der wichtigsten Gründe für ein unglückliches Leben als Erwachsener gefunden.

Denn wenn wir groß sind, werden wir im Beruf einen Chef haben, der exakt das Gleiche mit uns macht. Er belohnt uns,

wenn wir Dinge tun, die ihm gefallen. Und es wird einen Partner geben, der uns belohnt, wenn wir so sind, wie es ihm gefällt. Und wir haben Freunde oder Bekannte, die uns besonders mögen, wenn wir Dinge tun, die ihnen gefallen.

Eines Tages stecken wir in einem Leben fest, in dem wir ständig Dinge tun, nur um anderen zu gefallen. Neben riesigem Stress macht uns das auch unglücklich, weil wir ahnen: *Falls ich das alles mal nicht mehr erfüllen kann, verliere ich Anerkennung, Zuneigung und Liebe.*

Ist es nicht verrückt, wie eine so gut gemeinte Idee am Ende Dinge in Gang setzt, die man nie wollte? Nur weil man nicht wusste, wie die Zusammenhänge sind und wie sie sich später auswirken werden. Man nennt das Phänomen auch Tragweite. Sobald man sich einer Tragweite bewusst ist, zum Beispiel als Eltern, kann man es anders machen.

Deshalb baue ich die schönsten Tragweite-Erkenntnisse in meine Geschichten mit Henry, Lizzie und Professor Baldwin ein. Ich weiß, dass viele Eltern die Bücher zusammen mit ihren Kindern lesen, und so fließt das Wissen in die ganze Familie ein. Ich freue mich jedes Mal wie verrückt, wenn ich mitbekomme, dass es klappt.

Viele Menschen tun also falsche Dinge immer weiter, weil sie einer elternartigen Person gefallen möchten. Solche Personen können Lebenspartner sein, Kollegen oder Vorgesetzte, Freunde oder bestimmte Menschen, die man bewundert. Und zusätzlich zu all dem Stress versucht man vielleicht noch immer, die Anerkennung der echten Eltern zu gewinnen, obwohl man schon lange kein Kind mehr ist.

Die Anerkennung anderer gewinnen zu wollen, ist also ein ziemlich schlechter Plan für ein glückliches Leben. Ein guter Plan ist es zu überlegen, was man selbst wirklich will, und möglichst viel davon zu tun, ganz gleich, ob es anderen gefällt oder

nicht. Folglich müsste gründliches Nachdenken darüber, was man in der Zukunft will, ein Zentralschlüssel für ein glückliches Leben sein.

Ich notierte die Erkenntnis in mein schwarzes Buch und ging hinunter in die Küche, wo Annie gerade Tee zubereitete. Es duftete schon seit einer ganzen Weile herrlich nach Gebäck.

»Annie, warum bist du eigentlich Lehrerin geworden?«, erkundigte ich mich.

»Darüber habe ich eigentlich noch nie richtig nachgedacht«, sagte Annie.

»Mist«, sagte ich.

»Wie bitte? Wieso ist das Mist?«

»Ich hatte eine Theorie, und sie ist gerade zerbröckelt. Gibt es heute frische Butterkekse?«

»Nein, wir waren noch nicht einkaufen. Es gibt Scones.«

»Die liebe ich. Und dich auch«, sagte ich. »Nicht, weil du sie machst, sondern auch so.«

»Ich liebe dich auch, Winston. Aber was ist dein Problem?«

»Wenn du nicht weißt, warum du Lehrerin geworden bist, stimmt meine Idee nicht, dass gründliches Nachdenken zu guten Entscheidungen führt und gute Entscheidungen eine gute Zukunft herbeiführen.«

»Und warum ist das wichtig?«

Annie holte das Backblech aus dem Ofen und legte die warmen Scones auf ein Silbertablett.

»Sind die von Maycies?«

»Ja.«

»Die Fertigmischung?«

»Das fragt man nicht«, sagte Annie.

»Entschuldigung«, sagte ich. »Wenn sich Kinder Gedanken über ihre Zukunft machen, ist meine Frage, welche Bedeutung diese Gedanken tatsächlich für ihre Zukunft haben. Ich würde

gerne ein Programm entwickeln, das Kindern weiterhilft, ihren Weg schon früh zu erkennen und zu begehen. Es ist wirklich grundlegend für meine Arbeit.«

»Also wenn du mich so fragst: Ich habe schon immer sehr gerne gelesen«, sagte Annie. »Ich dachte, wenn ich Literatur studiere, könnte ich den ganzen Tag machen, was ich schon immer gerne getan hatte.«

»Und Geschichte?«, fragte ich.

Annie stellte die warmen Scones auf den Tisch, und ich goss das Teewasser in die Kanne.

»Geschichte deshalb, weil ich die alten Zeiten liebe«, erklärte Annie. »Mich interessiert einfach, wie die Menschen damals lebten und wie es ihnen dabei ging.«

»So gesehen könntest du auch mittelalterliche Romane schreiben. Stattdessen bist du Lehrerin geworden.«

»Und du könntest bei den Disney Studios arbeiten, und stattdessen bist du Psychologe.«

»Stimmt«, sagte ich. »Warum das so ist, frage ich mich ebenfalls.«

»Vielleicht greift deine Theorie zu kurz«, sagte Annie und stellte Streichrahm, Honig und Erdbeermarmelade auf das Tablett. »Nur weil sich jemand etwas über seine Zukunft ausdenkt, bedeutet das noch lange nicht, dass er es auch umsetzen kann. Vielleicht gibt es Umstände, die ihn davon abhalten.«

»Verdammt, Annie!«, rief ich. »Das ist grandios!«

»Danke. Was denn?«

»Ein wichtiger Schlüssel zu einem guten Leben ist Freiheit«, sagte ich. »Man kann so schlau sein, wie man will – wenn man nicht frei ist, kann man seine Erkenntnisse nicht umsetzen. Also ist es wichtig, bei allen Entscheidungen zu prüfen, ob sie später die eigene Freiheit vergrößern oder verkleinern werden.«

»Das wird mir jetzt zu technisch«, sagte Annie.

»Denk mal an die vielen Männer, die ihre Frauen nach ein oder zwei Kindern verlassen«, sagte ich. »Ein großer Teil gibt als ehrlichen Grund an, dass sie sich immer beengter fühlten, bis es sie schließlich fast erdrückte und sie ausbrechen mussten. Hätten sie vorher geprüft, ob ihre Freiheit ...«

»Winston, was du jetzt sagen willst, ist nicht gut«, unterbrach mich Annie. »Das schreibst du nicht auf.«

»Aber logisch ist es, oder?«, fragte ich.

»Man muss nicht immer logisch sein«, sagte sie. »Manche Dinge macht man einfach aus dem Herzen heraus. Wir sind ja keine Maschinen.«

Obwohl ich wahrscheinlich recht hatte, spürte ich, dass Annie ebenfalls recht hatte. In solchen Fällen versuche ich nicht, sie zu überzeugen, sondern ordne ihre Erkenntnis in eine meiner Kisten ein. Aufgeschrieben habe ich es trotzdem. Heimlich.

Winstons Flash #32 | Unfrei macht unglücklich. Also?

Ein gutes und erfülltes Leben hängt direkt vom Grad unserer Freiheit ab. Dabei gibt es äußere Freiheit und innere Freiheit. Innerlich anzufangen ist fast immer der bessere Weg. Denn oft denkt man, man könnte etwas wegen äußerer Umstände nicht tun, aber in Wahrheit schafft man es innerlich nicht. Außerdem haben wir die äußere Freiheit manchmal nicht in der Hand, aber unsere innere Freiheit wird allein durch unsere Gedanken erzeugt. Und die können wir verändern. Zum Glück.

Der Schwall

★ Minute 6:10

Wenn ein Mensch in seinem Auto täglich eine Strecke hin- und zurückfährt, steigt er folglich zweimal ein und zweimal aus. Das macht aufgerundet tausendfünfhundert Türöffnungen pro Jahr, die Hälfte von innen, die andere von außen. Fünfzehntausend in zehn Jahren, dreißig- bis vierzigtausend bis zur Midlife-Crisis. Ich vermute, viele kommen sogar auf einen höheren Durchschnitt pro Tag. Sagen wir, ein Mensch in meinem Alter hat ungefähr fünfundzwanzigtausendmal eine Autotür von innen geöffnet. Da ist man es einfach gewohnt, dass dieses Ding ein Stück nachgibt, sobald man am Griff zieht.

Aber nicht unter Wasser. Ich zog am Griff, und gar nichts geschah. Ich stemmte meine Schulter gegen die Türverkleidung und drückte vorsichtig. Als Reaktion strömte das Wasser durch den oberen Falz herein wie aus einer Schwalldusche im Wellnesshotel. Zusammen mit dem Wasser griffen die ersten Fetzen des Schlickmonsters wie nasse Fingerspitzen zwischen den Türgummis ins Wageninnere.

Würde ich jetzt halbherzig herumprobieren, wäre das mein sicherer Tod. Natürlich hatte ich mir fest vorgenommen, mich gleich beim ersten Versuch voll gegen die Türverkleidung zu stemmen.

Aber plötzlich rief der Lizzieteil in mir, ich solle noch mal überlegen, ob sie sich auch wirklich öffnen ließ. Denn wenn ich mit voller Kraft drückte und sie nur eine Handbreit nachgab, würde schlagartig meine restliche Luft entweichen. Und dann war wirklich Feierabend.

So eine Situation ist außerordentlich vertrackt. Man hat logische und stichhaltige Überlegungen auf dem Tisch, und gleichzeitig hat man ganz fürchterlich Angst, dass alles, was man gerade macht, ein einziger letzter Fehler ist.

»Mistmistmist! So ein verdammter Dreck!«

Zum ersten Mal sind wir alle einer Meinung, sagte Professor Baldwin. *Überlegen hilft jetzt gar nichts mehr. Wir müssen da sofort mit aller Kraft durch!*

Drücken!, schrien alle drei in meinem Kopf.

Ich holte tief Luft, kniff die Augen zu und stemmte mich mit aller Kraft gegen die Tür. Der Wagen füllte sich sekundenschnell mit Wasser, während meine Luft wie ein irrer Bienenschwarm aus tausend Blasen entwich. Obwohl ich wie verrückt presste, ließ sich die Tür nicht weiter als eine Handbreit öffnen. Da draußen war kein fester Widerstand, so wie ein Fels oder ein Nachbarwagen auf einem Parkplatz. Es war eher, als würde ich die Tür gegen eine stehende Matratze drücken. Ein wenig gab sie nach, aber insgesamt war sie unbarmherzig fest.

Ich bin kein Taucher und auch niemand, der in diversen Abenteuern die Kraft seines Willens über die Grenzen seines Körpers hinaus trainiert hat. Nach zwei Versuchen war mein Drang zu atmen so stark, dass ich die Tür mit letzter Anstrengung zurück ins Schloss zerrte.

Eigentlich war das bereits mein erster Tod, denn ich wusste, dass ich hier drinnen nicht mehr überleben konnte. Dennoch tastete der Instinkt in mir mit beiden Händen in Richtung Wagenhimmel. Ich weiß nicht, ob es ein Wunder oder ein besonders sadistisches Todesarrangement war, aber ich fand, was ich gesucht hatte. Eine dünne Luftblase am Wagenhimmel.

Was ist denn die Selbstliebe?

Am Ende gab es fast immer eine Luftblase in der Spritze mit dem Nahrungsbrei für Annie, denn man zieht das Ganze nicht auf, sondern befüllt zuerst den Zylinder und setzt danach den Kolben ein. Und dabei schließt man Luft mit ein. Ich bekam immer dieses Krankenschwesterngefühl, wenn ich die Spritze mit der Düse nach oben hielt, abwartete, bis die Blase hochgestiegen war, und sie dann herausdrückte.

Es war Abendessenszeit, und ich ging mit dem vorgewärmten Nahrungsgemisch in unser Schlafzimmer. In meinen Augen war Annie noch immer wunderschön, aber jemand, der sie nur so kannte, wie sie vor dem Ereignis ausgesehen hatte, wäre bestimmt erschrocken gewesen. Deshalb ließ ich auch ungern Besuch zu. Ich wollte, dass die Menschen gute Erinnerungen hatten, wenn sie an Annie dachten. Ich bin Wissenschaftler, und eigentlich müsste es mir egal sein, aber irgendetwas in mir glaubt daran, dass es eine Wirkung auf den Betroffenen haben könnte, wie andere über ihn denken.

»Wenn du wach wärest, würde ich dir sagen, was ich über die Selbstliebe herausgefunden habe«, sagte ich zu Annie, während ich ein Anschlussteil aus transparentem Silikon auf die Spritze steckte.

Sie atmete zu diesem Zeitpunkt ja schon lange ohne Geräte, sodass es im Raum sehr ruhig war. Ich hörte, wie die Luft durch ihren Mund strömte, und erinnerte mich daran, dass sie frische Vaseline für die Lippen brauchte.

»Bestimmt hättest du den richtigen Gedanken für mich, damit ich das Rätsel vollständig lösen kann«, sagte ich, während ich

ihr die Creme mit einem Wattestäbchen auftrug. »Ich erzähle es dir trotzdem, vielleicht kannst du mich dort hören, wo du bist.«

Ich legte das Wattestäbchen in die Metallschale auf Annies Nachtkästchen und verschloss die Dose mit der Vaseline.

»Annie, ich glaube, die Selbstliebe ist deshalb für viele Menschen so schwer, weil man streng genommen schizophren sein müsste, um sich selbst zu lieben.«

Ich machte eine kurze Pause, damit Annie sich einstimmen konnte.

»Wenn ich hier sitze und dich ansehe, liebe ich dich«, sagte ich. »Aber wenn ich hier sitze und mir denke: *Ich liebe diesen Winston,* dann bekomme ich ein Problem, weil dann dieses Ich und Winston zwei Teile wären. Deshalb ist Selbstliebe irgendwie schizophren. Und? Was sagst du dazu?«

Annie atmete leise ein und aus. Manchmal verschluckte sie sich, dann dachte ich jedes Mal, sie würde aufwachen und mich ansehen. Aber Dr. Williamson hatte mir erklärt, dass es nur ein Reflex sei. Und trotzdem waren es immer ein paar Sekunden, in denen sie etwas tat, was auch die frühere Annie hätte tun können, und dann fühlte es sich ganz kurz so an, als wäre sie noch bei mir.

»Ich weiß, du würdest sagen, dass das auf diese Weise niemand versteht und dass es die Frage nicht löst, falls jemand Selbstliebe erlernen will. Und da komme ich zu meiner zweiten Idee. Wenn man es erlernen muss, kann es nicht Liebe sein, weil man Liebe nicht mit dem Kopf ein- oder ausschalten kann. Also muss das, was man Selbstliebe nennt, in Wahrheit etwas anderes sein. Und deshalb haben Sokrates und Platon es auch nicht zur Liebe gezählt.«

Ich bereitete Annie für das Essen vor. Es gibt Wörter, die so schrecklich sind, dass ihre Verwendung kein gutes Gefühl erzeugt, auch wenn sie noch so gebräuchlich und zutreffend sind.

»Palliativstation« ist so ein Wort. Es hängt eine ganze Geschichte daran, und diese Geschichte wird nie schön sein und keine guten Gefühle auslösen. »Magensonde« ist für mich auch so ein Wort. Unschön belegte Worte zu denken macht meinen Kopf unglücklich, deshalb ersetze ich sie manchmal einfach durch schönere Worte.

Für Annie war es am besten, wenn ihr Essen (nicht durch eine Magensonde, sondern) durch einen feinen Schlauch in ihrer Bauchdecke direkt in ihren Magen lief. Meine Aufgabe bestand darin, ihr die richtige Menge eines nahrhaften Breis zur richtigen Zeit zu geben und alles genau aufzuschreiben.

»Ich denke, es geht nicht«, sagte ich und stöpselte die Spritzendüse mit dem Abendessenbrei an die Sonde. »Niemand kann sich selbst lieben, nicht so, wie man einen anderen liebt oder eine Sache oder Gott, falls es den gibt.«

Ich drückte den Stempel der Spritze ganz langsam nach unten, während der Tubus in meiner anderen Hand lag. Es war wichtig, warme Hände zu haben, sodass ich Annies Essen vorwärmte, während ich die Spritze umklammerte.

»Aber«, sagte ich, »es gibt die Selbstablehnung. Denn im Gegensatz zur Liebe ist die Ablehnung etwas, das unser Verstand erzeugen kann. Wenn Menschen also sagen: ›Ich brauche mehr Selbstliebe‹, sagen sie in Wahrheit: ›Ich möchte, dass mein Verstand endlich aufhört, mich selbst abzulehnen.‹ Und damit haben wir einen brauchbaren Weg. Er lautet: ›Vergiss die Suche nach der Selbstliebe. Erforsche lieber, wie du deine Selbstablehnung abschalten kannst.‹ Wie findest du das?«

In meiner Vorstellung lächelte Annie, und ich spürte, wie sie mit einer Hand durch mein Haar streichelte. Ich hatte sehr viele Abende auf diese Weise mit ihr verbracht. Manchmal glaubte ich sogar, dass sie mich dazu aufforderte aufzuschreiben, was wir herausfanden.

An dieses Gespräch erinnerte ich mich, als ich mich fragte, wie ich in den verdammten See geraten war. Drückt die Selbstablehnung ein Gaspedal durch? Schiebt die Selbstablehnung Schuhe unter Bremspedale? Schaltet die Selbstablehnung Autoradios ein? Vergisst die Selbstablehnung Rettungshämmer? Das findet ja alles unterbewusst statt.

Ich glaube, mit Selbstliebe könnte gemeint sein, endlich damit aufzuhören, immer wieder dumme Dinge zu tun, die gegen einen selbst gerichtet sind.

Wen man fragt, wenn niemand mehr da ist

★ Minute 6:30

Seit meiner Jugend habe ich unter einem gut gefüllten Karteikasten voller Komplexe gelitten, aber ich hatte noch nie das Gefühl, dass meine Nase zu lang wäre. Doch wenn man sein Gesicht nach oben in eine flache Luftblase drückt, stört jeder Zentimeter. Zwei Handbreit Leben, über die Fläche des Wagenhimmels verteilt, waren alles, was mir geblieben war. Vielleicht drei Atemzüge oder fünf oder zehn. Keine Ahnung.

Ich hatte eine Position eingenommen, in der ich mit den Füßen auf den Sitzen stand, mich mit den Händen an den Rückenlehnen abstützte und mit nach hinten gebogenem Körper mein Gesicht gegen die Dachverkleidung drückte.

Wenn ich hier jemals rauskomme, bekommt ihr so viele neue Freunde, wie ihr haben wollt, sagte ich in Gedanken zu Henry, Lizzie und Baldwin. Wasser schwappte über meine Lippen. Es schmeckte irgendwie nach Sushi.

Ich werde jede Woche eine neue Figur erfinden, gerne und aus ganzem Herzen. Ich werde immer bei Annie sein und sie keinen einzigen Tag mehr verlassen, selbst wenn es den Rest meines Lebens andauert.

Es war natürlich Unsinn, Dinge zu versprechen in der Hoffnung, das Schicksal würde sich wie ein gnädiger Vater verhalten und einlenken. Außerdem hatte ich völlig vergessen, dass da noch die Nuss in meinem Kopf war, die den Zeitraum, in dem ich mein Versprechen einhalten konnte, sehr übersichtlich hielt. Aber dennoch machte irgendetwas in meinen Kopf es so.

Ich verschluckte wieder ein wenig Wasser und bekam einen Hustenanfall, der wiederum kleine Wellen erzeugte, durch die noch mehr Wasser über meinen Mund schwappte. Inzwischen war jede kleine Bewegung ein Beitrag zu meinem eigenen Untergang.

»Wenn ich hier rauskomme, werde ich mich niemals mehr über das Leben beschweren«, flüsterte ich. »Bitte, lieber Gott, mach, dass ich weiterleben darf.«

Stille. Selbst das Geräusch von eindringendem Wasser hatte aufgehört, wahrscheinlich, weil alle Einlässe vollständig durchspült waren.

»Scheiße«, entfuhr es mir, als ich mich selbst den letzten Satz sprechen hörte. Ich hatte etwas mit Gott gesagt, obwohl ich noch nie an eine aufpassende Überfigur geglaubt hatte. Aber plötzlich war mir das egal.

»Wenn es dich gibt, dann brauche ich jetzt deine Hilfe. Bitte!«, sagte mein Mund.

Das war vollkommen irre, denn ich wollte diese Worte nicht aussprechen. Keine Ahnung, was in mir diese Lieber-Gott-Sache stammelte. Ich fand es idiotisch und war gleichzeitig voll und ganz bereit, diesem Teil in meinem Kopf die Verantwortung für alles zu überlassen, falls er einen Draht nach oben hatte.

Zum ersten Mal in meinem Leben betete etwas in mir. Und das auch noch so kurz vor Schluss, dass ich es wohl nie mehr untersuchen konnte.

Geld

»Wie du siehst, brauche ich jetzt vermutlich deine Hilfe, Robert«, sagte ich.

Robert Jenkins drehte sich auf dem Stuhl vor Annies Schreibtisch zu mir herum. Er spitzte die Lippen, und seine Augen verengten sich zu Schlitzen. Ich konnte seine Gedanken wie die rote Schrift eines Börsentickers über seine Stirn laufen sehen. Die aktuelle Crashmeldung lautete, dass Winston ihn wahrscheinlich gleich um Geld anpumpen würde.

Robert hatte nicht nur einfach ein wenig Wirtschaft studiert und dann eine Anlageberatungsfirma gegründet, die ihm ein glückliches Leben in ewigem Wohlstand ermöglichte. Oh nein! Robert leitete auch eine Unternehmensberatung mit fünf fest angestellten und zwölf freien Oxford-Doktoren plus einen Lehrstuhl für Ich-weiß-nicht-was-Optimierung an der Uni in Cambridge. Robert denkt nicht nur ständig in Geld. Robert ist Geld. Ich vermute, wenn er einem Gewaltverbrechen zum Opfer fiele – was ich hiermit ausdrücklich nicht wünsche – und der Gerichtsmediziner seinen Kopf aufklappte, würde man darin zur Überraschung aller Beteiligten statt eines Gehirns ein netzartiges Geflecht aus Optimierungsformeln, Diagrammen und Paragrafen finden, das sich wie eine eigene Lebensform um eine beträchtliche Menge an Geldscheinen und Goldmünzen gewickelt hat.

Genau deshalb brauchte ich Robert unbedingt, als es darum ging, Annie am Leben zu halten. Die monatlichen Kosten für die Geräte, Medikamente, Pfleger und Ärzte waren genauso hoch wie die Miete für unser Haus, was auf Dauer vermutlich nicht gutgehen konnte.

Bisher war Geld nie ein besonderes Thema in meinem Leben gewesen. Ich hatte keine großen Ersparnisse, aber auch keine Schulden und immer ein Paar Pfund mehr in der Tasche, als ich unbedingt brauchte. Hinzu kam, dass Annie seit unserem Zusammenzug das ganze Finanzthema übernommen hatte, was mich innerlich noch weiter vom Geld entfernte. Wenn man kleine Brötchen backt, kann man mit der Hand-in-den-Mund-Methode einigermaßen gut vor sich hin leben. Falls man aber plötzlich ein kostspieliges Projekt betreibt, verändert sich das, denn ab da muss man ein guter Kaufmann sein. Meine Annie war inzwischen ein kostspieliges Projekt. Und ich war kein guter Kaufmann.

Viele glauben, wenn man einen Bestseller geschrieben hat, hätte man ausgesorgt. Aber das ist nicht so. Wenn der erste Vertrag abgeschlossen wird, haben meistens weder der Autor noch der Verlag eine Ahnung, ob sich das Buch gut verkaufen wird. Also wird für den Autor ein geringer Anteil pro Buch vereinbart. Gering bedeutet, etwa dreimal weniger als für einen bekannten Bestsellerautor. Wenn man aber pro Buch weniger bekommt, als eine Packung Kaugummis kostet, muss man schon sehr viele Bücher verkaufen, damit das ein spürbares Einkommen bringt. Und weil jedes Buch einen Lebenszyklus hat, der ziemlich schnell endet, muss man kontinuierlich weitere begehrenswerte Bücher produzieren, falls man davon leben möchte.

Auf jeden Fall überkam mich etwa vier Jahre nach dem Ereignis mit Annie ein mulmiges Gefühl beim Thema Geld, und ich erinnerte mich an Robert. Ich rief ihn an und bat ihn um Hilfe. Robert ist trotz seiner beruflichen Ausrichtung ein mitfühlender Mensch. Er kam am folgenden Samstag und knöpfte sich alle Papiere vor, die ich in diversen Ablagen von Annies Arbeitszimmer versteckt hatte, weil ich mich nicht damit auseinandersetzen wollte.

»Winston, du bist praktisch pleite«, sagte Robert, nachdem er alle Unterlagen sorgfältig studiert hatte.

»Das kann unmöglich sein«, sagte ich. »Ich bin ein Bestsellerautor.«

»Das warst du vielleicht einmal«, sagte Robert. »Du hast seit vier Jahren kein neues Buch herausgebracht. Das macht sich bei den Einnahmen bemerkbar.«

»Und unsere Ersparnisse?«

»Die reichen noch für zwei Monate«, sagte Robert. »Vielleicht für drei.«

»Aber meine Bücher ...«, sagte ich.

»Hast du schon einmal diese drei Verträge hier durchgelesen?«, fragte Robert und hielt mir einen Stapel Blätter entgegen.

»Mit dem Verlag?«, fragte ich.

»Ja, mit dem Verlag!«

Robert wirkte ein wenig genervt, und ich fühlte mich wie einer seiner Studenten in der Mündlichen.

»Irgendwann schon«, sagte ich, während sich mein Magen zu einem Knoten zusammenzog und eine Rolle vorwärts versuchte.

»Du hast noch drei Bücher zu liefern«, sagte Robert. »Bist mit allen im Verzug. Sie könnten die Vorschüsse zurückfordern, wenn du nicht schnell etwas fabrizierst.«

»Tatsächlich?«

Sie werden mich jetzt wahrscheinlich für sehr dumm halten, aber ich lese Verträge genauso ungern wie Kontoauszüge. Deshalb hatte Annie diesen Teil übernommen. Sie war sehr sorgfältig, machte mir niemals Vorwürfe und erzeugte keinen Druck. Ich hatte alles in ihre Hände gegeben, und diese Hände waren nun so schwach, dass sie nicht einmal einen Stift hätten halten können, selbst wenn Annie bei Bewusstsein gewesen wäre.

»Dieses verdammte Geld!«, rief ich. »Ich bekomme einfach keine Beziehung zu ihm.«

»Man braucht keine Beziehung«, sagte Robert. »Man muss nur hinsehen und rechnen können.«

»Ich kann rechnen«, sagte ich, und in diesem Moment wurde mir mein Problem bewusst: Ich wollte nicht hinsehen. Wenn etwas gefährlich wurde, machte der Lizzie-die-Schildkröte-Teil von mir – wie in der Kindheit auf dem Pausenhof – seine Augen zu und hoffte, dass die Gefahr einfach vorüberging. Im Moment wartete er darauf, dass mein Kontostand wie durch ein Wunder wieder nach oben ging oder dass der Vorschuss wie durch ein Wunder nicht zurückgefordert wurde, obwohl ich kein neues Buch ablieferte.

»Und was bedeutet das für uns?«, fragte ich.

»Ich sehe nur zwei Möglichkeiten«, sagte Robert. »Nummer eins lautet, du lieferst in zwei Monaten ein Buch ab und kassierst den zweiten Teil des Vorschusses vom ersten der drei Verträge. Und du betest zu Gott, dass sie die beiden anderen Vorschüsse nicht zurückverlangen oder verrechnen.«

»Das ist Mist«, sagte ich, weil ich keine Ahnung hatte, wie ich in meinem inneren Zustand innerhalb von zwei Monaten ein schönes Buch hervorbringen sollte. Seit dem Unfall hatte ich etwas, das man wohl Schreibblockade nennt. Wenn ich mich an meinen Computer vor eine leere Seite setzte, starrte ich auf den Bildschirm und hatte keine Ahnung, was ich der Welt zu sagen hätte. Ich dachte daran, dass meine Geschichten Kindern Freude machen und eine optimistische Sicht aufs Leben vermitteln sollten. Aber im tiefsten Inneren war ich so traurig, dass ich das selbst nicht spüren konnte.

In den ersten zwei Jahren nach dem Ereignis bekam ich zwar einige Einleitungen und Fragmente zustande, aber keine zehn schönen Seiten am Stück. Ich las Bücher über Schreibblockaden, doch nichts davon nutzte mir, weil ich die psychologischen Strategien der Ratgeber sofort durchschaute. Bis auf den einen

Autor, der gar keine Strategie zur Überwindung einer Schreibblockade hatte. Ich glaube, er hieß Henry Foreman, und die einzigen zwei Sätze in seinem Buch, die zu mir durchdrangen, lauteten: »Wenn du das Gefühl hast, dass dich gerade etwas Ungreifbares blockiert, dann ist genau dies deine Geschichte. Schreibe über jemanden, den gerade etwas Ungreifbares blockiert.«

Ich begann die Geschichte über Lizzie, die traurige Schildkröte, die sich weigerte, aus ihrem Haus zu kommen, obwohl in ihrem Ort das alljährliche Schildkrötentanzfest gefeiert wurde. Die Idee war ganz nett, aber ich hatte keinen optimistischen Ausgang, und ich wollte den Kindern ja zeigen, dass am Ende immer alles gut wird.

»Und was, wenn ich in zwei Monaten nichts zustande bringe, das ich abliefern kann?«, fragte ich Robert.

»Dann stellst du Annies Pflege hier im Haus ein und bringst sie ins Krankenhaus«, sagte er.

»Das geht auf keinen Fall«, sagte ich.

»Warum nicht?«

»Weil ich die Entscheidung, sie hier zu pflegen, vor vier Jahren endgültig getroffen habe. Ich habe es Annie versprochen.«

»Im Krankenhaus kümmert man sich auch um sie«, antwortete Robert.

Ich überlegte, ob ich ihm von dem Gespräch mit Dr. Williamson berichten sollte.

»Robert, die lassen sie sterben«, sagte ich. »Deshalb kann ich sie unmöglich dorthin zurückbringen.«

»Sterben? Bist du verrückt?«

Ich schüttelte den Kopf.

»Die statistische Wahrscheinlichkeit, dass sie aufwacht, liegt für Ärzte und Versicherungen nach vier bis fünf Jahren bei praktisch null. Nur für mich steht sie bei hundert Prozent. Deshalb muss Annie hierbleiben.«

»Gerade du glaubst nicht mehr an die Statistik?«, fragte Robert, aber es klang nicht überheblich, sondern voller Mitgefühl. Er mochte Annie sehr und deshalb wohl auch mich ein wenig.

Ich schüttelte den Kopf, weil eine Art Stein meinen Hals so eng zudrückte, dass ich nicht antworten konnte.

»Ich dachte, du hältst dich immer an die Wissenschaft«, sagte Robert in einem Tonfall ehrlicher Verwunderung.

Ich verdrängte den Stein, und es wurde etwas leichter.

»Ich denke, es gibt eine weitere Statistik, die ich lange vernachlässigt habe«, sagte ich. »Es geht um die Wahrscheinlichkeit, dass eine wissenschaftlich anerkannte Erkenntnis irgendwann in der Zukunft widerlegt wird, weil sie falsch ist. Über die Geschichte der Menschheit gesehen liegt die Wahrscheinlichkeit bei dreiundsiebzig Prozent.«

»Das ist bemerkenswert«, sagte Robert.

»Ja«, sagte ich. »Von tausend wissenschaftlichen Erkenntnissen der vergangenen tausend Jahre waren fast drei Viertel Irrtümer. Ich weiß, dass Annie aufwachen wird. Aber nicht in einer Umgebung, in der man sie sterben lassen will.«

Ich bemerkte, dass Robert Tränen in den Augen hatte, und war froh, das zu sehen, weil ich selbst seit dem Ereignis nicht oft geweint hatte. Es war, als hätte der Schock meine Gefühle eingefroren. Vielleicht hatte ich Angst, dass Weinen einen Abschied von Annie bedeutete. Aber wer Abschied zuließ, gab auf, und wer aufgab, hatte danach niemanden mehr. Deshalb musste ich unbedingt zuversichtlich sein, und zuversichtliche Menschen weinen nicht.

»Ich kann auch nicht zaubern, Winston«, sagte Robert und schnäuzte sich in ein Taschentuch.

»Ich weiß«, sagte ich. »Und ich weiß, dass du Annie auch sehr magst.«

Robert nickte. »Was ist mit ihren Eltern?«, fragte er.

»Die haben alles in ihren Altersruhesitz irgendwo in Spanien gesteckt.«

»Und deine Familie?«

»Meine Mutter lebt allein in unserem Elternhaus, aber das ist auch noch nicht abbezahlt. Es reicht gerade so. Vielleicht sollte ich einen Kredit aufnehmen.«

Robert schüttelte den Kopf und deutete auf den Schreibtisch.

»Mit diesen Papieren gibt dir keine Bank Geld.«

»Verdammt!«, sagte ich.

»Ja, verdammt«, sagte Robert.

»Und was soll ich nun tun?«, fragte ich.

»Ich weiß es auch nicht«, sagte Robert. »Du brauchst einfach mehr Geld.«

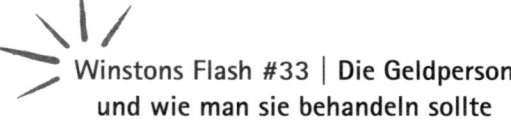

Winstons Flash #33 | Die Geldperson und wie man sie behandeln sollte

Geld an sich ist absolut sachlich. Gleichzeitig macht es viele von uns absolut emotional. Wenn zu wenig Geld reinkommt, fühlen wir uns vom Leben ungeliebt oder mangelhaft. Wenn viel reinkommt, fühlen wir uns glücklich und belohnt. Aber warum eigentlich?

Ich glaube, unser Unterbewusstsein macht den Geldfluss manchmal zu einer Art unsichtbaren Person, die irgendwo da draußen ist und uns belohnen oder bestrafen will.

Vielleicht ist es in schwierigen Zeiten eine gute Idee, der Geldperson ganz offiziell keine Macht über unsere Gefühle zu gestatten. Doch das ist keine leichte Übung.

Acht Minuten

★ Minute 7:00

Der Beginn der acht Minuten, die ein Gehirn ohne Sauerstoff bestenfalls überleben kann, kam unausweichlich auf mich zu. Die Luftblase über mir war auf die Größe einer Schreibtischunterlage geschrumpft, und meine Lippen berührten bei jedem Versuch, Luft zu schnappen, den Wagenhimmel.

Wissen Sie, was interessant ist? Selbst in einer noch so ungewöhnlichen Situation, in der man wirklich keine Zeit übrig hat, blitzen Bilder auf, die man aus anderen Situationen kennt. Eigentlich ist das logisch, denn unser Verstand sucht wie ein Computer in allen Dateien nach dem entscheidenden Abschnitt mit der Lösung für die Situation. Trotzdem ist es sehr befremdlich zu erleben, wie es abläuft.

Als ich sozusagen den Wagenhimmel küsste, dachte ich kurz, dass sich so ein Frosch unter einem Seerosenblatt fühlen musste, und mir kam die Idee für Randy, den Versteckfrosch. Das ist das Kreuz mit den kreativen Ideen. Sie kommen selten, wenn man sie braucht, und oft, wenn es gerade sehr ungünstig ist: unter der Dusche, auf der Toilette, beim Autofahren, in einer Warteschlange, im Halbschlaf nachts um drei oder während man am Tisch anderen Leuten artig bei der Konversation zuhört. Als wäre die Kreativität ein Clown, der einem die besten Ideen genau dann liefert, wenn man sie nicht aufschreiben kann – nur um sich darüber schlapp zu lachen, welche Verrenkungen man macht, um es sich zu merken. Und dieser Ideenclown scherte sich nicht einmal um den letzten Atemzug.

Hoffnung hat zwei sehr unterschiedliche Effekte. Sie sorgt einerseits dafür, dass wir doch nicht aufgeben, selbst wenn wir kurz davor stehen; dann hilft sie uns vielleicht gerade dabei, ein wichtiges Ziel zu erreichen. Andererseits kann sie aber auch eine Illusion sein, die uns täuscht und von richtigen Entscheidungen hier und jetzt abhält; dann sorgt sie dafür, dass wir ein wichtiges Ziel nicht erreichen.

Deshalb ist es gut, die Hoffnung immer genau zu untersuchen. Falls man sie nicht von einer Illusion unterscheiden kann, sollte man als Erstes anschauen, welche Aufgaben hier und jetzt konkret gelöst gehören. So kann uns eine Illusion nicht auf Dauer gefangen halten.

Womit man den Optimismus
nicht gießen sollte

Es war wirklich sehr vertrackt. Robert hatte ausgerechnet, dass ich in zwei oder drei Monaten pleite sein würde. Annie schlief noch immer. Und ich brauchte dringend Geld, damit ich sie weiter so pflegen konnte, wie es richtig war. Einen Kredit aufs Haus aufzunehmen ging nicht, denn abgesehen von den Büchern war auch mein Einkommen aus der Praxis stark zurückgegangen. Banken lieben es nicht, Geld an Menschen mit absteigenden Verdienstkurven zu verleihen. Robert hatte zwar Geld, aber er war eben ein Kaufmann und nicht einmal mit uns verwandt. Es ist keine gute Lösung, einen Freund für etwas einzuspannen, an das man nur selbst glaubt.

Optimismus ist eine zarte Pflanze, die nicht unendlich viel aushält. Ich musste zugeben, dass mir die ganze Situation großen Druck machte, was dafür sorgte, dass diese Pflanze in mir gerade vertrocknete. Und so kam es, dass ich mir an Abenden mit besonders großen Sorgen eine Flasche Rotwein aus dem Keller holte, um den kleinen Rest Optimismus ein wenig zu gießen.

Es beginnt oft mit Wein, denn Wein gilt ja als Kulturgut, als ein Stück Lebensqualität und als kulinarische Köstlichkeit. Sogar gesund soll er sein, was ihm fast den Status von Medizin verleiht. Deshalb kann sich unser Unterbewusstsein sagen, dass man sich gerade ein in jeder Hinsicht hochwertiges Nahrungsmittel gönnt. Ein Stück Selbstliebe sozusagen.

Mir war der ganze Mechanismus dessen, was gerade mit mir geschah, vollkommen klar. Wenn ein Gehirn ein Problem hat, denkt es ständig darüber nach. Falls es keine Lösung findet, be-

kommt es die Glücksbanane nicht, und das erzeugt Frustrations-gefühle. Man will unbedingt, dass die Gedanken entweder sofort eine Lösung bringen oder aber damit aufhören, sich ständig im Kreis zu drehen. Ein paar Schlucke Alkohol wirken am Anfang Wunder, denn sofort senkt sich eine heitere Blümchendecke über die Grübeleien, und es wird ruhig. Unser Gehirn hat eine Ersatz-glücksbanane gefunden, für deren Ernte wir zudem nur einen Korkenzieher brauchen.

Bestimmt wäre es ein besserer Weg, sich auf den Hintern zu setzen und neue Möglichkeiten für Glücksbananen zu erschaf-fen. Dinge zu tun, die man bewältigen kann. Etwas zu erschaf-fen, auf das man blicken kann. Irgendwie kleine Erfolge zu er-zeugen, an die man glauben kann. In meinem Fall: neue Ge-schichten zu schreiben.

Leider war, während ich meine Optimismuspflanze mit dem Rotwein goss, etwas in mir herangewachsen, das sich wie ein eigenes Wesen in meinem Kopf breit machte und immer mehr von meinem Denken Besitz ergriff. Wie ich schnell merkte, be-stand die ganze Sehnsucht dieses Rotweinwesens nur aus drei Dingen: Flasche, Glas und Korkenzieher. Doch die können nie-mals die drei Dinge ersetzen, nach denen man sich in Wahrheit sehnt: Leben, Licht und Liebe.

Leben, Licht und Liebe

★ Minute 7:30

Seit ich die Leitplanke durchbrochen hatte, waren geschätzte acht Minuten vergangen. Nur!

Ist es nicht unglaublich, was in acht Minuten alles passieren kann, während sich manchmal acht Jahre lang kaum etwas verändert? Nach meiner Erfahrung hat das Gefühl für die Zeit etwas mit der Intensität zu tun, mit der man sie erlebt. Als gäbe es eine geheime Formel, die besagt: *gefühlte Lebenszeit = physikalisch messbare Zeit + womit man sie füllt.*

Die Zeit bildet nur die Hülle um unser Leben, so wie ein Glas zunächst nur einen leeren Raum umhüllt. Wertvoll wird es durch das, womit wir es füllen. Am Ende, wenn wir den allerletzten Blick auf unseren Nachttisch werfen, wird dieses Lebensglas mit seinem Inhalt das einzige Bild sein, das wir mit uns nehmen.

Zwischen den ganzen gesammelten Sachen werden bestimmte Dinge wie bunte Bonbons aus dem Glas herausleuchten. Das sind die Ereignisse, an die wir uns immer wieder erinnern, weil sie so schön waren. Zusätzlich leuchten dazwischen einige wenige goldene Sterne hervor. Das sind die Gründe, warum wir leben. Manchmal genügt sogar ein einziger solcher Grund.

Ich denke, es ist wichtig, nie den Blick für die Tatsache zu verlieren, dass wir selbst in jedem Moment sowohl der Sammler sind als auch der Hüter dieses Lebensglases. Wir dürfen es bewachen und dafür sorgen, dass vor allem hineinkommt, was wir selbst wollen. Nicht das, was andere gerne hätten.

Ich atmete so tief ein, wie meine Versteckfrosch-Luftblase an der Decke es zuließ, rutschte ein wenig nach unten und trat mit

aller Kraft auf die Mitte des Lenkrades. War ein Airbag nicht so gebaut, dass er bei einer starken Erschütterung aufging? Zumindest war das meine allerletzte Hoffnung. Von Autotechnik hatte ich eher wenig Ahnung und schon gar nicht von Airbags. In meiner laienhaften Vorstellung befand sich in einem Airbag, wie der Name schon sagt, Luft. In einer Zeitschrift hatte ich irgendwann gelesen, dass es im Lenkrad um die fünfzig Liter sind und im Beifahrerairbag sogar das Doppelte. Nur war ich weder sicher, ob das Gas tatsächlich Luft war, noch wusste ich im Detail, wie ein Airbag ausgelöst wird. Eigentlich explodiert er ja bereits vor dem Aufprall der Person auf das Lenkrad, also sind Schläge vielleicht nicht die richtige Idee. Dennoch hat es irgendwie mit einem starken Schlag zu tun. Mir fiel einfach keine andere Möglichkeit mehr ein, also trat ich zweimal hintereinander so hart wie möglich auf die Mitte des Steuers. Wie zu erwarten, geschah nichts, außer dass die Kunststoffabdeckung an der Sollbruchstelle einen Querriss bekam. Meine Lunge brüllte nach Luft, und ich musste sofort zurück zu meiner Blase am Wagenhimmel. Doch die war verschwunden. Wahrscheinlich hatten meine wilden Bewegungen sie verdrängt.

Plötzlich tauchte eine etwa faustgroße Luftblase vor meinen Augen auf, umschwärmt von zahlreichen Minibläschen, wie eine Entenmutter, die von ihren Kücken begleitet wird. Es dauerte einen Moment, bis mir klar wurde, dass diese Gebilde gerade aus meinem Mund entwichen waren. So viel wertvolle Luft! Warum denn das?

Wenn man als ungeübter Mensch den Atem anhält und untertaucht, erlebt man in den meisten Fällen drei Phasen. Erst hat man genügend Luft für ein paar bequeme Sekunden, aber man spürt dennoch, dass es nicht lange reichen wird. Deshalb ist man ständig ein wenig im Stress. Man will schnell hinter sich bringen, was man gerade unter Wasser zu erledigen hat. Kurz eine

Koralle fotografieren, dann flink nach oben schießen. Eine Sache vom Boden des Beckens greifen und dann wieder aufsteigen. Durch eine große Welle tauchen, mittendrin Angst bekommen, dass sie nicht aufhört, und dann doch schnell nach oben paddeln. Der Drang, nach oben zu paddeln, ist in der ersten Phase immer da, es geht nur darum, wie gut man ihn kontrolliert.

In einer zweiten, kurzen Phase bemerkt man, dass man diesem Drang vielleicht gar nicht sofort nachgeben muss. Man schwebt einfach noch einen Moment länger vor der schönen Koralle, weil man dem Reflex mittels Gedankenkraft und Vernunft widersteht. Man beruhigt sich selbst, und die Panik zieht sich zurück. Der Reflex macht das mit, und für gewöhnlich wird es völlig still. Ein himmlischer Zustand, man fühlt sich wie der Herrscher über alle weltlichen Triebe, körperlos und schwerelos. Nicht einmal der eigene Atem kann einen zu etwas zwingen.

In dieser Phase war ich gerade, nur aus einem anderen Grund. Der wahnsinnige Drang, mich selbst zu retten, hatte vollkommen aufgehört, weil es absolut keine Chance mehr gab.

So ist es, wenn es vorbei ist, dachte ich, und eine unglaubliche Glückswelle erfasste mich. Noch nie zuvor war es in mir so leicht gewesen.

Ich schwebte über dem Fahrersitz und starrte auf die orange glimmende Armaturenbeleuchtung des Peugeots – wie ein Kurzsichtiger ohne Brille. Für ein paar Sekunden war noch Luft in meiner Lunge, aber ich wusste, dass gleich ein letztes Aufbäumen kommen und dann alles endgültig vorbei sein würde.

Zusammen mit dieser Erkenntnis geschah etwas sehr Seltsames: Ich liebte das warme Licht dieser Anzeigen. So unglaublich wundervoll und voller Schönheit waren diese verschwommenen Lichterformen vor mir, dass ich in jeder Zelle fühlen konnte, wofür sie standen. Nicht für Information und Technik, sondern für das pure Leben.

Ein leuchtendes Armaturenbrett bedeutete, in einer Sommernacht mit offenen Fenstern durch einen Ort zu fahren; den Geruch von Asphalt und Gummi einzuatmen, der sich mit dem Duft blühender Bäume vermischt; die surrenden und schleifenden Geräusche zu hören, die der Wagen macht, wenn seine Reifen gleichmäßig über die Straße walzen. Die sanft glimmenden Lichter der Anzeigen standen für die Freiheit, sich in jedem Moment für eine neue Richtung entscheiden zu können, um vielleicht ein neues Abenteuer zu erleben. Und sie standen dafür, jederzeit umkehren zu können, wenn man es sich anders überlegt hat. Nach Hause.

Mein Gott, dachte ich, *wie schön ist Autofahren, wenn man leben darf.*

In dem Moment, als ich diese letzten warmen Lichter meines Lebens sah, liebte ich das Leben wie niemals zuvor. Und plötzlich hörte ich die Stimme dieser esoterischen Frau, die nach Lama roch und deren Namen ich vergessen hatte. Offenbar war es mir nicht gelungen, ihren Satz, der mich damals so empört hatte, aus meinem Unterbewusstsein zu löschen.

Eines Tages wirst du erleben, dass du Annie nicht brauchst, um zu lieben.

Wie sehr sie recht gehabt hatte! Ich hätte es ihr so gerne gesagt, sie umarmt, ihr einen Kuss gegeben und »Danke!« gerufen. Ich hätte alles gegeben für eine einzige Minute an einem Tisch mit ihr, einfach deshalb, weil es ein Stück meines Lebens gewesen wäre. Ich spürte mit jeder Faser, dass ich noch nicht fertig war. Mitten in dieser Erkenntnis ging der Sauerstoff in meiner Lunge komplett zur Neige. Der Frieden zog sich schlagartig zurück. Und damit kam Phase drei.

Ein rotes Herz
(und woran es mich noch erinnert)

Eines Abends hörte Annies Herz auf zu schlagen. Ich hatte gerade unser Schlafzimmer verlassen, um ihre Abendessenmischung aus der Küche zu holen, da setzte es aus.

Ich hätte es nicht bemerkt, wenn Annies Puls nicht von einem Kardiographen überwacht worden wäre – einem Gerät, das wie ein medizinischer Feuermelder funktioniert und keine andere Aufgabe hat, als sich möglichst schrill in die Ohren aller Hausbewohner zu bohren, wenn etwas nicht stimmt. Zu dem Kardiographen gehörten vier elektronische Klingeln mit Blitzlicht, die überall im Haus verteilt waren.

Als es piepte, wusste ich, was zu tun war. Ich ließ alles fallen und rannte ins Schlafzimmer. Mein allererster Gedanke, als ich den Raum betrat, war, dass Annie zum ersten Mal seit Jahren wirklich friedlich wirkte. Sie sah gar nicht schlimm aus, und ein Teil von mir dachte: *Endlich bist du frei, meine Liebste.* Sie müssen bedenken, dass Annie bereits über vier Jahre lang eingeschlossen in sich selbst dort lag. Ohne künstliche Beatmung immerhin, aber eben völlig im Koma versunken. Vielleicht hätte sie gewollt, dass ich einfach nur das Alarmsignal abschaltete, mich still neben ihr Bett setzte und ihr die Hand hielt, damit wir gemeinsam zum Horizont fliegen konnten, bis zu der Schwelle, ab der sie allein weiterreisen musste. Aber so zu denken ist natürlich verboten und unmenschlich, und das irrsinnige Piepsen des Herzalarms ließ nicht zu, die Idee weiterzuspinnen.

Auf einem Wandbord über dem Nachtkästchen stand der Defibrillator griffbereit. Ich hatte das beste Gerät am Markt ge-

kauft, mit dem selbst ein Laie in völliger Panik keinen Fehler machen konnte. Das behauptete zumindest die Anleitung. Das Ding sah aus wie ein kleiner blauer Aktenkoffer aus Plastik mit einem handflächengroßen Bildschirm. Sobald man eine hervorstehende rote Lasche zog, aktivierte sich das Programm, der Bildschirm leuchtete auf, und eine mechanisch klingende Frauenstimme begann, Anweisungen zu schnarren. Eine Anweisung wurde so oft wiederholt, bis das Gerät feststellte, dass man sie richtig ausgeführt hatte.

Für mich war das gerade sehr wertvoll, denn mein Kopf erzeugte keinen einzigen klaren Gedanken mehr. Ich wusste nur noch, dass ich die Klebedinger mit den Kabeln irgendwo auf Annies Brustkorb pappen musste.

Ein Bild zeigte einen Torso und zwei rote Positionspunkte, während die Frauenstimme unablässig wiederholte, dass ich jetzt die Elektroden auf dem Brustkorb befestigen sollte.

Als ich es geschafft hatte, drückte ich den leuchtenden Knopf und trat einen Schritt zurück. Gleich darauf durchfuhr der erste Stromschlag Annies Körper.

Die Stimme sagt auch etwas zum Ergebnis. Wenn es geklappt hat, gibt es keine weiteren Stromschläge. Falls nicht, wiederholt das Gerät die Reanimation, muss sich aber zuvor wieder aufladen. Gleichzeitig wird man daran erinnert, den Notarzt anzurufen, den Beatmungstubus mit dem Handblasebalg zu setzen und mit der Herzmassage zu beginnen. Telefonieren musste ich nicht, denn dafür gab es einen roten Panikknopf mit Direktalarm zum Krankenhaus, den ich gleich zu Beginn gedrückt hatte. Ich erinnerte mich, dass die Herzmassage sehr wichtig war, besonders, wenn das Gerät die Rückholarbeit beim ersten Durchgang nicht allein schaffte. Und das war gerade der Fall.

»Das kannst du nicht machen, Annie«, keuchte ich, während ich meinen linken Handballen auf ihr Brustbein drückte und die

rechte Hand darüberlegte. Man soll pumpen und dabei das ganze Körpergewicht einsetzen. Die meisten Menschen ohne Schulung würden im Notfall viel zu schwach pumpen, weil sie instinktiv Angst haben, den Patienten zu verletzen. Aber man soll über den eigenen Instinkt hinausdrücken, denn das Herz sitzt in einem sehr stabilen Käfig aus Rippen. Die Aufgabe bei einer Herzmassage besteht darin, es trotz des Käfigs so fest zu quetschen, dass das Blut wie aus einer Tube entweicht und sich der Beutel danach wieder mit neuem Blut füllen kann. Man hat sozusagen einen kleinen Blasebalg mit Handbetrieb unter den Fingern, der von einem Käfig geschützt wird. Der Sanitäter, der mich vor einigen Jahren in den Ablauf einwies, sagte, man solle sich nicht scheuen weiterzumachen, auch wenn dabei die eine oder andere Rippe knackt. Lieber Rippenbruch als Herztod.

»Bleib am Leben, bleib am Leben, bleib am Leben«, flüsterte ich im Rhythmus meiner Bewegungen. Dreißigmal das Herz massieren, dann zweimal beatmen, dann wieder dreißigmal massieren – und das so lange, bis der Defibrillator für einen zweiten Versuch aufgeladen ist.

In Situationen, in denen andere Menschen panisch werden, helfen mir Gedanken an klare Fakten dabei, nicht die Kontrolle zu verlieren. Während ich Annies Herz belebte, dachte ich an eine Metaanalyse zu Herzinfarkten, also an eine Statistik, in der die gesammelten Erfahrungen vieler Studien zusammengeführt wurden. Danach sinkt die Überlebenschance eines Menschen bei einem Herzinfarkt um zehn Prozent pro Minute. Nach drei bis fünf Minuten sterben die ersten Gehirnzellen ab. Nach etwa neun Minuten kommt ein Rettungswagen am Einsatzort an, also ungefähr dann, wenn der Patient zu neunzig Prozent tot ist. Sofern alles durchschnittlich abläuft.

Sollten Sie also jemals vorhaben, die Todesursache Nummer eins in der westlichen Welt zu überstehen, ist die Anschaffung

eines Defibrillators eine gute Idee. Vorausgesetzt, es gibt in Ihrem Leben jemanden, der ihn bedient, wenn es so weit ist. Die Dinger kosten so viel wie ein mittlerer Fernseher, sind aber viel nützlicher, denn wenn man einen Infarkt nicht übersteht, kann man nie wieder fernsehen.

Ich pumpte und zählte und wartete, dass der Defibrillator wieder bereit war. Der Rettungswagen kam überdurchschnittlich schnell. Noch ehe ich das Gerät ein zweites Mal einsetzen konnte, waren die Sanitäter bei Annie, und eine halbe Stunde später saß ich im Wartebereich des Krankenhauses, in dem ich vor ein paar Jahren zum ersten Mal um sie gebangt hatte.

Da sitze ich schon wieder, dachte ich. *Wie schnell die Jahre vergehen.*

Ich musterte die im Moment unbesetzte Empfangstheke und die hellgrau gepolsterten Stühle, die vor der Wand aufgereiht und aneinandergehakt waren. Ich sah den Kaffeeautomaten, der damals nicht funktioniert hatte. Links daneben ein Poster mit einer Warnung zum Thema Rauchen, rechts ein anderes zum Thema Drogen und an der Wand hinter der Theke ein drittes, das darauf hinwies, dass Rettungssanitäter ein begehrenswerter Beruf mit Zukunftsperspektive sei.

Plötzlich wurde mir klar, dass sich nichts geändert hatte, seit ich Annie mit nach Hause genommen hatte. Dr. Williamson hatte aller Wahrscheinlichkeit nach recht gehabt, als er mir damals nahelegte, die Geräte ausschalten zu lassen. Und ich hatte mit meiner Mäusetheorie Unrecht gehabt. Es genügte ganz offensichtlich nicht, einfach nur die Maus zu beobachten, die statistisch überlebt.

Die Eine-Maus-Geschichte hatte ich mir zurechtgelegt, weil ich kein Mensch bin, der mit grundloser Hoffnung oder reinem Glauben gut leben kann. Und jetzt gerade stand ich vor der bitteren Wahrheit, dass ich mir eine Illusion erschaffen hatte. Es

war eindeutig nicht schön, so plötzlich in eine gnadenlose Erkenntnis hinein zu erwachen – als öffnete jemand einen Vogelkäfig voller wirklich schlechter Gefühle, die alle gleichzeitig ihre Gelegenheit zum Ausbruch nutzten.

Falls man dann gerade nichts mehr hat, an das man glaubt, erwischt es einen voll und ganz.

Winstons Flash #35 | Die Spielfelder der Gefühle

Negative Gefühle können uns umschließen und unbemerkt immer weiter nach unten ziehen. Dafür brauchen sie zwei Dinge: eine passende Situation – und dass wir nichts Besseres vorhaben.

Der allerletzte Atemzug

★ Minute 8:00 – und ab sofort 0:00 Minuten ohne Luft

Der allerletzte Atemzug ist der nach dem letzten, mit dem man noch Luft in die Lunge bekommt. Der allerletzte saugt Wasser ein. Er ist weniger schlimm als der Weg bis dorthin.

Einen kurzen Moment lang gibt es ein Aufbäumen – wie der finale Kraftimpuls eines Gewichthebers oder der letzte Tritt auf dem Fahrrad am Berg. Doch sich aufzubäumen nützt nichts, und man inhaliert seine flüssige Umgebung wie ein Süchtiger den Rauch beim zwanghaften Zug an der Zigarette. Nach diesem allerletzten Atemzug brennt die Lunge, als hätte man eine Tasse kochend heißen Tee bis in den letzten Winkel des Brustkorbes geschüttet. Das dauert etwa so lange, wie Sie *Oh nein!* denken können. Und Sie können absolut nichts dagegen unternehmen, dass Sie Ihre Augen weit aufreißen, egal ob Sie bis dahin Sporttaucher waren oder Aquaphobiker. Sie glotzen also mit blitzwachen Sinnen in eine Umgebung, die völlig verschwommen wirkt, so als wären Sie superkurzsichtig. Und dann fällt Ihnen auf, dass Sie keinen Einfluss mehr auf irgendeine Funktion Ihrer Arme oder Beine haben. Vielleicht spüren Sie, wie etwas zuckt, aber mehr ist es nicht. Genau genommen erleben Sie, wie Sie überhaupt keine Kontrolle mehr über irgendetwas haben.

Trotz alledem dachte ich einen Gedankenblitz lang an Annie. Ich fragte mich, ob sie die Zeit nach dem Herzstillstand ebenso erlebt hatte und ob ich sie gleich sehen würde – wie sie mich anlächelte und sich erkundigte, wo ich denn so lange geblieben sei. Ich spürte, wie ich selbst bei der Vorstellung lächelte, weil ich mich so sehr darauf freute, wieder bei ihr zu sein.

Ich sah Bilder vor mir, wie ich nach Annies Herzanfall auf dem Weg zur Klinik neben ihr im Krankenwagen gesessen hatte.

»Annie, das wird wieder«, hatte ich gesagt. »Das bekommen die hin, ich weiß es.«

Annies Augen starrten an die Decke. Das war sehr ungewöhnlich, weil sie geschlossen gewesen waren, als ich ihr Herz massiert hatte. Keine Ahnung, wann sie die Lider geöffnet hatte. Auf jeden Fall war ich so fasziniert und verwundert, dass ich unmöglich wegsehen konnte. Gleichzeitig traute ich mich nicht, ganz genau hinzusehen, weil ich Angst hatte, Annie nicht mehr in diesen Augen zu finden. Also sah ich immer wieder kurz hin und wieder weg und dann wieder hin, sodass ich keine endgültige Prognose stellen konnte.

»Waren Sie das?«, fragte ich schließlich den Arzt, der am Kopfende der Bahre saß.

»Was meinen Sie?«, fragte er.

»Ihre Augen sind auf«, sagte ich.

»Ach so«, sagte er nur und schloss Annies Lider mit einer geübten Handbewegung.

Ich musste deutlicher werden. »Meine Frage lautet: Warum sind die Augen auf, obwohl sie vorhin noch geschlossen waren?«, sagte ich.

»Vielleicht ein Reflex«, sagte er.

»Aber sie hatte bislang keinen solchen Reflex«, sagte ich.

»Der Stromschlag durch den Defibrillator könnte es gewesen sein«, sagte er.

Es nervte mich, dass er nicht auf meine Idee eingehen wollte. Hatten Menschen wie er nicht einen Eid darauf geschworen, jede Möglichkeit zu nutzen, um ein Leben zu retten?

»Als ich Annie verließ, um Ihnen die Tür zu öffnen, waren die Augen noch zu«, sagte ich. »Haben Sie vielleicht die Pupillen geprüft und vergessen, die Lider wieder zu schließen?«

Es war Abend, und ich sah ihm an, dass er müde war. Vielleicht hatte er sogar etwas getrunken. Ich habe gelesen, dass manche Notärzte und Sanitäter sich gern einen Tropfen gönnen, weil ihre Belastung oft übermenschlich groß ist.

»Habe ich nicht«, sagte er nur, und ich spürte, dass er nicht weiter darüber diskutieren wollte.

Für mich hatte die Antwort eine große Bedeutung, denn wenn Annie ihre Augen selbst geöffnet hätte, wäre das für mich ein Stück Hoffnung gewesen. Doch das Leben war nicht so gnädig, mir diese Hoffnung zu liefern, und so stand ich mit mehr Angst und Zweifeln als je zuvor an derselben Wegstelle, an der vor Jahren alles angefangen hatte. Annie brauchte wieder die Geräte.

Die Erdmännchen-Methode

Wie ein Mensch mit einem Rückschlag umgeht, ist das Ergebnis dessen, was er seit früher Jugend bis zum Zeitpunkt des Rückschlages erlebt und erfahren hat.

Hat man zum Beispiel erlebt, dass die Eltern bei Schicksalsschlägen die Schuld bei anderen oder in äußeren Umständen suchten, könnte man Rückschläge später ebenfalls als Benachteiligung durch ein ungerechtes Leben ansehen. Man wird dann die Menschen in Bevorzugte und in Benachteiligte einstufen. Ich nenne es den »Das Leben ist ungerecht«-Typ.

Wurde man dazu angehalten, nach dem Sturz einfach aufzustehen, die Schmerzen zu ignorieren und weiterzugehen, wird ein Rückschlag wie ein zusätzlicher Ansporn wirken. Ich nenne es den »Jetzt erst recht«-Typ.

Oder man hat gelernt, dass man sich am besten gar nicht erst zu tief auf etwas einlässt, sodass ein eventueller Rückschlag auch leichter zu verdauen ist. Falls es schlecht läuft, liegt es vor allem an anderen; wenn es hingegen gut läuft, liegt es an einem selbst. Ich nenne das den »Nicht mein Problem«-Typ.

Andere wiederum haben gelernt, jede entstandene Lücke rasend schnell mit möglichst ähnlichem Ersatz zu stopfen, sodass ihr System rein äußerlich schon wieder steht, ehe sie den Rückschlag wirklich fühlen. Ich nenne das den »Puppenladen«-Typ, weil es von außen betrachtet so aussieht, als würden aus dem Regalbord gefallene Puppen einfach durch neue ersetzt, damit die Ladenfront immer perfekt aussieht.

Sie könnten jetzt denken: *Der Winston hat ganz schön viele Vorurteile, und politisch korrekt ist das auch nicht.* Aber Vorur-

teile wären es nur, wenn ich jemanden verurteilen würde. Was ich nicht mache. Ich ordne nur meine Beobachtungen ein, um mich selbst besser zu verstehen. Denn wenn es um Rückschläge geht, bin ich der »Erdmännchen«-Typ!

Ich ziehe mich schneller in meinen Bau zurück, als man »Oh Schreck!« sagen kann. Dort kneife ich die Augen zu und denke, dass es gerade wieder mal so weit ist, dass die Welt mich ausstößt und vergisst. Natürlich liegt das an meiner Kindheit und Schulzeit, und ich weiß alles darüber, was ein Psychologe wissen kann. Dennoch hat es nie aufgehört, tief in mir so abzulaufen.

Erdmännchen-Typen sind auf ihren Fachgebieten oft hochbegabt und auf sozialen Gebieten hoch unbegabt. Sie werden vermutlich niemals zu den lässig eloquenten Typen gehören, ganz gleich, wie viele Kurse sie belegen oder Bücher sie lesen. Das Beste, was ein Erdmännchen-Typ aus sich herausholen kann, ist die Selbstbeherrschung, nicht jedes Mal reflexartig im Bau zu verschwinden, wenn er angesprochen wird. Und das Beste, was dem Erdmännchen im Leben widerfahren kann, ist, dass jemand kommt und es trotzdem liebt. Das erscheint ihm wie ein Wunder, wie funkelnder Sternenstaub, wie eine Kostbarkeit ohnegleichen. Versuchen Sie mal, mit einem Erdmännchen spontan zu kuscheln, dann wissen Sie, warum.

Bestimmt gibt es noch weitere Mustertypen, doch nach meinem persönlichen größten Rückschlag mit Annies Herzanfall hatte ich keine Kraft mehr, sie zu sammeln. Winston, das Erdmännchen, zog sich in seinen Bau zurück. Zumindest war ich geistesgegenwärtig genug, mir die Idee für Frederik, das scheue Erdmännchen, in mein schwarzes Notizbuch zu schreiben. Und dabei stieß ich auf eine Notiz von früher:

Ein gefühlter Rückschlag entsteht, wenn sich eine Situation durch ein ungeplantes Ereignis verändert und wir sie plötzlich schlechter bewerten als vor dem Ereignis. Was nahelegt, dass es a) mit einem Ereignis und b) mit unserer Bewertung zu tun hat. Auf a) haben wir vielleicht keinen Einfluss. Aber b) unterliegt unserem freien Willen. Deshalb ist es eine gute Idee, sich bei Rückschlägen besonders auf b) zu konzentrieren.

Warum ich gerne dusche

Viele der besten Einfälle meines Lebens hatte ich unter der Dusche. Die Idee für Henry, den Piratenhasen, kam mir, als ich nur mit einem Auge sehen konnte, weil mir Seifenschaum ins andere gelaufen war. Lizzie, die vorsichtige Schmuckschildkröte, entstand, während ich mir zum ersten Mal unter dem neuen grünen Badehandtuch die Haare trocken rubbelte. Professor Baldwin wurde geboren, als ich mit verstopfter Schnupfennase unter der Brause stand und nach Annie rief, weil das Duschgel alle war. Ich kann nichts dafür, es geschieht einfach.

So war es auch eines Morgens, ein paar Tage nach Annies Rückfall. Ich verkraulte gerade das Shampoo auf meinem Kopf zu Schaumwolken und grübelte über das b) nach – wie ich meine neue Situation nach dem Rückschlag einstufen sollte –, als ohne Vorwarnung das Trio in mir auftauchte.

Hast du jemals etwas für Annie getan, um ihr zu zeigen, dass du ihre Welt verstehst?, fragte Professor Baldwin.

»Selbstverständlich«, sagte ich.

Nenn ein Beispiel, forderte Henry.

Während das Wasser durch meine Haare rauschte und der Schaum flockenweise in die Duschwanne klatschte, dachte ich nach. Und dachte nach. Und dachte nach. Und dann wurde mir richtig schlecht, weil mich eine Erkenntnis erwischte, die ich nicht haben wollte.

Die Wahrheit war, dass Annie alles getan hatte, um mir das Gefühl zu geben, ein geliebter Mensch zu sein. Und wenn ich ganz ehrlich auf unsere Beziehung blickte, war mir das umgekehrt mit ihr nicht gut gelungen.

Er findet nichts, flüsterte Lizzie.

Vielleicht muss er noch länger nachdenken, näselte der Professor leise.

Erst jetzt, da Annie im Koma lag, zeigte ich ihr, was sie mir bedeutete. Aber nun war es zu spät, sie konnte es nicht mehr erleben. Ja, ich kümmerte mich jeden Tag um ihr Wohlergehen, weil sie es nicht mehr konnte. Aber warum erst jetzt, wo ich dazu gezwungen wurde? Warum halten wir die Dinge, solange sie funktionieren, für selbstverständlich? Wo es doch jeden Tag ein großes Glück ist, dass sie funktionieren?

Ich stellte die Brause ab und griff nach dem Handtuch. Während ich mich abtrocknete, fiel mein Blick auf das Glas mit den Muscheln auf der Ablage über dem Waschbecken. Das untere Drittel war mit Sand gefüllt, vom Strand unserer Hochzeitsinsel. Darüber häuften sich bunte Schneckengehäuse und Muschelstücke. Nicht ein Teil davon hatte ich gesammelt. Stattdessen hatte ich innerlich über tote Tiere gemeckert, über unnütze Staubfänger und über schlechte Gerüche. Warum ist man so schnell gegen etwas, obwohl es einem gar nicht schadet?

Ich hatte das Gefühl, ich sei der schlechteste Partner der Welt gewesen – für eine unendlich liebevolle Frau, die ganz bestimmt Besseres verdient hätte. Praktisch jede Möglichkeit, Annie etwas wirklich von Herzen zu schenken, hatte ich verstreichen lassen. Nicht einmal eine schöne Erinnerung an den Heiratsantrag hatte ich ihr verschafft. Und als Rechtfertigung hatte ich mich hinter meiner eigenen Merkwürdigkeit versteckt, sie ständig als Schutzschild vor mich gehalten – wie einen Behindertenausweis an einer Kinokasse. Ich war egoistisch und egozentrisch und unsozial gegenüber einem wundervollen Menschen gewesen.

Vielleicht war das die große Lehre meines Lebens: nicht immer nur in der Ecke zu stehen und mir meine Gedanken über andere Menschen zu machen, sondern mich einzubringen, statt

mich zurückzuziehen; mich wirklich ganz und gar in ihre Welt zu versetzen – weil man nur so verstehen kann, was dem anderen wirklich fehlt und was ihm guttäte. Ich hätte es durch Annie lernen können, stattdessen hatte ich sie immer vorgeschickt wie meinen persönlichen Manager.

Manche Erkenntnisse sind bitter, andere sind toll und wieder andere sind zwar bitter, aber dennoch toll. Meine aktuelle Erkenntnis war bitter, weil ich meine große Aufgabe zwar erkannt hatte, aber es zu spät war, sie zu erfüllen.

Winstons Flash #37 | Die Aufgabe bezüglich Grenzen

Eine bedeutende Lebensaufgabe besteht darin, sich nicht hinter den Einschränkungen durch seine Verletzungen zu verstecken, sondern sie immer wieder zu überwinden. Leicht ist das nicht – aber am Ende sehr lohnenswert. Weil es ein Teil unseres Lebenssinns ist.

Lichtformen

★ 0:30 Minuten ohne Luft

Unter Wasser hört man ganz anders als über Wasser. In Korallenriffen hört man zum Beispiel ein ständiges Knacksen, als würde eine Schar Kinder um einen herum pausenlos Zahnstocher zerbrechen. Es scheint, als kämen die Geräusche aus allen Richtungen und entstünden gleichzeitig im eigenen Kopf. Das ist keine Einbildung, sondern wird durch die physikalischen Eigenschaften des Wassers bewirkt, für die unsere Ohren nicht gebaut sind.

In den letzten Sekunden des Lebens verändert sich unsere Wahrnehmung. Dann vermischen sich alle normalerweise getrennten Geräusche zu einem endlosen, klirrenden Windhauch aus Tönen, die wie Eiskristallgestöber durch den Kopf wirbeln.

Und dann das Licht. Wenn in einer Welt aus Dunkelheit nur eine winzige Flamme brennt, bekommt sie eine große Bedeutung. Der Schein einer Taschenlampe wirkt schon wie ein eigener Raum aus Licht, und ein Autoscheinwerfer kann ein richtiges Gewölbe in die Dunkelheit fräsen.

Wenn man mit aufgerissenen Augen halbwegs quer liegend hinter einer Windschutzscheibe treibt und hinausstarrt, sieht es fast wie eine unscharfe Kathedrale aus Licht aus.

Das weiße Rauschen von Kirchen

Wer in England studiert, kommt für gewöhnlich nicht umhin, einen Teil seiner Zeit in historischen Umgebungen und kirchenähnlichen Gebäuden zu verbringen. Die Universität von Oxford zum Beispiel besteht nicht einfach aus einem großen Zentralgebäude, sondern aus achtunddreißig Colleges – jedes für sich wie eine kleine Universität –, die sich in der ganzen Stadt verteilen. Sie tragen Namen wie Trinity College, All Souls College, Corpus Christi College oder Magdalen College, und ihre Geschichte reicht bis ins elfte Jahrhundert zurück. Über hundert Oxford-Absolventen wurden später Erzbischöfe oder Kardinäle, und sechs wurden sogar heiliggesprochen.

Alles in allem kann man sich als Frischling nur schwer der geballten Ladung an religiöser Geschichte entziehen. Doch so beeindruckt man anfangs ist, so schnell hat man sich daran gewöhnt und kann anschließend selbst als Atheist im Jesus College gottfreie Physik oder weltliche Wirtschaft studieren.

Ich selbst hatte lange Zeit ein sehr gespaltenes Verhältnis zur Religion. Mein Vater war der Überzeugung, Religion sei eine Form von behandlungsbedürftigem Wahn. Meine Mutter sagte nie ein Wort dagegen, ging aber ab und zu allein in die Kirche, ohne jemals zu erwähnen, was sie da machte. Weil ich nicht wusste, an wen von beiden ich mich halten sollte, entschied ich mich, bei dem zu bleiben, was ich verstand. An der Religion verstand ich, dass man gerne eine haben will, weil sie Trost spendet und den Weg weist. Gleichzeitig baut alles auf einer Art Wesen auf, das man weder sehen noch messen noch errechnen kann. Selbst dafür, dass es außerirdische Intelligenzen gibt – die

auch noch niemand gesehen hat –, lassen sich mithilfe der Drake-Gleichung zumindest beachtliche Wahrscheinlichkeiten errechnen. Für Gott gibt es nicht einmal das. Man muss an ihn ohne jede Wahrscheinlichkeit unbesehen glauben, sonst klappt die ganze Religion nicht. Dennoch beschäftigten sich mehr kluge Köpfe mit Gott als mit außerirdischen Intelligenzen. Diese ganzen Widersprüche machten mich fast verrückt, weshalb ich das Thema innerlich schon lange zu den Akten gelegt hatte.

Neben Oxford ist auch London in Hinblick auf Religion nicht gerade eine karmafreie Zone. Soweit ich weiß, hat keine Stadt der Welt eine höhere Dichte an Kirchen. Wenn man eine halbe Stunde spazierengeht, passiert man manchmal ein Dutzend Gotteshäuser. Irgendwann bemerkt man es kaum noch.

Doch manchmal reicht ein einziges Ereignis, um alles, was vorher galt, auf den Kopf zu stellen.

Seit Annie ihren Rückfall erlitten hatte, sah ich ständig und überall Kirchen. Ich sagte mir, dass sich mein trauriges Unterbewusstsein wahrscheinlich andauernd ihre Beerdigung vorstellte und dass ich deshalb nur noch auf Kirchen achtete. Auch wenn das vielleicht stimmte, konnte ich es dennoch nicht abstellen. Es war so, als wollte man sich ein neues Auto kaufen und hätte zwei Modelle zur Auswahl: Plötzlich ist die Welt voll von diesen beiden Fahrzeugtypen, und man fragt sich, wo die auf einmal alle herkommen – als würde ein unsichtbarer Programmierer ständig neue Wagen dieses Typs vor uns auftauchen lassen und einen Heidenspaß daran haben, wie sehr wir uns wundern. Sobald die Entscheidung getroffen ist, wird unsere Autowelt schnell wieder normal. Dieses Phänomen erscheint vielen Menschen fast als magisch und könnte dazu verleiten, an höhere Kräfte zu glauben.

Meine Theorie ist allerdings bodenständiger. Ich glaube, es hat mit dem weißen Rauschen zu tun. In einem weißen Rau-

schen von Licht oder von Tönen ist das ganze Spektrum gleichmäßig durchmischt enthalten. Wie eine Filmleinwand voller gleich verteilter Pixel aller Grundfarben. Wenn uns nun jemand sagt, wir sollten mal auf Rot achten, werden uns tatsächlich vermehrt rote Pixel auffallen. Wenn wir uns auf Schwarz konzentrieren, werden wir glauben, dass übermäßig viele schwarze Pixel auf der Leinwand tanzen. Praktisch bedeutet das: Unsere Aufmerksamkeit zieht sich aus dem weißen Rauschen unserer Realität genau die Dinge heraus, die uns beschäftigen. Und auf einmal wirkt es, als wäre eine Art Magie im Spiel.

Genau dieses Phänomen erlebte ich, als Annie plötzlich in einem Kirchenportal vor mir auftauchte.

Fünfmal Zufall = immer noch Zufall?

Die Frage nach dem Zufall ist für unser Leben erheblich, finde ich. Denn was bedeutet es, wenn mehrere Zufälle – sagen wir fünf – genau so nacheinander eintreten, dass sich eine bedeutsame Geschichte daraus ergibt? Ist es dann noch immer Zufall, oder läuft in Wahrheit eine Gesetzmäßigkeit ab, ein verborgener Plan, den wir nur gerade nicht durchblicken?

Es war Freitagnachmittag, ich ging im Ladbroke Square Garden spazieren und dachte über meine Situation und mein Leben insgesamt nach. Obwohl ich mich nicht allzu leicht von Gefühlen aus der Bahn werfen lasse, konnte ich es seit Annies Rückschlag nicht mehr verleugnen: Die Dämonen der Hoffnungslosigkeit zerrten von allen Seiten wie Aasgeier an mir, und es meldete sich sogar schon die Station dahinter – die Lebensmüdigkeit. Ich sortierte meine Selbstvorwürfe und ungelösten Fragen von einer Kiste in die andere, doch statt so Ruhe und Ordnung zu finden, sah es in meinem Gehirn aus wie in der Wohnung eines Drogendealers nach einer Hausdurchsuchung.

Wenn man den Park durch den Westausgang verlässt, trifft man auf die St John's, eine der schönsten Kirchen in Notting Hill, vor allem, weil sie von kleinen Grünflächen mit Bäumen umgeben ist. Mit ein wenig Fantasie kann man sich wie auf dem Land fühlen, fernab vom Londoner Großstadttrummel.

Ich blieb stehen und ließ die Stille des Ortes auf mich wirken, als sich die im Hauptportal eingelassene Eingangstür öffnete und eine junge Frau in Annies grünblau kariertem Regenmantel herauskam. Natürlich war es nicht Annies persönlicher Mantel, aber er sah derart gleich aus, dass mein Herz einen Satz machte

und ich wirklich glaubte, es wäre Annie. Ehe mir klar wurde, dass sie es natürlich nicht sein konnte, war die Frau um die Ecke verschwunden.

Was macht man für gewöhnlich mit einem verrückten Zufall? Gar nichts. Man zuckt mit den Schultern, lässt ihn zurück ins weiße Rauschen fallen und fährt mit dem fort, was man gerade tut. Doch was, wenn man gerade Zeit übrig hat und dem Zufall nachgeht?

Ich ließ mich von meiner Beobachtung ansaugen und ging den Kiesweg entlang auf das Portal der Kirche zu. Ein paar Schritte davor blieb ich stehen und überlegte, was ich hier eigentlich wollte. Dabei streifte mein Blick die Inschrift über dem Eingang.

Leben. Liebe. Hoffnung.

Genau das, worüber ich eben noch im Park nachgedacht hatte, stand jetzt vor mir in Stein gemeißelt. Ich erinnerte mich, dass der Psychologenurvater Carl Gustav Jung so etwas eine »Synchronizität« genannt hatte. Man denkt etwas Ungewöhnliches, und kurz darauf erlebt oder sieht man es auch real. Obwohl wir es nicht beweisen können, erleben wir dennoch einen deutlich fühlbaren Zusammenhang zwischen unseren Gedanken und dem äußeren Ereignis, was manche Menschen an eine Art geheimer Magie des Universums glauben lässt.

Wie auch immer das zustande kam, mich interessierte im Moment nur eines: Worauf wollten mich Zufall eins (die Frau mit Annies Mantel) und Zufall zwei (die drei in Stein gravierten Worte) hinweisen? Auf jeden Fall nicht darauf, jetzt einfach nach Hause zu gehen.

Ich öffnete die Tür und betrat die Kirche.

Der Innenraum wirkte, obwohl im viktorianisch-neugotischen Stil erbaut, modern und freundlich. Das Mittelschiff mit der Dimension einer größeren Turnhalle wurde von zwei Reihen wei-

ßer Säulenbögen flankiert. Der Boden war mit hellem Holzparkett ausgelegt, was den Raum warm und wohnlich wirken ließ. Drei Bankgruppen mit je fünfzehn Reihen boten Platz für etwa dreihundert Menschen.

In der linken vorderen Ecke stand eine Kirchenorgel, deren Pfeifen in einer aufstrebenden Kurvenform die Wand hochkletterten. Ebenfalls links, unter einem der schmalen Buntglasfenster, stand ein Beichtstuhl mit roten Vorhängen – etwas, das mir in jungen Jahren Rätsel aufgegeben hatte. Als Kind war ich zunächst überzeugt davon gewesen, dass es sich um einen Passfotoautomaten handelte. Ich hatte überlegt, wozu so ein Ding in einer Kirche dienen sollte, und war zu dem Schluss gekommen, dass Kirchenmitglieder bestimmt auch Mitgliedsausweise bekamen, für die sie wiederum Fotos brauchten. Diese Theorie hielt so lange, bis ich eines Tages einen Priester in der Kabine verschwinden sah und es nicht blitzte. Ab da vermutete ich, dass es sich um eine Art Umkleidekabine handeln müsse. Bis ich in einem Film eine Szene mit einer Beichte sah. Ab da war mir klar, dass die Kiste ein Beratungsstand war.

Beratung hätte ich gerade gut brauchen können, doch inzwischen war ich erwachsen und wusste, dass dieses Ding nur eine Holzbox war, in der ein Mensch schlecht über sich selbst redete und ein anderer sagte, dass es schon in Ordnung sei. Etwas, das mir wahrscheinlich nicht viel helfen würde.

Wahrscheinlich.

Ich sah mich um. Die Kirche war leer.

Zu beichten hatte ich nichts, aber ein Stück aus der Welt meiner Kindheit zu erleben, war eine Verlockung. Ich betrat den linken Teil der Kiste und zog den Vorhang zu.

Selbst in einer Kiste

Ich saß vielleicht eine halbe Minute lang in der rätselhaften Kiste aus meiner Jugend, als ich ein Geräusch hörte und einen Schatten hinter dem Gitter wahrnahm. Jemand hatte nebenan Platz genommen, und ich hörte, wie er den Vorhang zuzog. Mein erster Impuls war, aufzuspringen und zu verschwinden, aber im selben Moment räusperte sich der andere.

»Hallo?«, sagte ich.

»Gelobt sei Jesus Christus.«

Ich wartete, aber es ging nicht weiter.

»Ich weiß nicht so recht, was man hier macht«, sagte ich.

»Wann war denn deine letzte Beichte?«

Ich konnte sein Gesicht nicht erkennen, nur einen Schatten, aber ich mochte die Stimme des Mannes. Sie klang vertraut.

»Noch nie«, sagte ich. »Ich möchte nicht beichten.«

»Was suchst du dann?«

»Über der Tür stand Hoffnung«, sagte ich.

»Die findest du in Gott«, sagte die Stimme. »Und damit bist du hier richtig.«

»Genau da liegt mein Problem. Ich glaube nicht an Gott.«

»Dennoch sitzt du hier.«

»Wohl eher aus Zufall«, sagte ich.

Es folgte eine kurze Pause.

»Gott würfelt nicht«, sagte die Stimme dann.

Er betonte das Wort Gott wie eine Frage, machte danach eine winzige Pause und sprach den Rest wie eine Antwort. Sehr ungewöhnlich, und dennoch hatte ich es viele Male so gehört – weil es das Lieblingszitat eines Mitstudenten war.

»Sagen Sie mal, haben Sie vielleicht auch in Oxford studiert?«, fragte ich.

»Das ist nicht Gegenstand dieser Begegnung«, sagte er.

»Verdammt, Will? Bist du es, William Kensington?«

»Winston? Winston Flash?«

»Ja!«

»Verdörrter Entenmist! Was für ein Zufall!«, rief er.

»Und das, wo Gott nicht würfelt!«, rief ich.

»Winston, was zum betrunkenen Henker machst du hier?«

Will Kensington hatte als Student nichtschädliche Flüche gesammelt, so wie andere Witze sammeln, einfach nur, um sie im geeigneten Moment zum Besten zu geben. Irgendwie brach das gerade durch, auch wenn es nicht ganz in die Umgebung passte.

»Dasselbe könnte ich dich fragen, alter Piratenlöffel«, antwortete ich, weil das die erste seiner Wortschöpfungen war, die mir in den Sinn kam.

»Mäßigung, junger Mann!«, rief er, aber ich hörte an seiner Stimme, dass er sich freute.

Wir sprangen gleichzeitig auf und stürmten aus dem Beichtstuhl. William Kensington sah gut aus. Blonde kurze Haare, blaue Augen, volle Wangen, rosige Gesichtsfarbe, kaum zugenommen, offenbar glücklich und gesund. Er hatte mit mir zusammen das Psychologiestudium begonnen. Nach drei Semestern wechselte er zur Theologie, und danach verloren wir uns aus den Augen.

»Was machst du denn so?«, fragte ich, obwohl das ziemlich offensichtlich war.

»Wie du siehst, bin ich Seelsorger mit eigener Praxis geworden«, sagte er. »Wie von Anfang an geplant. Und du?«

»Ich auch«, sagte ich. »Für Kinder. Nur ist meine Praxis kleiner als deine.«

»Dafür gehört mir meine nicht«, sagte Will. »Ist nur geborgt wie alles im Leben.«

»Wie lustig«, sagte ich. »Gleicher Start, dann verschiedene Weichen und am Ende doch wieder auf dem Nachbargleis. Und das auch noch fünf Straßen voneinander entfernt.«

»Hast du Zeit für eine Tasse Tee?«, fragte er.

»Zeit ist so ungefähr das Einzige, was mir geblieben ist«, sagte ich. Zu diesem Zeitpunkt wusste ich noch nicht, dass selbst das nicht mehr stimmte.

Wir gingen in den Nebentrakt, wo Will seine Arbeitsräume hatte. Das antike Gebäude war komplett renoviert und modern eingerichtet. Wir setzten uns in die kleine Teeküche, ich auf die Eckbank unter dem Holzkreuz, Will auf den Stuhl, damit er den Wasserkocher neben dem Spülbecken überwachen konnte.

Während er dann das Geschirr aus dem Oberschrank holte, dachte ich, dass er Zufall Nummer drei war und dass ich jetzt gerne einmal mit einem Statistikprofessor gesprochen hätte. Oder besser doch nicht.

»Das kann wirklich kein Zufall sein«, sagte ich, um das Gespräch irgendwie zu beginnen.

»Eine Fügung«, sagte Will. Er kippte einen Messlöffel Tee in die Kanne und goss heißes Wasser auf.

»Ja, so könnte man es wohl nennen«, sagte ich.

»Vor allem, weil ich um diese Zeit nie in die Kirche gehe. Unsere Haushälterin hatte ihre Schlüssel vergessen, und ich lief ihr damit hinterher. Nur deshalb habe ich gesehen, dass jemand im Beichtstuhl saß. Wir dürfen uns also bei Rosie bedanken.«

»Die Frau in dem karierten Regenmantel?«, fragte ich.

»Du kennst sie?«

»Ich habe sie kurz gesehen«, sagte ich. Zufall Nummer vier.

»Wie ist es dir seit dem Studium ergangen?«, fragte er.

Ich freute mich, dass er mir konkrete Fragen stellte, weil ich dann wusste, worüber ich sprechen sollte. Ich erzählte ihm von meiner Arbeit, von den Büchern und auch von Annies Unfall.

»Obwohl sie noch immer bei mir liegt, ist sie wie gestorben«, sagte ich. »Seit dem Ereignis kann ich weder zeichnen noch schreiben. Das Geld ist fast zu Ende, und ich verdiene nicht genug, um die Pflege weiterhin zu bezahlen.«

»Das ist ein großes Unglück«, sagte Will und stellte die Kanne auf den Tisch. »Und warum schreibst du nicht einfach weiter? Es nützt deiner Annie doch nichts, wenn du dich ihretwegen selbst blockierst.«

Will stellte exakt die Frage, um die sich alles drehte. Warum war ich nicht in der Lage, die Dinge einfach so weiterzumachen wie vor Annies Unfall? Ich hatte nicht den Eindruck, dass ich mich absichtlich selbst blockierte, denn ich wollte ja Geld verdienen und alles am Laufen halten. Welche unsichtbaren Kräfte hinderten mich also daran, meine Arbeit zu machen?

»Vielleicht habe ich eine Depression«, sagte ich.

»Sich blockiert zu fühlen und nach dem Sinn des Lebens zu fragen, ist noch keine Depression«, sagte Will.

»Ich weiß«, sagte ich. »Ich habe es studiert.«

»Was passiert mit dir, wenn du dich zum Schreiben hinsetzt?«, erkundigte sich Will.

»Nach Annies Unfall habe ich versucht, alles weiterzumachen wie bisher«, sagte ich. »Doch plötzlich hing Lizzie an Henrys Hand über einer Schlucht. Henry verließ die Kraft, und er musste sie schließlich loslassen. Ich hatte diese Szene nicht geplant. Seitdem laufen alle meine Versuche mit neuen Geschichten immer wieder auf Verluste, Unfälle oder Fehler hinaus. Ich will in diese Gedankensuppe nicht eintauchen. Deshalb lenke ich mich ab und warte darauf, dass es wieder besser wird.«

»Was wäre denn, wenn Annie morgen aufwachen würde?«, fragte Will.

Ich spürte, wie sich meine Augen weiteten und mein Mund lächelte, obwohl ich das gar nicht machte.

»Nichts wäre schöner als das«, sagte ich. »Das ist der Sinn, warum ich noch hier bin, und ich würde alles dafür tun.«

»Dann ist das der wahre Grund für deinen Zustand«, sagte Will. »Du identifizierst dich vollständig mit einem einzigen Wunsch.«

»Selbstverständlich!«, sagte ich.

»Und damit ist alles von einem einzigen Ereignis in der Zukunft abhängig, das du noch nicht einmal unter Kontrolle hast«, fuhr Will fort.

»Du klingst gar nicht wie ein Pfarrer«, sagte ich.

»Der gesunde Menschenverstand muss nicht verlorengehen, nur weil man betet«, sagte er.

»Und was soll ich deiner Meinung nach tun?«, fragte ich. »Auch beten? Das kann ich nicht.«

»Es ist eine Prüfung«, sagte Will und stellte die Teetasse vor mich hin.

»Von wem denn?«, fragte ich.

»Von Gott«, sagte Will.

Ich setzte das Teesieb auf den Rand meiner Tasse und griff nach der Kanne.

»Und was genau will er prüfen?«, fragte ich.

»Das gilt es herauszufinden«, sagte Will und schob den Zucker in die Mitte des Tisches.

»Was für eine seltsame Prüfung, bei der man auch noch selbst herausfinden muss ...« Weiter kam ich nicht, denn mein Arm fiel auf dem Weg zur Tasse herunter, die Kanne zerbrach, und der heiße Tee lief blitzschnell über die Scherben, die Tischplatte entlang bis auf Wills Hose.

»Grundgütiger!«, rief Will und sprang auf.

»Oh Mist, Entschuldigung!«, sagte ich.

Will machte einen Satz zum Spülbecken, griff sich den nassen Schwamm und drückte das kühle Wasser auf seiner Hose aus.

»Nicht so schlimm«, sagte er. »Hat mich nur gestreift.«

»Ich bringe das in Ordnung«, sagte ich und stand auf, um die Rolle mit den Küchentüchern zu holen.

Mitten in der Bewegung versagte mein linkes Bein. Es knickte so leicht ein, wie ein losgelassener Toilettendeckel nach unten klappt, und ich stürzte neben der Bank auf den Boden.

»Winston!«, rief Will. »Was ist denn mit dir los?«

»Keine Ahnung«, sagte ich und starrte ihn vom Boden aus an.

Er hielt mir die Hand entgegen, um mir aufzuhelfen. Ich wollte sie greifen, aber mein Arm reagierte nicht.

»Was ist?«, sagte er. »Willst du da liegenbleiben?«

»Mit Wollen hat das nichts zu tun«, sagte ich.

»Du siehst überhaupt nicht gut aus. Soll ich einen Arzt rufen?«, fragte Will.

Plötzlich funktionierte mein rechter Arm wieder. Ich spielte kurz mit den Fingern. Dann zog ich mein linkes Bein an. Das Knie tat weh, aber irgendwie war ich sogar froh darum.

»Ich denke, es geht schon«, sagte ich und stand auf.

»Winston, was immer das gerade war, ich denke, du solltest es untersuchen lassen«, sagte Will.

»Es geht schon«, sagte ich und setzte mich wieder hin.

Rückblickend muss ich sagen: Was für ein Glück (Nummer fünf), dass mein Anfall in Gegenwart von Will Kensington geschehen ist. Allein hätte ich nicht tiefer darüber nachgedacht und wäre nicht darauf gestoßen worden, was ich zu tun hatte.

»Wie schon erwähnt, bin ich ein wenig außer Kraft«, sagte ich, während Will den Tisch abtrocknete.

»Wenn Gott nicht würfelt, ist die Frage, was dich in die Knie zwingt. Nachdem es offenbar nicht von außen kam, ist es vielleicht in dir.«

»Du willst wissen, was in meinem Kopf mich in die Knie zwingt?«

»Ich bin kein Arzt, ich meine es bildlich gesprochen«, sagte Will. »Wogegen kämpfst du innerlich an und weißt gleichzeitig, dass es getan werden müsste?«

»Keine Ahnung. Ich habe wirklich alles versucht.«

»Vielleicht gibt es etwas, das Annie helfen könnte, aber es ist etwas ganz anderes, als du bislang erwogen hast«, sagte Will.

»Soll ich jetzt vielleicht zu beten anfangen?«, fragte ich.

»Sieh mich nicht so an«, sagte er. »Ich lege nur Fragen auf den Tisch. Herausfinden musst man es selbst. Das ist eben Teil einer solchen Prüfung.«

»Ihr tickt wirklich ziemlich anders«, sagte ich.

Will lächelte mich an, aber nicht überheblich, sondern selbst ein wenig hilflos. Ich hatte nicht das Gefühl, dass er mich belehren oder bekehren wollte. Das mochte ich. Vielleicht könnte er mein erster Freund im Leben werden.

»Und was würdest du jemandem wie mir raten?«, fragte ich.

»Vertraue auf etwas oder jemanden«, sagte Will. »Ganz gleich, wer oder was es ist. Ohne Vertrauen ins Leben wird das Leben dir nicht zurückvertrauen.«

Damit konnte ich etwas anfangen, denn dafür brauchte ich keine Religion. Allerdings dämmerte mir gerade, was wohl meine nächste Prüfung sein würde.

Winstons Flash # 38 | Erkennen, wer die Macht hat, etwas zu ändern

Wir können nicht jedes Problem selbst lösen. Manche Lösungen liegen einfach nicht in unserer Hand. Dann besteht unsere Aufgabe darin, den Lösungswunsch loszulassen und stattdessen Dinge zu tun, die uns möglich sind.

Warum ich gerne Will gewesen wäre

★ 1:00 Minute ohne Luft

Selbst während meiner letzten Sekunden im Auto hatte ich mit Gott nichts am Hut. Ich dachte an Will Kensington und ob er sich an meiner Stelle freuen würde, gleich seinem Gott zu begegnen. Was für ein Glück jemand hatte, der so einen klaren Glauben in sich trug!

Seltsam, dass mir Wills Gesicht vor Augen kam. Und seltsam, dass mir das eine Art Ruhe gab. Ich glaube fast, einem Menschen zu vertrauen, der unerschütterlich an etwas glaubt, was man selbst leider nicht glauben kann, gibt einem dennoch Kraft – ähnlich der Sicherheit eines Kindes an der Seite eines guten Vaters. Während diese kurze Szene in mir aufblitzte, bat ich Will innerlich, mir zu helfen.

Ich glaube, für fast jeden von uns kommt im Leben eine Situation, in der wir uns eingestehen müssen, dass wir Hilfe von anderen brauchen. Es ist der Punkt, an dem wir jemanden um etwas bitten müssen. Und das kann dann durchaus bedeuten, seinen persönlichen Schatten plus einige Vorurteile überspringen zu müssen.

Der Schattensprung

Es war wirklich eine sehr harte Prüfung. Nicht in hundert Jahren hätte ich das getan, was ich nach Annies Herzstillstand gemacht habe, wenn ich nicht so verzweifelt gewesen wäre: Ich rief Beverly Cunningham an.

»Winston, welche Überraschung«, sagte Beverly, nachdem sie mich erkannt hatte.

Sie müssen wissen, dass ich Beverly, seit Annie zu Hause gepflegt wurde, nicht erlaubt hatte, sie zu sehen, weil ich ehrlich gesagt ein wenig Angst vor ihr hatte. Ich wusste nicht, was diese Frau mit ihrem geheimen Wissen und den Kristallkugeln, Wunderlampen, Räucherstäbchen oder was auch immer anstellen würde. Außerdem musste es ja nicht sein, und solange ich die Kontrolle über eine Situation habe, entscheide ich mich für gewöhnlich gegen die Dinge, vor denen ich Angst habe.

Es sei denn, sie sind unbedingt notwendig. Und das war nun der Fall.

»Ja, für mich auch«, sagte ich.

»Es ist für dich selbst überraschend, dass du mich anrufst?«

»Ja.«

»Wie geht es Annie?«

»Das ist genau das Thema«, sagte ich. »Wir brauchen Hilfe, und ich dachte, du siehst vielleicht eine Möglichkeit, die wir bislang übersehen haben.«

»Das schmeichelt mir«, sagte Beverly. »Aber ich bin kein Gehirnarzt.«

»Das wäre auch keine neue Möglichkeit«, sagte ich.

Es war ein wirklich schwieriges Gespräch für mich, weil ich

auf etwas Bestimmtes hinauswollte, auf das ein anderer Teil von mir auf keinen Fall hinauswollte.

»Du interessierst dich also für alternative Heilung«, sagte Beverly und machte eine Pause.

»Ist das eine Frage oder eine Feststellung?«, fragte ich, nachdem ich eine Weile abgewartet hatte.

»Winston, ich habe viel gesehen, aber ich weiß nicht, ob du bereit bist, es auszuprobieren«, sagte sie.

Ich schnaufte einmal tief durch, was für Beverly wahrscheinlich wie ein Seufzer von jemandem klang, der aufgab.

»Wenn es mich oder Annie nicht umbringt und uns nicht völlig pleite macht, wäre ich bereit, etwas Ungewöhnliches zu versuchen.«

»Ich kenne da einen Schamanen«, sagte Beverly. »Er heißt Pedro Juan Albatros del Playa Chuantes. Das ist sein spiritueller Künstlername. Du brauchst ihn gar nicht erst zu googeln, er arbeitet geheim. Nur auf Empfehlung.«

»Geheim also«, sagte ich.

»Ja«, sagte Beverly. »Warum?«

»Nichts, alles in Ordnung.«

Ein Geheimschamane war ungefähr das Letzte, was ich wollte, und gleichzeitig war es die Chance auf ein Wunder. Obwohl es natürlich keine Wunder gibt.

»Ein Schamane«, sagte ich. »Mit Federn und so? Ist er ein Indianer?«

»Nein, Schotte.«

»Ein schottischer Indianer also.«

»Er lebt die Hälfte des Jahres in Ipswich, also nicht allzu weit von hier.«

»Ich soll einen schottischen Schamanen, der freiwillig in Ipswich lebt, in unser Haus einladen, um meine Frau zu behandeln? Im Ernst?«

»Du hast nach Alternativen gefragt.«

»Wird er um ihr Bett herumtanzen?«, fragte ich. »Ich frage das nur, weil wir vielleicht nicht genügend Platz dafür haben.«

»Winston-Liebling«, sagte Beverly. »Wenn man Alternativen sucht, muss man auch offen für Neues sein.«

»Ich bin Wissenschaftler«, sagte ich. »Wir sind immer offen für Neues.«

»Dann sind wir ja auf einem guten Weg«, sagte Beverly.

»Mal angenommen, ich würde rein theoretisch erwägen, dieses Experiment durchzuführen«, sagte ich. »Wie kann ich mir das vorstellen? Macht er Salben aus Kautabak, oder setzt er irgendwelche Tiere auf ihren Kopf? Oder verabreicht er ihr vielleicht ein stinkendes Pflanzengebräu? Pflanzengebräue aus Südamerika sind nämlich tabu.«

»Warum denn?«

»Einfach so. Weil ich es nicht will.«

»Wenn du jetzt schon alles ausschließt, wie soll dann etwas Neues mit Annie geschehen?«

Als sie Annies Namen erwähnte, durchzuckte ein Pfeil mein Herz und holte mich aus dem Meckermodus heraus. Ich war die ganze Zeit dabei, auf einer Chance herumzuhacken, um die ich Beverly selbst gebeten hatte. Manchmal müssen wir unsere persönlichen Aversionen beiseiteschieben und uns an das höhere Ziel erinnern. In der Politik nennt man das Diplomatie.

»Ich bin gerne diplomatisch«, sagte ich.

»Wie bitte?«

»Ich meine, wir sollten es versuchen.«

»Wirklich?«

»Ja, unbedingt.«

»Gut«, sagte Beverly. »Würde Freitag passen? Dann rufe ich Pedro an.«

»Freitag ist prima«, sagte ich. »Aber eine Bitte hätte ich.«

»Ja?«

»Könnte er vielleicht nach Einbruch der Dunkelheit kommen, damit ihn die Nachbarn nicht sehen? Das wäre mir irgendwie angenehmer.«

»Nein«, sagte Beverly.

»Kein Problem, war nur eine Frage.«

Jemand, der so konstruiert ist wie ich, muss wirklich äußerst verzweifelt sein, um jemanden wie Beverly um Hilfe zu bitten. Aber wie verzweifelt auf der nach oben offenen Verzweiflungsskala muss er sein, wenn er einen schottischen Schamanen aus Ipswich nach Notting Hill einlädt, um ein Koma wegzuzaubern?

Nachdem ich den Hörer aufgelegt hatte, saß ich im Sessel und hatte nur den einen Gedanken: ob ich jetzt vollends wahnsinnig geworden war. Für Sie ist das vielleicht kein Thema, Sie sind flexibel in Ihrer Weltsicht. Aber wenn man wie ich ein ganzes Leben lang dem eigenen Kopf beim Denken zusieht, fragt man sich fast ständig, ob dieser Kopf nicht manchmal kurz vor dem Wahnsinn steht. Andererseits sagte Einstein, Wahnsinn bestünde darin, immer wieder dasselbe zu tun und gleichzeitig auf neue Ergebnisse zu hoffen. Und nachdem ich alle Möglichkeiten ausgeschöpft hatte und das Ergebnis bisher unverändert war, musste ich etwas wirklich Neues tun.

Der Schottenschamane

Ich hatte Glück, denn es war schon fast dunkel, als Beverly und ihr Begleiter eintrafen. Ich winke einem Besuch bei der Ankunft selten zu, aber in diesem Fall konnte ich mich vor Winken kaum retten. Jede weitere Sekunde, die die beiden vor meinem Haus verbrachten, erhöhte das Risiko, dass einer unserer Nachbarn sie entdeckte.

In Beverlys Fall wäre das nicht wirklich so schlimm gewesen, denn trotz ihrer unkonventionellen Indien-Peru-Kleidung ist sie kaum auffälliger als ein Lama in einer Schafherde. Der Mann an ihrer Seite allerdings schon. Wäre mein Haus eine Holzhütte in hüfthohem, von Büffeln durchwandertem Präriegras, und wären wir zweihundert Jahre früher dran, auf einem anderen Kontinent, und hätte ich einen Hut, einen Schnurrbart und ein Gewehr und würde gerade durch mein einziges sandverstaubtes Fenster nach draußen sehen, dann – und nur dann – wäre seine Kleidung passend gewesen.

Aber wir befanden uns alle zusammen in Notting Hill in London, draußen fuhr gerade der Linienbus vorbei, und nebenan dröhnten im Fernseher meines schwerhörigen Nachbarn Jason Smedley die Abendnachrichten und berichteten über ein Fußballspiel irgendwo in Europa. Und ich hatte nicht vor, mit dem Wolf zu tanzen.

Beverly winkte zurück, und ich hoffte inständig, dass sie nicht Juhu rufen würde oder etwas in der Art.

»Kommt rein«, rief ich mit meiner lautesten Flüsterstimme, was natürlich ein Widerspruch in sich war. Aber genauso zerrissen fühlte ich mich gerade.

Beverly hatte sich kaum verändert. Ein wenig molliger vielleicht, aber nach fast vier Jahren kann man sich auch täuschen. Ihr Begleiter, ein Endfünfziger mit einem für einen Schotten außergewöhnlich gebräunten Teint, war fast einen Kopf größer als sie. Er lief ein wenig nach vorn gebeugt, so wie viele hochgewachsene Leute, die ständig Angst haben, sich den Kopf anzustoßen. Früher hatte er vermutlich seine wallende Mähne mit bunten Bändern in Richtung Rücken gezähmt. Als Hommage an diese Zeiten hatte er heute die angegrauten Reste seines besonders oben herum schütteren Schopfes mit einem roten Gummiband im Nacken zusammengebunden.

Das Lederhemd des Mannes war im Brustbereich bunt bestickt und an den Ärmeln mit fingerlangen Fransen verziert. Stilistisch abgerundet wurde der Auftritt durch eine hellbeige Lederhose und dunkelbraune Nike-Turnschuhe. Am Gürtel hing zum Glück kein Jagdmesser, aber dafür etwas, das man vermutlich einen Medizinbeutel nennt. Der Lederkoffer in der linken Hand hatte wahrscheinlich schon den Zweiten Weltkrieg miterlebt, und die quer über die Schulter gehängte, bunt gewebte Tasche sah aus, als hätte er sie, Beverlys Tipp folgend, einem peruanischen Flötenspieler aus der Fußgängerzone entwendet.

»Das ist Don Pedro Juan Albatros del Playa Chuantes«, sagte Beverly und deutete mit beiden Händen auf ihren Begleiter.

»Winston«, sagte ich und nickte ihm zu. »Kommt schnell rein. Annie liegt hinten.«

Beverly nickte dem Mann mit dem langen Namen bestätigend zu, und wie immer hatte ich das Gefühl, sie hätte bereits im Vorfeld über mich als den Ungläubigen gesprochen – was mein Gefühl verstärkte, dass ich niemals Teil dieser seltsamen Geheimniswelt werden würde.

Der für mich beste Moment dieser Begrüßungsszene war, als ich endlich die Eingangstür schließen konnte. Sie müssen sich

vorstellen, dass an meinem Gartentor ein hochglanzpoliertes »Dr. Winston Flash«-Messingschild mit meiner Berufsbezeichnung hängt. Würde jemand sehen, dass außerhalb der Karnevalszeit solche Leute bei mir ein und aus gingen, und im richtigen Moment auf den Auslöser seines Handys drücken ... Ich wollte gar nicht daran denken, wie sich so etwas auf Facebook verbreiten würde.

Ich drehte den Haustürschlüssel um und atmete dann erleichtert auf.

»Willkommen!« Ich lächelte die beiden an.

»Es freut mich, dass Sie Annie helfen möchten«, sagte ich zu dem Fransenmann. »Wollen wir gleich zu ihr gehen oder möchten Sie zuerst etwas trinken?«

»Eine Toilette wäre gut«, sagte er.

Die angenehme Stimme überraschte mich, was ich als positiven Widerspruch zu seinem Aussehen registrierte.

»Das hätte ich jetzt nicht gedacht«, sagte ich deshalb.

»Was denn, Winston-Schatz?«, fragte Beverly.

»Nichts, Entschuldigung«, sagte ich. »Das Bad ist hinten links.«

Kurz darauf standen wir alle im Schlafzimmer um Annies Bett herum. Beverly, die Annie so noch nicht gesehen hatte, war käsebleich geworden.

»Sie schläft«, sagte ich in der Hoffnung, dass Beverly mir nicht zusammenklappte.

»Sie ist in einer anderen Welt«, sagte der Schottenschamane.

»So weit bin ich auch schon gekommen«, sagte ich.

Eindeutig erfasste mich gerade wieder dieser bissige Beverly-Effekt und zwang mich, Dinge auszusprechen, die ich gar nicht sagen wollte.

»Was ich meine, ist: So weit stimmen wir überein«, sagte ich. »Es geht nun darum, sie aufzuwecken.«

»Wie lange schon?«

»Vier Jahre, fünf Monate, zwei Wochen und zwei Tage.« Ich sah auf die Uhr: »Ziemlich genau sogar.«

Er beugte sich über Annie, und es sah so aus, als lauschte er mit einem Ohr an ihrer Stirn.

»Sie müssen wissen, dass ich Psychologe bin«, sagte ich in der Hoffnung, er würde mir erklären, was er da machte. »Oxford.«

»Wirtschaftswissenschaften«, sagte der Fransenmann nur. »Bristol.«

»Wie bitte?«

»Zweiundzwanzig Jahre bei Chadney, Bilgin & Partner. Ich war der Partner. Hatte keine Lust mehr auf Aktiengeschäfte. Bewegt sie sich manchmal?«

»Nie«, sagte ich. »Und warum sitzen Sie nicht auf einer Karibikinsel oder was man so macht, wenn man mit der Geldbranche fertig ist?«

»Da war ich schon«, sagte er. »Aber es wird schnell langweilig. Jetzt will ich Gutes tun.«

»Don Pedro wurde die Fähigkeit gegeben, mit den Geistern zu sprechen«, meldete sich Beverly, die offenbar wieder zu Kräften gekommen war.

»Ich könnte einen guten Finanzberater brauchen«, sagte ich.

»Wie gesagt, mache ich das nicht mehr«, sagte er, während er Annies Puls fühlte. »Schlechtes Karma. Ihre Frau ist sehr weit weg. Ihre Seele ist nicht in ihrem Körper.«

»Wie kommen Sie denn darauf?«

»Man kann es spüren.«

»Und wo ist ihre Seele dann?«, fragte ich.

Er sah nach oben.

»Natürlich«, sagte ich.

»Wir können die Geister bitten, sie wieder zurückzuführen«, schlug er vor.

»Die Geister«, wiederholte ich. »Ganz hervorragend. Ich bin

völlig offen für diese Dinge. Am besten fangen Sie einfach an, wenn Sie so weit sind.«

Inzwischen kennen Sie ein paar meiner roten Tücher. Das hier war eines. Mein Beruf ist es, Kindern mithilfe von Vernunft und Logik die Angst vor Geistern und Monstern zu nehmen und ihnen damit ein besseres Leben zu ermöglichen. Und hier stand gerade ein erwachsener Mann von der Gegenfraktion in Indianerkleidung in meinem Schlafzimmer und schlug vor, meine Frau mithilfe herbeigerufener Geister zu heilen. Das brachte mich ziemlich an die Grenze meiner Selbstbeherrschung. Wäre ich der Therapeut dieses Mannes gewesen, hätte ich gerade über eine stationäre Einweisung nachgedacht. Aber ich war jetzt privat, und ich war verzweifelt.

»Möchten Sie vielleicht einen Tee?«, fragte ich, nur um jetzt nichts Falsches zu sagen.

»Gerne Kaffee, wenn Sie haben.«

»Kein Problem.«

Kaffee, Tee. Tee, Kaffee. Die Chance, dass man es errät, scheint wirklich genau fünfzig zu fünfzig zu stehen. Auf jeden Fall ist es für mich immer eine große Erleichterung, mit einer Aufgabe den Raum verlassen zu können, die zwar zur sozialen Begegnung gehört, aber nicht die Begegnung selbst ist. Einfach gesagt, verdrücke ich mich gerne, um Luft zu holen und etwas zu tun, das ich für sinnvoller halte, als nur zu reden.

Auf halbem Weg zur Küche machte ich kehrt und ging zurück ins Schlafzimmer.

»Eine Frage noch, ehe Sie anfangen«, sagte ich. »Wie gehen Sie jetzt vor?«

Beverly hatte sich stabilisiert und saß mit starrem Blick in meinem Schreibsessel. Ich war ein wenig misstrauisch, die beiden allein im Raum zu lassen, weil ich nicht wusste, was sich in dem Koffer und der Tasche befand.

»Ich werde um Hilfe bitten«, sagte der Wirtschaftsindianer.

»Und wie kann ich mir das vorstellen?«

»Trommeln«, antwortete er. »Und Flöte. Die Geister lieben die Musik.«

Ich sah ihn mit gerunzelter Stirn an.

»Gut, von mir aus«, sagte ich.

Er war ein wenig unsicher geworden. Das wollte ich nicht wirklich, denn er war vielleicht eine Chance für Annie.

»Weihrauch?«, fragte er.

»Auf keinen Fall Rauch«, sagte ich und hob abwehrend eine Hand. »Wegen der Beatmung.«

Er sah mich an, als hätte ich ihm gerade für eine Herztransplantation die Narkose verboten.

»Federn?«, fragte er.

»Wenn es nötig ist«, sagte ich.

»Winston-Schatz«, meldete sich jetzt Beverly. »Wie wäre es, wenn du uns allen einen schönen Kaffee bringen würdest, und ich passe inzwischen auf, dass Don Pedro alles richtig macht.«

Ich nickte und ging wieder in Richtung Küche.

Für mich war das Ganze einfach nur schrecklich. Einerseits hoffte ich, dass ein Wunder geschehen würde. Gleichzeitig glaubte ich nicht an Wunder, sondern nur an unerforschte Ursachen. Deshalb wünschte ich mir von ganzem Herzen, dass dieser Mann eine mir unbekannte Ursache für Annies Heilung wäre. Aber was ich vor meinen Augen sah und mit meinen Ohren hörte, bestärkte mich überhaupt nicht in dieser Hoffnung.

Beverlys Begleiter summte und sang in unserem Schlafzimmer herum, hämmerte auf seinen Trommeln und wedelte mit seiner Feder vor Annies Gesicht. Immer wieder streckte er die Hände nach oben und murmelte unverständliche Formeln. Ich fragte mich, warum all diese mysteriösen Dinge eigentlich immer »oben« sind und nicht neben uns oder unter uns. Statt Tabak

zu rauchen, kaute er ihn, was ich vom Abfallprodukt her keineswegs besser fand als Rauchen. Eigentlich war alles an diesem Abend eine Aneinanderreihung von Dingen, die ich normalerweise nicht einmal im Fernsehen angesehen hätte. Aber es war kein Fernsehprogramm, sondern eine Art letzter Strohhalm für Annies Gesundung.

Nach guten anderthalb Stunden war der Stadtschamane zum Ende gekommen.

»Und?«, fragte ich.

»Sie lebt noch.«

»Ach, wirklich?«

»Ihre Seele ist gefangen. Ich habe ihr den Weg gezeigt.«

»Sie haben Annie getroffen?«, fragte ich.

Er nickte.

»Hat sie etwas gesagt?«

Das war gerade einer der peinlichsten Momente meines Lebens. Ich erkundigte mich bei einem wildfremden Mann in Faschingskleidung, ob er mit meiner Frau kommuniziert hatte, neben der ich selbst seit Jahren lag und es nicht konnte. »Das ist wirklich sehr dumm«, sagte ich laut.

»Was denn?«, fragte Beverly.

Ich überlegte einen Moment. »Dass ich nicht selbst mit Annie sprechen kann.«

»Ich könnte Sie in Trance versetzen«, sagte der Schamane und sah mich dabei aufmunternd an.

»Mich?«, fragte ich. »Auf keinen Fall. Aber ich würde gerne wissen, was nun geschieht. Ob es Erfolg hatte oder so.«

»Wir müssen abwarten«, sagte er.

»Abwarten tue ich schon seit fast fünf Jahren«, sagte ich. »Was noch?«

»Die Götter arbeiten jetzt an ihr.«

»Die Götter«, sagte ich. »Verstehe.«

Nun waren es also Geister plus Götter. Und damit eindeutig zu viele Anwesende in unserem Schlafzimmer.

»Wie viel macht das?«, erkundigte ich mich.

»Winston-Schatz, Don Pedro arbeitet nicht für Geld«, sagte Beverly. »Er dient ganz allein dem großen Ganzen.«

»Das ist sehr großzügig. Aber es ist nicht richtig«, sagte ich.

»Warum?«

»Jeder muss von etwas leben.«

»Du kannst spenden«, schlug Beverly vor. »Ich nehme es entgegen, und dann gebe ich es ihm.«

Ich holte einen Geldschein, der in etwa meinem eigenen Satz für zwei Stunden Arbeit entsprach, und gab ihn Beverly, während der Mann seinen Koffer einräumte.

Sie lächelte mich an. »Wie sehr die Arbeit von Don Pedro wirkt, hängt auch davon ab, wie sehr sie freiwillig unterstützt wird.«

»Also gut. Wie viel verlangt das große Ganze?«

»Das liegt ganz in deinem Ermessen.«

»Himmel noch mal, wie viel denn nun?«, fragte ich.

»Viele geben gerne das Doppelte.«

»Danke!«

Ich bezahlte das Doppelte für das große Ganze, und Beverly machte sich mit ihrem schottischen Indianer auf den Heimweg.

Nachdem ich die Tür hinter ihnen geschlossen hatte, erwischten mich zwei Gefühlswellen gleichzeitig. Erleichterung, dass diese seltsamen Menschen endlich aus dem Haus waren. Und eine tiefe, verzweifelte Traurigkeit, dass es nichts genutzt hatte. Und im Hintergrund eine zusätzliche Traurigkeit darüber, dass ich nicht an diese Dinge glauben konnte, obwohl sie den Menschen, die daran glaubten, ganz offensichtlich Kraft und Zuversicht gaben. Völlig unwissenschaftliche Zuversicht, aber immerhin Zuversicht.

Ich ging zurück ins Schlafzimmer, wo Annie noch genauso dalag wie vor zwei Stunden und mithilfe der Maschine atmete.

»Es tut mir leid, Annie«, sagte ich. »Ich wusste nicht, was ich noch tun sollte.«

Es ist gut, sagte Annie in meinen Gedanken.

Aber irgendwie hatte sie die Stimme von Lizzie, der Schildkröte, und ich war mir nicht mehr sicher. In keiner Hinsicht mehr.

Was sich jenseits der Kontrolle befindet

★ 1:30 Minuten ohne Luft

Irgendwann in meinem nassen Blechsarg am Seegrund wurde mir bis in die Haarwurzeln bewusst, dass ich keinerlei Kontrolle mehr über das hatte, was mir gerade widerfuhr.

Beim Kontrolleverlieren gibt es mehrere Stufen. Die letzte ist, keine Kontrolle mehr über das zu haben, was mit den eigenen Gedanken geschieht. Davor gibt es eine sehr große Barriere, denn ein unkontrollierter Verstand ist vollständig wahnsinnig. Und das ist ein Zustand, den eine normale Persönlichkeit unbedingt vermeiden will.

Deshalb haben manche Menschen zum Beispiel Angst vor Meditation. Sie wissen nicht genau, was auf sie zukommt, und ihr Unterbewusstsein denkt: *Da wird etwas mit meinem Verstand gemacht, da werde ich manipuliert, da wird mir die Kontrolle genommen.* Anderen geht das so beim Thema Religion, wie ich selbst bestätigen kann. Mein Verstand denkt zum Beispiel: *Wenn ich mich auf dieses Zeug wirklich einlasse, wird mein ganzes Weltbild verdreht. Dann muss ich alle wissenschaftlichen Erkenntnisse aufgeben und stattdessen an ein unsachliches, kindliches Weltbild glauben. Ich kann nicht kontrollieren, wie sich das in meine Gedanken einschleichen wird. Am Ende bin ich einer dieser verrückten Spinner, die lächelnd und barfuß in Ledersandalen herumlaufen.*

Natürlich ist das in Wirklichkeit nicht so, denn jeder von uns hat seinen freien Willen und damit die Wahl, auf welche Weise er mit neuem Wissen umgeht. Wir können entscheiden, welche Mosaiksteine wir in unser Weltbild integrieren oder eben nicht.

Auf jeden Fall hatte ich seit dem Sturz in den See Schritt für Schritt alle Formen von Kontrolle verloren, die uns Menschen zu Menschen machen. Inklusive meiner Atmung und meiner Körperfunktionen. Im Außen war damit alles schon gelaufen. Jetzt begann es in meinem Kopf.

Die unvorstellbare Leichtigkeit
des Nichtseins

Wenn Sie sich alles angehört haben, was ich Ihnen ab jetzt berichte, wird anschließend vermutlich einer von drei Gedanken in Ihrem Kopf auftauchen: Winston ist komplett verrückt. Winston ist ein Engel. Winston ist der Christoph Kolumbus der Unterwasserunfallopfer. Ich kann Ihnen Ihre Entscheidung nicht abnehmen, aber ich lege alles ganz offen auf den Tisch, damit Sie sich Ihre Meinung bilden können.

Kurz nach meinem allerletzten Atemzug hörte der Kampf auf, und alles entspannte sich auf eine Weise, die ich nie zuvor erlebt hatte. Es ist ein kaum zu beschreibendes Erlebnis, aber ich versuche es trotzdem.

Wo immer Sie gerade sind, während Sie dies hier lesen, ist Ihr Dasein mühevoll, verglichen mit allem, was Sie nach dem allerletzten Atemzug erleben werden. Im Moment müssen Sie zum Beispiel noch atmen. Das ist Arbeit, selbst wenn Sie es nicht so empfinden, weil Sie sich daran gewöhnt haben. Ihr Körper sitzt oder liegt gerade irgendwo herum. Das ist ein Gewicht auf einer Unterlage, selbst wenn Sie die Unterlage bequem finden. Vielleicht haben Sie vorhin etwas gegessen. Das liegt nun in Ihrem Bauch, und Sie spüren es. Sie kennen es nicht anders, deshalb werden Sie vielleicht sagen: »Ich fühle mich prima so.« Das kann ich gut verstehen. Aber es gibt einen noch besseren, noch entspannteren Zustand. Und den erlebte ich gerade.

Nicht dass ich Ihnen raten würde, jetzt sofort in die Badewanne zu steigen, um es auszuprobieren, aber vielleicht werden Sie es später auch so erleben und sich dann ganz kurz erinnern: *Es*

ist tatsächlich, wie Winston es aufgeschrieben hat. Nur irgendwie noch besser.

Es gibt tolle Forschungen und Erklärungen zum Thema Sterben. Manche sagen, der Beginn des Vorgangs sei nur eine Art Traum, ähnlich wie manche Zustände im Koma. Und anschließend wäre dann einfach nichts. Ich habe ein Koma erlebt und kann Ihnen sagen: Koma ist nicht Sterben.

Andere behaupten, dass insbesondere die Berichte über Lichttunnel durch eine Art neuronale Kurzschlüsse produziert würden, also durch ein überladenes Nervensystem. Einige Kollegen aus der biochemischen Gehirnforschung sagen sogar, die Erlebnisse beim Sterben wären eine Art Drogentrip, hervorgerufen durch Mangelversorgung plus Stress im Gehirn. Aber das ist es auch nicht. Ich weiß, was ein Drogentrip ist, und sage Ihnen auch gerne, woher. Dann sind Sie ein wenig vorbereitet, falls Ihnen so etwas mal über den Weg läuft.

Wohin man reisen kann,
aber nicht sollte

Was ich Ihnen jetzt sage, weiß niemand außer Annie. Ich habe es als Geheimnis gehütet, weil es einen in den Augen der allermeisten Menschen sofort entwertet. Das Geheimnis lautet: Ich verfüge über Drogenerfahrung.

Und? Sehen Sie? Sie haben plötzlich ein ganz bestimmtes Bild im Kopf. Dro-gen-er-fah-rung! Ein einziges Wort – und Ihr Gehirn denkt an Menschen, die auf Pappkartons in Hauseingängen herumliegen, Geschwüre im Gesicht, faulende Zähne, bei der Polizei registriert, kein Geld, aber immer eine Waffe im Gürtel. Sie denken an Dealer, Schläger und Irrsinn, an ansteckenden Sex oder an weggeworfene Leben. Vielleicht denken Sie auch an das organisierte Verbrechen, und bei dieser Vorstellung überlegen Sie, dass Sie lieber nicht weiterdenken sollten, damit es Sie innerlich nicht in diese Welt hineinzieht oder gar jemand aus diesem Milieu plötzlich vor Ihrer Tür steht.

Unser Verstand ist wirklich faszinierend.

Aber ich kann Sie beruhigen, die Lage ist nicht ganz so schlimm, wie Sie vielleicht gerade denken. Ich hätte Ihnen auch nicht davon erzählt, wenn es nicht eine Rolle für das spielen würde, was nach meinem letzten Atemzug geschehen ist.

Während des Studiums wurde uns die Erforschung unseres eigenen Geistes nahegelegt, weil wir dadurch den Geist anderer besser verstehen könnten. Da ich meinen Geist seit meinen frühen Lebensjahren bereits in aller Ausführlichkeit erforscht hatte, war das für mich kein sonderliches Abenteuer mehr. Aber fünf Jahre auf dem Campus sind eine lange Zeit, in der man wunder-

bare neue Dinge ausprobieren kann, um sich nicht zu Tode zu langweilen.

Es gab da fünf Jungs in meinem Alter. Henry Watson, Eric Khan, Christopher Wells, Joshua Dixon und William Pearce. Letzterer hatte dieses Zeugs in die Runde gebracht und uns andere überzeugt, es auszuprobieren. Es ist flüssig, es ist braungrün, es stinkt wie Erbrochenes, und Sie haben keine Vorstellung davon, wie schrecklich es schmeckt.

Ich weiß nicht, wo Sie gerade sitzen oder liegen, und möchte Ihnen keine Unannehmlichkeiten bereiten. Stellen Sie sich einfach das Allerscheußlichste vor, das Sie jemals geschmeckt haben, und bewerten Sie es mit einer Zehn. Das, worüber wir sprechen, hat den Wert achtzig. Es schmeckt so übel, dass es keinen einzigen vernünftigen Grund gibt, auch nur einen Tropfen davon in den Mund zu nehmen. Es sei denn, man ist einundzwanzig und studiert Psychologie in Oxford.

Wir machten die Sache nicht auf dem Campus – so viel Verstand war uns immerhin geblieben. Henry Watson wohnte als Einziger schon immer in Oxford, und seine Eltern waren über ein verlängertes Wochenende nach London gefahren. Annie war bei ihren Eltern in Newcastle upon Tyne. Wir nannten so einen Zustand *Madhouse:* Irrenhaus. Sturmfreie Bude. Ein Ort, an dem man ungestraft tun konnte, was man wollte.

Das braungrüne Mittel wird traditionell in einfachen Wassergläsern überreicht. William Pearce hatte offenbar einen fernen Vorfahren in Brasilien, denn er fühlte sich immer ein wenig wie ein vergessener Indianer. Deshalb übernahm er ohne Gegenstimmen den Part des Mundschenks. Das richtige Wort ist nicht Mundschenk, sondern irgendein Begriff für einen indianischen Zeremonienmeister, den ich aber vergessen habe. Der Mundschenk blieb wach und hatte die Kontrolle über die Dosierungen bei den anderen.

Sie könnten sich jetzt fragen: *Warum macht Winston denn bei so etwas mit?* Darüber habe ich auch schon nachgedacht. Wissen Sie, wenn einer wie ich damals eine Einladung von einer bestehenden Gruppe bekam, war das etwas Besonderes. Da sagt man nicht spontan Nein. Freundschaften und Bekanntschaften zu haben ist als Student eine Art Währung. Wie viel man davon in der Tasche hat, bestimmt, wie entspannt man sich fühlt. Ich war überhaupt kein entspannter Typ, deshalb war das Angebot, in eine bestehende Verbindung aufgenommen zu werden, wie eine Ordensverleihung. Auch wenn ich nie verstanden habe, warum sie mich eingeladen hatten.

Das ging mir schon immer so – sobald mir jemand signalisiert, dass er mich mag, löst das in mir nur eine Art von Gefühl aus: Verwunderung. Und ein wenig Misstrauen. Ich frage mich dann, warum ausgerechnet ich und wofür. Weil ich aber seit dem Kindergarten leidvoll erfahren hatte, dass gemocht zu werden eine wertvolle Sache war, übte ich mich darin, es zumindest nicht abzuwehren.

Also stimmte ich zu, dass es eine prima Idee wäre, sich zu einem geheimen Ritual am Wochenende in der Wohnung der Familie Watson zu treffen. Und so saß ich auf einmal im Wohnzimmer von Henrys Eltern, in dem Sessel, in dem Vater Watson seine Fernsehabende verbrachte, und starrte auf eine Art blaues Minifass aus Plastik mit einem schwarzen Zapfhahn. Es sah aus wie ein Bierfass für Astronauten, und mein Kopf wollte ständig einen gelben Gefahrenaufkleber daraufkleben.

»Was ist das eigentlich ganz genau?«, fragte ich und deutete auf das Ding.

»Alles rein pflanzlich«, antwortete Henry Watson und tippte mit dem Finger auf den Plastikverschluss.

»Jahrtausende alt und x-fach bewährt«, sagte Chris und nahm einen Schluck Cola aus seiner Dose.

»Das ist Schlafmohn auch, und es gibt jedes Jahr hunderttausend Herointote«, sagte ich.

»Wir spritzen es ja nicht, wir trinken es nur«, sagte Eric Khan. »Völlig harmlos, und man wird auch nicht süchtig.«

»In Peru bekommen das sogar schon die Kinder«, sagte Joshua Dixon.

»Du warst mal in Peru?«, fragte ich.

»Hab ich gelesen«, sagte Joshua.

Ich muss zugeben, dass ich mich in etwa so fühlte, als würden wir gerade einen Bankraub vorbereiten oder ein Attentat auf den Premierminister planen oder Bauteile für Atomsprengköpfe schmuggeln. Etwas, weswegen ein paar Stunden später Männer mit schwarzen Sturmhauben, umhüllt von Tränengasschwaden, durch Fenster und Türen krachen, uns zu Boden werfen und abführen würden – sofern wir keinen Widerstand leisteten und nicht als Kollateralschaden erschossen würden. Allein die Aussage von Henry Watson, dass alles rein pflanzlich und ganz legal sei, hielt mich davon ab, in Panik aus dem Haus zu stürzen.

»Und warum genau machen wir das überhaupt?«, fragte ich.

»Weil wir die Tiefen unseres Gehirns erforschen«, erklärte Chris Wells und machte eine wirbelnde Handbewegung neben seinem Kopf. »Wir sehen nach, wie es in unserem Unterbewusstsein zugeht.«

»Das ist alles?«

»Dieses Zeug hier« – William Pearce klopfte mit den Knöcheln auf den Deckel des blauen Kanisters – »lässt einfach nur die übliche Trennwand zwischen deinem Verstand und dem ganzen Rest fallen.«

»Ach so?«, sagte ich. »Ich dachte, es wäre eine Droge.«

»Keinesfalls«, sagte Christopher Wells.

»Bei den Amazonasindianern ist es sogar eine heilige Medizin«, erklärte Joshua Dixon.

»Und woanders ebenfalls«, sagte Henry Watson.

Das Hintergrundwissen über die kulturellen Gepflogenheiten von Urwaldindianern schien jetzt irgendwie sein Limit erreicht zu haben.

»Na gut, dann los«, sagte ich.

Alles lief nach einer strengen Ordnung ab, was mich beruhigte. Neben jedem Sessel standen ein Eimer und eine Rolle Küchenpapier. Das allerdings verwunderte mich. Doch das Zeitfenster für Grundsatzfragen war inzwischen geschlossen. Einer schaltete das Licht aus; auf dem Tisch vor uns standen noch drei Kerzen, die genügend Licht spendeten, um zum Mundschenk vorzugehen und unsere Dosis abzuholen. Als ich dran war, zapfte William mit wichtiger Miene ein dreiviertel Glas der trüben Flüssigkeit, und ich ging mit einer Verbeugung der Dankbarkeit zurück zu meinem Stuhl.

Als alle versorgt waren und auf ihren Plätzen saßen, gab William ein Handzeichen, und jeder trank sein Glas auf Ex leer. Nur ich nicht, weil ich noch überlegte, was das Zeichen bedeutete und ob ich das hier wirklich wollte.

»Winston?«

»Bin so weit«, sagte ich und schüttete den Inhalt meines Glases hinunter.

Wie gesagt, es schmeckte über alle Maßen scheußlich, und ich begriff spontan den Sinn des Eimers neben mir. Aber ich wollte kein Weichei sein und zwang mich, alles bei mir zu behalten.

Nach dem Umtrunk saßen alle mit geschlossenen Augen in ihren Sesseln, und ich machte es ihnen nach. Aber es geschah absolut nichts. Ich wartete etwa fünf Minuten, dann blinzelte ich nach den anderen. Sie saßen noch immer regungslos da, also schloss ich meine Augen wieder und dachte, dass ich schon wieder einmal die Ausnahme war. Nicht einmal ordentlich Drogen nehmen konnte ich. Nach geschätzten zehn Minuten war ich

unendlich dankbar, dass es bei mir nicht wirkte, und beschloss, mich leise auf die Toilette zu verdrücken und auf meinem Handy E-Mails abzurufen.

Gerade als ich aufstehen wollte, setzte die Wirkung ein. So schlagartig, als hätte jemand einen Schalter umgelegt. Etwas griff nach meinem Gehirn und riss es aus meinem Kopf. Ich wollte, dass es drinbleibt, aber sobald ich versuchte, mich auf einen Gedanken zu konzentrieren, wurde mir so übel, dass ich ihn wieder losließ. Ich liebe meine Gedanken und die Tatsache, dass ich sie lenken kann. Sie sind mein Zuhause, meine Ordnung, meine Sicherheit. Eigentlich waren meine Gedanken das einzige wirklich wertvolle Geschenk in meinem Leben. Abgesehen von Annie natürlich. Mit der Einnahme des grünen Zeugs hatte ich es verraten und saß nun in einem Fernsehsessel, der älter war als ich selbst, und ließ mir von dieser Droge das Gehirn wegpusten. Auch wenn ich kaum noch einen zusammenhängenden Satz denken konnte, war mir eines klar: Falls ich diese Sache hier ohne Schaden überlebte, würde ich niemals wieder etwas auch nur ansehen, was entfernte Ähnlichkeit mit Drogen hatte. Aber dieser Beschluss half mir im Moment nicht aus dem Alptraum heraus.

Wir sind gleich bei meinem Tod, deshalb möchte ich mich hier kurzfassen. Nach dem Erlebnis mit dem schrecklichen Zeug weiß ich, woher manche Künstler ihre Ideen haben. Elefanten mit Spinnenbeinen, Wolfsmonster mit Fledermausohren, zerfließende Uhren, der reitende Tod, Hände, die nach einem greifen, kartenspielende Engel mit Clowngesichtern, Bäume auf Wolken, die eigentlich Häuser sind ... Eine praktisch unbegrenzte Menge alptraumhafter Motive, Bilder, Szenen, Formen, Farben, Wesen und Klänge schwebt tatsächlich um einen herum, in einer Art Himmel, in der man selbst ebenfalls so lange herumschwebt, wie das Zeugs in einem wirkt. Man muss absolut nichts tun, um all das

plötzlich im Kopf zu haben, und falls man ein Künstler wäre, müsste man es später nur noch zu Papier bringen oder sonst wie in seiner Kunst umsetzen. Es ist wie ein überquellender Wunderladen für kreative Bausteine, den man besucht, um sich kostenlos so viel abzuholen, wie man tragen kann. Ich denke, weil man nicht beliebig viel davon mitnehmen kann, besuchen manche Leute den Laden immer wieder.

Falls Sie jetzt darüber nachdenken, diesen Ort zu besuchen, kann ich Ihnen nur sagen: Tun Sie es bitte nicht! Es lohnt sich nicht, es ist ein einziger Alptraum, bei dem das Ende der beste Moment ist. Das Problem besteht darin, dass man, während die Sache läuft, keinerlei Kontrolle darüber hat. Obwohl ein Teil in meinem Kopf alles die ganze Zeit beobachtete, war doch jeder Wille, es anzuhalten, darüber nachzudenken oder mich gar zurückzuziehen, mit spontanem Brechreiz verbunden. Man kann es einfach nicht unterbrechen, ganz gleich, wie sehr man das auch will.

Nicht eine einzige Sekunde daran war für mich schön. Es war, als würde man in die Gehirne aller Irren dieser Erde gleichzeitig hineinblicken. Man versteht dabei zwar eine Menge, aber der Preis ist der Schaden, den es im eigenen Kopf hinterlässt. Falls Sie das Glück suchen, sind Drogen meiner Erfahrung nach nicht der richtige Weg. Da gibt es Klügeres.

Das Klügere

Das Folgende ist ganz einfach, und es ist keine wissenschaftliche Untersuchung vieler Menschen, sondern eine persönliche Untersuchung von über dreißig Jahren notiertem Winstonleben. Vielleicht stellen Sie fest, dass es bei Ihnen auch so ist – dann hätten wir uns viele komplizierte Statistiken gespart und einen einfachen Schlüssel gefunden.

Mich hat lange die Frage beschäftigt, was man jemandem raten könnte, der sich nach mehr Glück sehnt. Würde mich jemand fragen, was das größte Glück meines Lebens war, hätte ich ohne eine Sekunde zu zögern gesagt: Annie. Ich liebte sie über alles, und immer, wenn ich an sie dachte, war ich glücklich. Wenn ich also Annie so liebe und sie mein ganzes Glück ist, stellt sich sofort die Frage, wie Liebe und Glück zusammenhängen. Logisch, oder? Vielleicht ist es ja irgendwie gekoppelt. Wenn ja, sollte man das wissen.

Ich persönlich finde es gut, die Frage wenigstens einmal bis zum Ende zu durchdenken. Unser Leben dauert vielleicht achtzig Jahre oder mehr, und wenn wir in ein paar Minuten etwas erkennen können, das diese Jahre besser macht – warum nicht?

Wenn ich mit einer wichtigen Überlegung bis zu einer bestimmten Stelle gekommen war, fragte ich – wie Sie schon wissen – gerne Annie, was sie davon hielt. Es ist wichtig, seine Erkenntnisse kritisch mit jemandem abzugleichen, denn unser Gehirn hat die Tendenz, eine private Idee zu verallgemeinern und zu glauben, man hätte den Stein der Weisen gefunden. Anders ausgedrückt neigt unser Gehirn ab und zu ein wenig zum Größenwahn, weshalb es gut ist, sich mit jemandem auszutau-

schen, der einen wieder zurück auf den Boden holt. Oder wissenschaftlich formuliert: Man sollte seine Erkenntnis einer Diskussion aussetzen. Wenn sie standhalten kann, ist man auf einem guten Weg.

»Annie, ich brauche deine Hilfe«, sagte ich eines Tages. Ich erinnere mich, dass wir im Keller in der Waschküche standen und Annie Handtücher zusammenlegte, während ich mit meinem Notebook in der Hand daneben stand und ihr zusah.

»Ich brauche deine auch«, sagte Annie. »Du könntest die Wäsche falten.«

Ich legte das Notebook beiseite und griff mir ein Küchenhandtuch. Ich bin gut im Falten, weil ich die Maße unserer Schrankbretter im Kopf habe und weiß, wo jedes Handtuch am Ende landen wird.

»Es geht um das Glück«, sagte ich und zupfte das Handtuch glatt.

»Schon wieder?«, fragte sie. Aber ich wusste, dass sie nicht genervt war, sondern mich nur ein wenig aufziehen wollte.

»Immer noch«, sagte ich. »Aber ich komme voran.«

»Und wo stehst du gerade?«

»Ich glaube, das Thema ist deshalb so verwirrend, weil es in Wahrheit ein kleines Glück und ein großes Glück gibt und man beide nicht in einen Topf werfen darf.«

»Das habe ich ja noch nie gehört«, sagte Annie.

»Es ist nicht brandneu, aber es so zu nennen ist meine Erfindung«, sagte ich. »Das macht alles viel einfacher.«

»Und was bedeutet es konkret?«

Ich spürte genau, wenn Annie vorsichtig reagierte, und fand das prima an ihr. Sie war mein Maßstab dafür, ob ich eine Sache richtig erklären konnte und ob sie interessant genug war.

»Das kleine Glück kann durch alles Mögliche erzeugt werden«, sagte ich. »Ein Lob. Zwei Bier. Drei Schokoladenmuffins.

Selbst wenn man für einen Tag nicht in die Arbeit muss, kann sich das wie ein kleines Glück anfühlen. Aber das kleine Glück braucht diese Dinge immer mehr. Nach einem Monat braucht man drei Lobe, vier Biere und fünf Muffins. Und noch einen Monat später hilft auch das nichts mehr. Es fühlt sich an, als versuchte man, ein Blinklicht zu einem Dauerlicht zu machen, indem man immer schneller auf den Schalter drückt. Am Ende wird das einfach nur anstrengend und frustrierend.«

Ich neige dazu, mit dem Arbeiten aufzuhören, wenn ich über etwas nachdenke. Weil das aber fast immer der Fall ist, nahm Annie keine besondere Rücksicht darauf. Sie drückte mir ein halbes Dutzend Küchenhandtücher in die Arme.

»Das klingt sehr einleuchtend«, sagte sie. »Aber was nützt es, das zu wissen?«

»Dass man sich rechtzeitig um das große Glück kümmern kann, ehe man durch die Jagd nach den vielen kleinen Glücks depressiv wird.«

»Und was ist dieses große Glück?«, fragte Annie und deutete gleichzeitig auf die Handtücher, um mich daran zu erinnern, was ich zu tun hatte.

Ich dachte kurz an den Küchenoberschrank und dass sein Brett sechsundzwanzig Zentimeter tief war, was genau elf Karos auf einem Handtuch entsprach.

»Das große Glück entsteht, wenn ich etwas tun kann, das ich sehr liebe«, sagte ich und faltete ein Handtuch entlang seiner elften Karoreihe.

»Manche Menschen würden sagen, sie lieben es, Schokomuffins zu essen«, sagte Annie. »Aber das wäre dennoch das kleine Glück.«

»Gut, dann genauer«, sagte ich. »Das große Glück entsteht, wenn ich Zielen und Lebenswerten folgen kann, die ich sehr liebe.«

»So versteht man es«, sagte Annie und packte meinen Stapel gefalteter Handtücher in den Wäschekorb.

»Das Tolle am großen Glück ist, dass es sich nicht abnutzt, wenn mehr davon kommt, weil man es so sehr mag, dass man es immerzu in seinem Leben haben möchte.«

»Dann ist es wie Liebe«, sagte Annie und legte ihren Stapel gelbe Duschhandtücher in den Korb.

Ich starrte sie an. Annie, mein Laserpointer.

»Was guckst du so?«, fragte sie.

»Du bist ein wirklich großer Schatz.«

»Danke. Warum?«

»Weil es stimmt, dass das große Lebensglück mit Liebe zusammenhängt«, sagte ich. »Wenn wir tun, was wir lieben, spüren wir ein Glück, für das wir sonst nichts brauchen.«

»Prima«, sagte Annie. »Und jetzt die Bettlaken.«

Wäsche zusammenzulegen ist für mich persönlich kein Baustein zum Glück. Mit Annie zusammen zu sein aber immer. Deshalb ist Wäschefalten mit Annie im Keller insgesamt ein Stück vom großen Glück.

Winstons Flash #39 | Die zwei Glücks für ein gutes Leben

Es gibt zwei Arten von Glück im Leben. Das kleine Glück ist ein Ergebnis von vorübergehenden Effekten, die sich im Laufe der Zeit auch abnützen können. Das große Glück ist ein Ergebnis von Liebe zu etwas – idealerweise zum eigenen Leben und zu dem, was man tut. Es nutzt sich niemals ab, ganz gleich, wie viel man sich davon gibt.

Mein letzter Moment

Was geschieht eigentlich, wenn man stirbt? Und was danach? Ist man dann glücklich oder eher verzweifelt? Vermisst man etwas, oder vermisst man endlich nichts mehr? Geht es einem gut oder nicht? Oder ist man vielleicht gar nichts mehr?

Ich fand das schon immer ein extrem spannendes Thema, weil es die Frage beantwortet, was wir wirklich sind. Viele würden vielleicht sagen: »Ich bin ganz einfach das, was hier steht, und sonst nichts. Fertig. Aus.«

Dann würde ich darum bitten, die eigene Hand anzusehen und sich zu fragen, ob man diese Hand ist. Und der Fertig-Aus-Mensch würde vielleicht sagen: »Klar bin ich auch meine Hand.«

Und dann – bitte verzeihen Sie meine schonungslose Art – würde ich darum bitten, sich vorzustellen, die Hand wäre ab. Wegen eines Unfalls zum Beispiel. Bin ich noch ich, wenn meine Hand ab ist?

»Klar doch«, würde der Fertig-Aus-Mensch vielleicht sagen. Und damit hätte ich ihn in auf dem wundervollen, über zweitausend Jahre alten, hochphilosophischen Spielfeld. Denn das wäre der Beweis, dass er nicht seine Hand ist, so wie er es gerade behauptet hat. Jetzt könnte ich in Ruhe weitermachen: Wie viel von dem, was ich glaube zu sein, könnte wegfallen, und ich wäre trotzdem immer noch ich?

Beide Arme? (Ja) Beide Beine? (Ja) Wir machen jetzt lieber nicht weiter, Sie verstehen das Prinzip. Bin ich tatsächlich nur die Summe meiner Körperteile? Oder umgekehrt: Bliebe etwas von mir übrig, wenn theoretisch der ganze Körper weg wäre?

Bei einem Regenwurm, der gerade von einer Amsel verschluckt wurde, wäre meine Antwort klar: Nichts bleibt von ihm übrig, sein Regenwurmloch ist einfach leer. Bei einem Huhn würde ich ebenfalls antworten: Nichts bleibt übrig, der Stall ist einfach um ein Huhn leerer.

Aber ist das ganz sicher auch so mit einem Menschen? Bleibt absolut nichts von einer geliebten Person übrig, wenn ihr biologischer Körper gestorben ist? Da war ich mir plötzlich nicht mehr so sicher. Keine Ahnung, warum.

Ein Ergebnis der Philosophie lautet jedenfalls: So lange ich denke, bin ich. Denken kann ich aber nur, so lange mein Gehirn funktioniert und damit auch mein Körper lebt. Oder?

Gleich würde ich es erfahren. Bis zu dem Moment, um den es jetzt geht, hatte ich die Theorie entwickelt, dass unser Leben in den letzten Sekunden exakt so ablaufen würde wie in den ersten, nur rückwärts. Ein Kind kommt zur Welt und ringt dabei um seinen ersten Atemzug. Ein Mensch stirbt und ringt dabei um seinen letzten Atemzug. Zwischen diesen beiden Zeitpunkten liegen bei einem mitteleuropäischen Menschen statistisch gesehen etwa siebenhundertfünfzig Millionen Atemzüge. Da kann viel passieren, aber die größte Bedeutung haben dennoch der erste und der letzte, denn sie rahmen sozusagen das Leben ein.

Ein Kind in seinen ersten Minuten ist hilflos, schwach und schutzbedürftig, ein Mensch in seinen letzten Minuten ebenso. Das Kind kommt von einer dunklen Umgebung in eine helle. Der Sterbende geht von einer hellen Umgebung in eine dunkle. Das Kind wird von den Menschen im Raum begrüßt. Der Sterbende wird von den Menschen im Raum verabschiedet. Wie am Anfang hat man am Ende meist keine Zähne, bekommt vielleicht weiche Nahrung, Windeln und Pflege. Es gibt auffällig viele Ähnlichkeiten zwischen Anfang und Ende, aber ich hatte nie genug Zeit gehabt, das näher zu erforschen.

Jetzt gerade fiel mir nur auf, dass ein Kind kurz vor seiner Geburt in einer geschlossenen Umgebung im Wasser schwimmt und anschließend in die Luftumgebung kommt. Und dass ich gerade aus einer Luftumgebung kam und kurz nach meinem Tod im Wasser schwamm.

Das war so ziemlich der letzte normale Gedanke, ehe ich damit begann zu sterben.

Dunkel

★ 2:15 Minuten ohne Luft

Es gibt einen bemerkenswerten Unterschied zwischen ohnmächtig werden und sterben. Wenn man ohnmächtig wird, wird es dunkel. Man wird buchstäblich ausgeknipst und hat danach keinerlei Erlebnisse. Irgendwann wacht man wieder auf und kann sich an nichts erinnern. Wenn man hingegen stirbt, hat man viele Erlebnisse, und es wird nicht einfach nur dunkel. Das Licht geht nur ganz am Anfang aus, dann wird es wieder hell. Ich vermute, dass die Meldungen der Sinnesorgane an unser Gehirn unterbrochen werden, dass die äußere Welt ausgeknipst wird und dass wir deshalb erst einmal Stille und Schwärze erleben. Doch nach der Dunkelphase beginnt eine unglaubliche innere Reise. Ich kann Ihnen hier über eine ziemliche Wegstrecke berichten und sicher sagen: Es ist nicht einfach nur schwarz und Schluss. Ich glaube, niemand, der dem Tod kurz begegnet ist, lügt, wenn er erzählt, dass es einfach nur schwarz und still war. Möglicherweise ist die Person aber nicht weit genug gereist, um das Licht hinter dem Dunkel zu erleben. Ich kann da kein Urteil abgeben, ich kann Ihnen nur meine Erlebnisse beschreiben.

Aber der Reihe nach. Ehe es dunkel wird, lebt man noch ein wenig, und es wird einem bewusst, dass damit jetzt gerade Schluss ist. Diese Erkenntnis erzeugte in mir einen Anfall nie zuvor erlebter Panik. Sie schoss wie ein Blitz in mein Herz und von dort, wie Funkenflug am Lagerfeuer, weiter in meinen Kopf.

Außerhalb von Winston

★ 2:30 Minuten ohne Luft

Als hätte ein Hackmesser den Kopf der Panik mit einem Schlag abgetrennt, wurde es plötzlich ganz still. Ich schwebte noch immer schräg über meinem Fahrersitz und glotzte. Ein schöneres Wort finde ich leider nicht, weil mein Aussehen bestimmt etwas Dämliches an sich hatte – in etwa wie jemand, der mit heruntergeklapptem Kinn grüne Froschwesen dabei beobachtet, wie sie aus ihrem Raumschiff steigen und zur Begrüßung mit einem Sixpack Bier winken. Ich glotzte ohne einen Gedanken im Kopf, weil ich das, was ich gerade erlebte, noch nie zuvor erlebt hatte.

Der Wagen war jetzt randvoll mit Wasser, aber ich musste die Luft nicht mehr anhalten. Als ich bemerkte, dass der Atemreflex verschwunden war, bekam ich eine Art Schreck. Um einen richtigen Schreck zu bekommen, braucht man seinen Körper mit dem Herzen, in dem sich der Schreck abspielt. Aber ich bekam einen Schreck und spürte gar nichts in meiner Brust. Das Wasser des Sees hatte meine Lunge bis in den letzten Winkel ausgefüllt, und es gab keinen Reflex mehr, nach Luft zu schnappen. Meine Arme und Beine zuckten ebenfalls nicht mehr. Seltsamerweise war ich irgendwie noch immer da und fühlte mich hellwach. Ich konnte denken und wusste auch, dass ich gerade starb.

Ach, so ist das, dachte ich. *Gar nicht so schlimm, wie ich es mir vorgestellt habe.*

Ich sah noch Licht vor mir, aber ich wusste nicht, ob ich es mir einbildete oder ob die kleine Kathedrale von den Autoscheinwerfern kam. Also beugte ich mich ein Stück nach vorn, so wie ein Beifahrer, der an der Kreuzung nachsieht, ob links frei

ist. Obwohl ich eigentlich tot war, klappte es so leicht, als würde ich schweben. Das überraschte mich, und vor Schreck lehnte ich mich nach hinten zurück. Doch das erwartete Gefühl, in den Sitz zu sinken, kam nicht. Eigentlich kam überhaupt kein Gefühl auf. Ich beugte mich noch mal nach vorn, und plötzlich war ich in der Frontscheibe. Nicht draußen, nicht drinnen, sondern mitten in der Scheibe. Mein Kopf hing über den Scheibenwischern, während sich mein Unterkörper noch im Wagen befand.

Sie könnten mich jetzt fragen: »Hey, Winston, was haben Sie gedacht, als Sie das bemerkten?« Und ich würde Ihnen antworten: »Gar nichts.« Man denkt nicht darüber nach. Ich glaube, ich weiß auch, warum. Zum Nachdenken brauchen wir unser waches Gehirn. Aber in Situationen wie dieser ist es nicht mehr wach, folglich können wir auch nicht mehr in Ruhe grübeln.

Endlich konnte ich aussteigen. Ich beugte mich wieder nach vorn und hörte einfach nicht auf damit, bis ich plötzlich draußen war. Ein Scheinwerfer des Peugeots erhellte tatsächlich noch den grünen Schleim. Der andere war erloschen. Ich bewegte mich bis zum vorderen Rand der Motorhaube und betrachtete die Schlingpflanzen unter mir. Mich interessierte, ob sie tatsächlich das ganze Auto eingehüllt hatten, also drehte ich mich um. Und da passierte es.

Ich sah den Mann im Wagen. Bleich wie eine Porzellanpuppe, vom gelblichen Licht der Innenbeleuchtung fahl beschienen, die Augen aufgerissen, der Mund seltsamerweise nur einen Spalt breit offen. Die Hände schwebten neben dem Körper wie die Arme von Pinocchio beim ersten Versuch seines Vaters, ihm das Laufen beizubringen. Mir war nicht klar, wer dieser Mann war, und die ganze Situation wirkte überaus befremdlich. Wie kam ein Auto an diesen Ort? Wie kam ich zu diesem Auto?

Die Verwunderung ist ein Zustand, in dem nur Fragen da sind, keine Antworten. Ich fand das immer toll, denn mein Kopf

fühlte sich während der Verwunderung frei und leicht an. Wenn jemand viele Probleme hat und einfach nicht aufhören kann zu denken, würde ich ihm raten, er solle Dinge tun oder Orte besuchen, die ihn verwundern. Nach Disneyland oder auf ein Riesenrad oder in ein Glasboot über einem Korallenriff oder in ein Kloster in Tibet oder was auch immer. Solche Erlebnisse wirken wie Heilsalbe auf unser Gehirn. Aber wer macht das schon, wenn er gerade wichtige Probleme hat?

Eingehüllt in meine Verwunderung beugte ich mich zu dem Mann hin. Einen Moment lang dachte ich, er könnte tot sein, aber ich wusste nicht, wie Totsein aussieht. Plötzlich hatte ich das Bild einer Forelle im Supermarkt vor mir: offene, trübe, leblose Augen. Wie dieser Mann. So sah ein Toter aus.

Ich wogte sanft vor dem Auto hin und her wie eine grenzenlose Wolke aus Plankton in der Meeresbrandung. Wie von selbst wanderte mein Blick nach oben zur Wasseroberfläche. Hätte ich noch einen Kopf gehabt, so hätte ich ihn jetzt ganz sicher ungläubig geschüttelt.

Drei

★ --:-- (keine Ahnung, welche Minute ohne Luft)

Ich mag ja Zahlen gerne, weil sie mir Sicherheit geben. Sie sprechen zu mir und beruhigen mich. Ich kann mit einer ordentlichen Zahl mehr anfangen, als wenn mir jemand seine Meinung über etwas sagt.

Aber Zahlen können auch Angst machen.

In einer Sekunde sterben auf der Erde zwei Menschen. Das klingt schlimm. Gleichzeitig werden in derselben Sekunde vier Menschen geboren. Ich weiß nicht, ob ich das schön oder ebenfalls schlimm finden soll. Alle vier Sekunden stirbt eine Person an Hunger. Das ist definitiv schlimm. Eins, zwei und vier, das klingt nach kleinen Zahlen, aber die Wahrheit dahinter ist riesig. Insofern kann man nicht sagen, dass Zahlen einfach nur Ziffern ohne Wirkung sind. Wenn man weiß, wofür sie stehen, haben sie eine Bedeutung.

Sie können uns motivieren, zum Beispiel, wenn man weiß, dass man eine schwierige Aufgabe bereits zu neunzig Prozent geschafft hat. Wüsste man das nicht, könnte es sein, dass man die Lust verliert und schließlich ein Prozent vor dem Ziel aufgibt. Aber mit einer Zahl, die einem sagt, wo man sich gerade befindet, hält man durch. Und am Ende hat man etwas geschafft, was man ohne die Zahl vielleicht nicht geschafft hätte.

Zahlen können uns aber auch demotivieren. Ich habe herausgefunden, dass es vielen Frauen um die vierzig schlechte Laune bereitet, wenn sie nach ihrem Alter gefragt werden. Obwohl es nichts weiter als eine Zahl ist. Würde man sagen: »Liebe Victoria Whiterose, ich sehe, Sie haben neunundvierzig Diamanten in

Ihrer wundervollen Kette. Wie schön!«, so würde sich Frau Whiterose wahrscheinlich freuen. Sagt man hingegen: »Liebe Frau Whiterose, ich habe erfahren, dass Sie neunundvierzig Jahre alt sind. Wie schön!«, dann könnte man eine andere Reaktion bekommen. Oder man fragt, wie viel Kilo jemand wiegt oder wie viele Arbeitsplätze er bislang schon hatte. Oder wie viele Überstunden er vor sich herschiebt oder seine wievielte Ehe das gerade ist. Oder man fragt, wie in meinem Fall mit der Nuss im Kopf, wie viele Wochen jemand noch zu leben hat.

Ohne die Prophezeiung, dass ich nur noch sechs Wochen hätte, wäre ich vielleicht niemals nach Schottland gefahren und folglich auch nicht in den See gefallen. Sechs! Eine kleine Zahl ist oft eine große Wahrheit in einer kompakten Form. Und man weiß nie, was sie mit einem macht.

Manche Zahlen können uns auch überraschen, manchmal so sehr, dass wir uns am liebsten gegen die Stirn klatschen würden, weil wir es nicht früher erkannt haben.

Drei zum Beispiel. Vom Wagendach des Peugeots bis zur Wasseroberfläche waren es nur drei Meter. Eine lächerliche Tiefe, etwas, das Jungs im Hallenbad als Tauchspiel trainieren. Einen Gummiring reinwerfen, hinterherspringen, nach unten strampeln, das Ding greifen und sich nach oben abstoßen. Fertig. Drei Meter sind nichts. Andererseits habe ich gehört, dass Leute in ihrer eigenen Badewanne ertrunken sind, keine Handbreit Wasser über dem Gesicht.

Sie hätten also recht, wenn Sie denken, dass die Tiefe keine Rolle dabei spielt, ob man stirbt. Dennoch war es für mich eine große Überraschung zu entdecken, dass sich nur lächerliche drei Meter Wasser über dem Wagen befanden.

Ich blickte nach oben und sah das Mondlicht auf der Wasseroberfläche schimmern. Im selben Moment erlosch der Autoscheinwerfer, und als ich zurückblickte, war der ganze Wagen

verschwunden. Die restliche Elektrik war ausgefallen, und die Dunkelheit hatte das Auto verschluckt. Alles um mich herum war jetzt schwarz, bis auf das Mondlicht.

Ich habe noch nie verstanden, warum manche Menschen so einen Kult um den Mond machen. Für mich war es immer nur ein toter Riesenstein, der das Sonnenlicht reflektiert, und falls man bei Vollmond nicht gut schlafen kann, liegt das vor allem daran, dass man keine vernünftigen Jalousien hat. Dachte ich.

Doch jetzt gerade zog mich dieses Licht wie magisch an. Ich erinnerte mich kurz, dass ich weiter unten im Wagen einen Mann sitzen gesehen hatte, und fragte mich, ob es etwas zu tun gäbe. Und plötzlich wurde mir klar: Dieser Mann war ich. Und mit dieser Erkenntnis setzte der Sog ein.

Winstons Flash #40 | Eine Wahrheit über Zahlen und das gute Leben

Alle Welt blickt ständig auf Zahlen, deshalb vermutet unser Unterbewusstsein, sie wären wichtig, und verknüpft unser Lebensgefühl mit einigen davon.

Eine Zahl ist oft eine Wahrheit. Sie kann aber auch ein Irrtum sein, der sich als Wahrheit verkleidet hat; oder eine Belanglosigkeit, die sich gerade wichtigmacht; oder einfach nur eine Momentaufnahme, die in Kürze völlig unwahr ist.

Wenn wir Zahlen über uns und unser Leben hören, sollten wir gut auswählen, welchen davon wir Bedeutung geben – am besten nur denen, auf die wir Einfluss haben und die uns helfen voranzukommen.

Hinter der Wand

★ 00:00 (irgendwann)

Man hört ja oft von diesem Lichttunnel, in dem die lieben Verstorbenen einen begrüßen.

Meine Erfahrung ist, dass es einen solchen Tunnel gibt, auch wenn ich ihn nicht Tunnel nennen würde, denn das suggeriert, es wäre außen herum dunkel. Es ist einfach nur hell. Heller als alles, was ich jemals erlebt habe. Es ist, als würde man im grellen Schein eines Flutlichts auf die noch hellere Lampe im Zentrum des Flutlichts zuschweben, eingehüllt in Licht von allen Seiten. Alles ist so hell, dass es einen selbst voll und ganz durchdringt.

Eine ganze Zeitlang schwebt man zwischen zwei Welten. Die eine zieht einen nach oben oder vorn oder wo immer dieses Licht auch ist. Die andere Kraft ist wie ein Gummiband. Fast. Eigentlich ist es eine Art Schnur – wie aus silbernem Mondlicht. Sie zieht einen zurück zu dem Ort, an dem der biologische Körper liegt.

Falls Sie es anders erlebt haben, glaube ich Ihnen das voll und ganz, aber ich für meinen Teil habe es genau so erlebt. Ich hing wie ein Astronaut an einer gefühlten dünnen Schnur und schwebte im Lichtall umher, zunächst schwerelos und orientierungslos, dann von einer seltsamen saugenden Kraft irgendwo weit draußen erfasst, die mich zu sich ziehen wollte. Das Ganze beschleunigte sich zusehends.

Es gibt eine Reihe Erklärungen für diese Erlebnisse, die vor allem auf dem üblen Zustand unseres Gehirns während des Sterbens aufbauen: Sauerstoffmangel, periphere Ausfälle, körpereigene Halluzinogene, die eine Art Drogentrip erzeugen. Viele

sagen, das alles wäre sozusagen Einbildung. Ich fand das immer vollkommen einleuchtend. Eine Tatsache spricht jedoch dafür, dass dies alles keine Einbildung ist: Wenn man sich selbst von außen sehen kann, kann man sich logischerweise nicht im selben Moment im eigenen Kopf oder Körper befinden. Richtig? Das ist nach allen Gesetzen der Physik nicht möglich. Wenn man aber nicht im eigenen Kopf oder Körper ist, kann das ganze Erlebnis auch keine Simulation des Gehirns sein, denn das Gehirn befindet sich ja noch immer in dem Kopf, den man gerade von außerhalb ansieht.

Besser kann ich es nicht beschreiben, denn Sie und ich befinden uns in diesem Moment gerade innerhalb unserer Gehirne, die sich nicht vorstellen können, wie es außerhalb von uns ist. Es kann einen ganz verrückt machen, viel darüber nachzudenken, wenn man es noch nicht erlebt hat.

Falls Sie es sich merken möchten, für später vielleicht, würde ich es so ausdrücken:

Winstons Flash #41 | Was hinter einem Ende ist

Die Idee, es gäbe irgendwo für irgendetwas ein Ende, ist eine Illusion unseres Gehirns. Am Ende gibt es kein Ende. Weil nichts im Universum auch nur für einen Sekundenbruchteil stillsteht. Und weil nichts im Universum jemals verloren geht, sondern immer nur seinen Zustand wechselt.

So wie wir. Am Ende wird es nicht einfach schwarz und der Film ist aus. Das gibt es nur ganz kurz, so als würde man bei einem uralten Fernseher das Programm umschalten. Danach beginnt die Weiterreise, der Wechsel der Form. Man denkt, es wäre schrecklich, weil man in der Welt so viel Liebgewordenes zurücklässt. Aber so ist es nicht. In Wahrheit werden wir zu einem Astronauten auf Außenmission, der in einem Meer aus Glückseligkeit schwimmen darf und endlich nichts mehr zu erledigen hat. Und dann lässt uns auch die Sicherungsleine los, und wir baden in der Unendlichkeit.

Warum fühlt sich das Ende eigentlich an, als würde man abgeholt?

★ 0

Das also ist der Tod. Ich verstehe, dass er oft wie eine Person dargestellt wird. Man steht ihm tatsächlich irgendwie gegenüber und muss ihm nachgeben. Niemand kann sich einfach umdrehen und sagen: »Ich habe keine Zeit für dich.« Weder geht man zu ihm, noch rennt man weg, und diskutieren kann man auch nicht. Dieser Tod holt einen tatsächlich zu sich, als hätte er einen stummen, magischen Sauger. Das ist echt seltsam.

Es gibt diesen Moment, da ist das Ringen mit dem Thema Tod vorbei. Aber davor, solange man noch lebt, ist es wirklich ein Kampf. Nein, ich will nicht, nein, ich schaffe es, nein, das darf nicht sein, es ist noch nicht so weit! Doch – Blitz – viel schneller, als man denkt, ist dieser letzte Kampf gekämpft.

Es ist ein wenig so, als würde man vor Gericht stehen, und nach wochen- oder monatelanger Verhandlung kommt der Moment, in dem der Richter sagt: »Ich komme jetzt zur Urteilsverkündung.« Man will rufen: »Nein, es ist nicht alles gesagt, fällen Sie das Urteil noch nicht! Warten Sie! Es fehlen noch wichtige Fakten, es ist ungerecht, es ist zu früh.«

Sie möchten einfach noch weiter in diesem warmen Gerichtssaal bleiben, denn solange Sie hier sitzen, ist noch alles möglich. Doch die Zeit dafür, etwas aufzuhalten, ist abgelaufen, und die Zeit dafür, etwas Unvermeidliches anzunehmen, ist gekommen. Ein klein wenig hoffen Sie, dass es zu Ihren Gunsten ausgehen wird, dass man Sie ins Leben zurücklässt. In diesen wenigen Sekunden geben Sie all Ihre Hoffnung in die Hände der Ge-

schworenen und des Richters oder in die Hände des Himmels. Und während Sie das tun, wird es ganz ruhig.

 **Winstons Flash #42 | Ganz oben ist es wortlos**

Es gibt ein Wissen, das man mit Worten genau beschreiben kann, und ein Wissen, das man mit Worten höchstens einkreisen kann. Wenn es um die ganz großen Erfahrungen im Leben geht, kann man es nur einkreisen oder einfach still für sich selbst erleben. Aber das ist vielleicht auch das Schöne daran.

Warum der Tod wohl eine Sense hat

Warum hat der Tod auf vielen Bildern eine Sense? Das habe ich nie verstanden. Weil er uns abmäht? Von der Erde trennt? Die Wurzeln kappt? Das Nachfließen des Lebens in den Körper abschneidet? Er könnte ja auch einen Knüppel haben oder einen Hammer oder was auch immer.

Eine Sense durchschneidet etwas. Ich denke, ich habe gesehen, was es ist. Ich hing bis zum letzten Moment an diesem gefühlten dünnen Faden, der mich mit dem Körper da unten im Auto verband. Wie ein dünner Lichtfaden aus Leben. Ich spürte, dass mein Tod genau ab dem Moment unumkehrbar war, in dem dieser Faden abreißen würde.

Mein letztes Bild war Annie. Wenn mein Faden zerriss, würde sie ganz allein zurückbleiben. Dabei hatte ich ihr doch versprochen, mich immer um sie zu kümmern. Wenn der Faden riss, hätte ich mein Versprechen gebrochen.

Das war unerträglich.

Annie

Ich könnte nicht sagen, wie weit ich inzwischen vom Auto und meinem Körper entfernt war. Ich wusste nicht einmal, ob ich schon über oder noch unter Wasser schwebte, als ich plötzlich Annies Gegenwart spürte. Ich konnte schon immer ihr wohlwollendes Lächeln fühlen, selbst wenn sie hinter mir stand. Ihre Liebe kribbelt dann an mir hinunter, als würde ein duftender Tropfen warmen Öls meine Wirbelsäule hinabgleiten.

Annie war hier, daran hatte ich keinen Zweifel, auch wenn ich vor lauter Licht nichts sehen konnte. Ich versuchte, etwas zu sagen, musste aber feststellen, dass es nicht ging, weil ich keinen Mund mehr hatte. Also dachte ich es einfach.

Sind wir jetzt beide tot, Annie?, fragte ich in die hellste Stelle hinein.

Nein, Winston, sagte Annies Stimme in meinem Kopf.

Also lebst du?

Sie mögen die Frage seltsam finden, aber ich habe Annie fast fünf Jahre lang gepflegt, ohne mir absolut sicher zu sein, dass sie wirklich noch lebte. Ja, ich habe immer daran geglaubt, doch wenn ich ehrlich bin, habe ich es nicht gewusst.

Annie antwortete nicht auf meine Frage, was ich als ziemlich schlechtes Zeichen ansah. Stattdessen zog mich etwas von hinten nach oben. Vielleicht kennen Sie das Gefühl, wenn Sie mit jemandem unterwegs sind und sich kurz aus den Augen verlieren, zum Beispiel in einem Menschengewühl oder in einem Kaufhaus. Für kurze Zeit ahnen Sie noch, wo der andere ungefähr sein könnte – als würde ein unsichtbarer Scanner in Ihrem

Kopf die Umgebung sondieren und die Anwesenheit des anderen wahrnehmen, selbst wenn Ihre Augen ihn im Moment nicht finden können. Falls Sie so etwas kennen, wissen Sie, wie es mir gerade erging. Ich schwebte geblendet in einer Lichtflut umher, in der ich Annies Anwesenheit zwar wahrnahm, sie aber nicht lokalisieren konnte.

Gleichzeitig bemerkte ich, dass mein Schweben eine Bewegung und eine Richtung hatte. Und zwar von Annie weg!

Seit ihren zwei Worten wusste ich, dass die größte Liebe meines Lebens nicht vollkommen tot war. Aber ich selbst war gerade dabei, ganz und gar tot zu werden. Ich verließ sozusagen die Halbtot-Ebene, auf der Annie sich seit Jahren aufhielt. Und das erzeugte etwas, das ich an diesem Ort niemals vermutet hätte: Panik, wie man sie kennt, wenn gerade ein Fehler geschieht.

Ich wusste, dass mein Band zur Welt ganz kurz davor war abzureißen. Das war an sich nichts Schlimmes, doch gleichzeitig würde dann das Band, das mich mit Annie verband, ebenfalls zerreißen. Und das war falsch.

Doch wie steuert man, wenn ein Gummiseil, das man nicht greifen kann, immer stärker an einem zieht? Wenn man sich nirgends festhalten oder abstoßen kann? Was macht man in einem Raum ohne festen Punkt? Keine Ahnung, was man da üblicherweise macht. Meine Lösung ergab sich eher zufällig. Während ich die Angst fühlte, Annie für immer zu verlieren, kam aus einer Stelle in meiner Mitte ein so starkes Ziehen, dass ich plötzlich den festen Punkt hatte: mein Herz. Nichts um mich herum hatte noch mit Winston zu tun, nur das Gefühl meines Herzens, das mit Annie verbunden war.

Ich habe lange darüber nachgedacht, wie ich Ihnen das alles am besten vermitteln kann. Ich bin zu dem Ergebnis gekommen, dass es eigentlich nicht geht, sofern ich Sie nicht umbringen will. Aber so ist es wohl immer mit den großen Wahrheiten un-

seres Lebens. Wir werden sie den anderen Menschen niemals vollständig übermitteln können. Wir wissen das, und gleichzeitig versuchen wir es dennoch – weil wir Menschen eben so sind. Wir lieben es, Grenzen zu erforschen, und wir lieben es nicht, an ihnen zu scheitern. Und obwohl wir wissen, dass wir vielleicht niemals hinter die allerletzte Wand blicken werden, können wir nicht damit aufhören, es zu versuchen. Das ist eines der Dinge, die uns auf diesem Planeten einzigartig machen. Es ist etwas zutiefst Menschliches.

Annie?, rief ein Teil in mir, natürlich noch immer ohne Mund und Stimme.

Und plötzlich hatte ich das Bild von ihr wieder. In dem grellen, wunderbaren, endlosen Licht steckte ein kleineres, klar umrissenes Annielicht, ich konnte es wie einen Funken fühlen und vom Rest unterscheiden. Ich wollte mit aller Kraft zu diesem Licht, weil es das Einzige war, was mir jemals etwas im Leben bedeutet hat. Ich bin sicher, ohne Annie hätte mich in dieser Situation nichts davon abhalten können, dem Sog nach oben einfach nachzugeben.

Nun wissen Sie es und können daraus machen, was Ihnen gefällt, darauf habe ich keinen Einfluss. Aber es ist so gut beschrieben, wie es mir mit Worten möglich ist. Und eben, ohne Sie umbringen zu müssen.

Der Knall ...

... war so laut und unerwartet, dass er schlagartig alle Lichter ausknipste. Es war ein wenig wie damals, als ich nach dem Fausthieb von Charlie Richardson rückwärts auf den Zaunpfosten stürzte. Das Schweben hörte auf, und alles Helle erlosch so schnell, wie man eine Kerze ausbläst, wenn man es eilig hat. Zusammen mit dem Licht verschwand natürlich auch Annie und alles andere, was ich bis dahin erlebt hatte.

Es war einfach schwarz und still. Jetzt wirklich.

Schon wieder Licht

Keine Ahnung, wie lange ich in dem schwarzen Zustand gewesen bin. Auf jeden Fall wachte ich im Behandlungszimmer eines Arztes auf. Draußen vor dem Fenster war es Nacht, und drinnen, auf meiner Liege, unter den vier Leuchtstoffröhren, war es kaltgleißend hell.

»Wie viele Finger sehen Sie?«

Der Mann, an dem ich emporblickte, sah aus, wie ich einen Arzt für meine Kindergeschichten zeichnen würde. Mitte sechzig, Stethoskop um den Hals, weißer Kittel, silberner kurzer Vollbart, randlose Brillengläser, hellgrauer Haarkranz, freundliche Augen und so ein Gesicht, dass man ihn augenblicklich zum Großvater haben wollte.

»Ach, das schon wieder«, sagte ich.

»Wie viele?«, wiederholte er.

»Drei«, sagte ich.

»Und jetzt?«

»Zwei. Ich liebe Ihre Finger.«

»Danke, aber das ist nicht Teil des Tests. Ich werde jetzt Ihre Füße berühren.«

»Tun Sie, was immer Sie tun müssen«, sagte ich und wackelte mit den Zehen.

Während der weiße Großvater an meinen Gliedmaßen herumhantierte, versuchte ich, mich zu erinnern. Aber da waren nur Bruchstücke.

»Wie bin ich da rausgekommen?«, erkundigte ich mich.

»Das fragen Sie lieber Alfie Holmes«, sagte er, während er in meinen linken großen Zeh kniff. Ich zuckte.

»Wer ist das?«, fragte ich.

»Der Bauer, dem das Land um den See herum gehört. Sah Sie kopfüber im Wasser treiben und hat Sie rausgezogen.«

»Ich war an der Oberfläche?«

Er nickte.

»An was können Sie sich als Letztes erinnern?«, fragte er, während er mit einem kleinen Hammer unter meine linke Kniescheibe klopfte. Mein Bein zuckte, und ich erinnerte mich vage, dass mir irgendwann ein Hammer wichtig gewesen war.

»Das Letzte, was ich weiß, ist, dass ich am Grund des Sees im Wagen saß und versucht habe, die Frontscheibe mit den Füßen herauszutreten«, sagte ich.

»Sonst nichts?«

»Nein.«

Das war gelogen, aber die wahre Geschichte war so absurd, dass ich sie erst mal selbst sortieren musste. Außerdem wollte ich auf keinen Fall in die psychiatrische Überwachung kommen, sondern einfach nur ganz schnell zu Annie nach Hause fahren.

»Auf jeden Fall ist es Ihnen gelungen«, sagte er und klopfte gegen mein anderes Knie. »Die Scheibe ist draußen.«

»Ach, wirklich?«, sagte ich.

»Das braucht eine große Kraft«, sagte er. »Insbesondere gegen den Wasserdruck.«

»Ja, das braucht es wohl«, sagte ich.

»Harry Davis, unser Feuerwehrchef, sagt, dass beide Airbags ausgelöst waren. Hundertfünfzig Liter Gas, die in fünfzig Millisekunden ins Wageninnere explodieren. Der Überdruck könnte die Scheibe herausgesprengt haben, falls sie etwas locker saß.«

»Wie interessant«, sagte ich.

»Ja, vor allem, weil das eigentlich nicht sein kann. Airbags werden bei stehenden Fahrzeugen nicht aktiviert. Behauptet zumindest Harry.«

»Vielleicht ein Kurzschluss wegen des Wassers«, sagte ich.

»Ist nicht mein Gebiet. Ich denke, das wird die Untersuchung zeigen.«

»Ganz bestimmt.«

Er war mit den Beinen fertig und drückte nun mit einer Hand kreisförmig an meinem Unterbauch herum.

»Tut das weh?«, fragte er.

»Nein.«

»Alfie Holmes sagt, dass er Sie niemals entdeckt hätte, wenn er nicht die Luftblase gehört und deshalb nachgesehen hätte. Er sagt, es war ein Riesenblubb, und er dachte schon, wir hätten so etwas wie eine Knockruan-Nessie. Eine Attraktion hätte unser Ort gut gebrauchen können.«

»Tut mir leid«, sagte ich.

»Sie können ja nichts dafür.«

Ich nickte und versuchte ein Lächeln. Er steckte die Bügel seines Stethoskops in die Ohren und hielt die Membran an meine Brust.

»Er sieht also Ihren Körper in den Blasen hochtreiben, springt rein und zieht Sie raus«, sagte er, während er das Membranstück auf meiner linken unteren Brusthälfte platzierte. »Sie können froh sein, dass es so nah am Ufer war. Alfie ist kein sehr guter Schwimmer.«

»Was für ein Glück«, sagte ich.

»Oh ja, das alles zusammen ist wirklich Glück. Er hat nach dem Gatter gesehen, weil seine Frau am Küchenfenster die Lichter eines Wagens aufblitzen sah. Er mag es nicht, wenn Fremde die gesperrte Straße benutzen.«

»Das kann ich gut verstehen«, sagte ich.

»Ich denke, Sie hatten eine ganze Truppe von Schutzengeln.«

»Ich glaube nicht an ...«

Ich hielt inne.

»Was denn?«, fragte er.

»... nicht an Zufälle«, sagte ich.

Er nahm das Stethoskop ab.

»Wie gut, dass unser Knockruan Loch so kalt ist«, sagte der Silberbartarzt.

»Tatsächlich? Warum?«

»Weil die richtige Art der Unterkühlung den Todeszeitpunkt erheblich nach hinten verschieben kann. In Ihrem Fall war das wohl so, denn kein Mensch überlebt unter normalen Umständen eine solch lange Zeit ohne Atmung und Herzschlag.«

»Dann hatte ich wohl wirklich Glück«, sagte ich.

Er nickte. »Ganz besonders, weil Sie nicht sofort ertrunken sind, sondern weil Ihr Körper genug Zeit hatte, um herunterzukühlen. Idealbedingungen sozusagen.«

»Ja, wirklich perfekt«, sagte ich. »Wann kann ich gehen?«

»Es scheint so weit alles in Ordnung zu sein mit Ihnen«, sagte er. »Aber ich möchte noch einen Gehirnscan sehen, ehe ich Sie nach Hause entlasse.«

Ich schüttelte energisch den Kopf.

»Keinen Gehirnscan«, sagte ich.

»Dr. Flash, Sie waren so gut wie tot. Wir sollten unbedingt prüfen ...«

»Keinen Gehirnscan!«, sagte ich laut. »Kommt nicht in Frage.«

»Darf ich fragen, warum? Falls es wegen der Kosten ist ...«

»Es ist nicht wegen der Kosten«, sagte ich. »Es ist wegen ...«

Ich überlegte einen Moment.

»Ich glaube, es gibt Dinge, die man wissen muss, und es gibt Dinge, mit denen man besser lebt, wenn man sie nicht weiß.«

»Ich kann Sie nicht zwingen«, sagte er. »Aber Sie müssen mir unterschreiben, dass ich Sie aufgeklärt habe und dass Sie die Untersuchung ablehnen.«

»Kein Problem«, sagte ich.

»Ich bereite das Formular vor«, sagte er.

Auf dem Weg nach draußen griff er in einen Karton auf dem Tisch neben der Tür.

»Gehören die hier Ihnen?«

Er hielt die etwas ramponiert aussehenden Plüschfiguren von Henry, Lizzie und Professor Baldwin hoch.

»Sie dürfen sie nicht so zusammendrücken! Das mögen sie nicht«, sagte ich und streckte eine Hand in seine Richtung aus.

Er kam zurück und legte die Figuren neben mich auf die Liege. Ich berührte sie der Reihe nach. Sie waren feucht und rochen nach Algen. Das machte mir nichts, denn sie hatten ein großes Abenteuer erlebt. Und sie waren noch da, und ich war noch da, und Annie war ...

»Meine Frau!«, rief ich.

»Bleiben Sie ganz ruhig«, sagte der weiße Doktor. »Unter den Sachen im Hotel war Ihre Brieftasche. Wir haben Ihre Telefonnummer angerufen und mit dem Mann in Ihrem Haus in London gesprochen.«

»Der Pfleger«, sagte ich. »Was hat er gesagt?«

»Gute Besserung und dass so lange er bleiben wird, bis Sie zurückkommen.«

»Lebt sie?«, fragte ich.

Er sah mich irritiert an. »Keine Ahnung«, sagte er. »Wie gesagt haben wir nur kurz telefoniert.«

»Dann lebt sie«, sagte ich. »Danke, Sie sind ein Engel.«

Muscheln

Ich wollte nur eines: zurück nach Hause. Doch zuvor hatte ich noch eine Aufgabe zu erledigen.

Am nächsten Vormittag ließ ich mich von einem Taxi die dreißig Kilometer bis zum Leuchtturm von Mull of Kintyre bringen. Nachdem man das Gatter auf der Klippe passiert hat, führt das letzte Stück steil abwärts – über einen Teerpfad, der kaum breiter ist als ein Fußweg, mit Kurven so eng, dass man manche davon in seinem Wohnzimmer auslegen könnte. Früher hätte mir das vielleicht Angst gemacht, aber jetzt genoss ich jede Sekunde. Autofahren war so wunderschön!

Vom Leuchtturm aus kann man nur zu Fuß zum Strand hinuntergehen. Es ist etwas mühsam, aber Zeichen zu setzen macht immer Mühe, sonst sind es keine guten Zeichen.

Der Strand vor dem Leuchtturm ist schmal und steinig. Es riecht nach Salzwasser, Algen und nassen Steinen. Und es gibt keine Muscheln dort. Die ganze Idee, die ich seit London im Kopf gehabt hatte, war sinnlos gewesen. Als ich das feststellte, musste ich lächeln. Es machte nichts, denn ich hatte den größeren Sinn meiner Reise längst verstanden.

Zurück an der Busstation in Campbeltown kaufte ich ein Ticket nach London. Es fuhr kein Bus mehr an diesem Nachmittag, also würde ich den am Sonntagmorgen um sieben nehmen. Das war ganz gut, denn ich musste noch Papiere unterschreiben wegen des Peugeots, den sie inzwischen aus dem See gezogen hatten. Es kostete ein wenig, ihn entsorgen zu lassen, aber dafür musste ich ihn auch nicht mehr sehen. Ich wusste jetzt, dass es keinen Sinn ergibt, seine Gefühle an Sachen aus vergangenen

Zeiten zu binden. Man muss beide Hände frei haben, um die neuen Dinge im Leben entgegenzunehmen.

Die Rückfahrt im Bus dauerte länger als die Hinfahrt mit dem Auto, aber ich war froh, Zeit zum Nachdenken zu haben. Als wir losfuhren und ich aus dem Fenster sah, erinnerte ich mich, dass ich vor nur zwei Tagen über dieselbe Straße hergefahren war.

Zwei Tage. Eine so kurze Zeit, dass viele Menschen kaum bemerken, dass sie stattgefunden hat. Doch mir kam es vor, als läge seit der Abfahrt aus London ein ganzes Leben hinter mir – und als hätte ich ein neues bekommen. Ich erinnerte mich an die Nuss in meinem Kopf und fand es seltsam, dass sie mich nicht mehr interessierte. Zu sterben hatte ich schon hinter mir. In den kommenden Stunden und Tagen hatte ich Bedeutsames vor, und das würde ich tun, solange das Leben es mich tun ließ.

Es war ein Sonntagnachmittag im August, als ich das Gartentor zu unserem Haus in Notting Hill öffnete und über den schmalen Plattenweg auf die Haustür zuging. Irgendwie hatte sich meine Zeitwahrnehmung seit dem Ereignis im See verändert. Es fühlte sich alles so fremd an, als wäre ich zwanzig Jahre nicht mehr hier gewesen. Jason Levin, einer der drei Pfleger, die uns von Beginn an unterstützt hatten, erklärte mir, dass Annies Zustand unverändert sei ...

»Bis auf einen Moment, in dem sie sich bewegt hat.«

»Sie hat sich bewegt?«, hakte ich nach.

Jason nickte.

»Wann?«

»Freitagabend, der Tag, an dem Sie verreist sind.«

»Um welche Uhrzeit genau?«

»Spät«, sagte er. »Ich hatte bis Mitternacht Dienst, dann kam Jackson. Also muss es zwischen elf und zwölf gewesen sein.«

»Was genau ist geschehen?«

»Ich denke, sie hat geseufzt oder so.«

Er machte ein leises, schnaubendes Geräusch.

»Und weiter?«, fragte ich.

»Nichts weiter. Dann war sie wieder wie immer.«

Wie immer bedeutete, dass sich Annie in einem Zustand befand, den man am ehesten mit schlafen beschreiben konnte.

»Danke, Jason.«

Ich gab ihm ein gutes Trinkgeld und verabschiedete ihn.

Annie lag noch immer im Koma, aber sie war nicht tot, das wusste ich jetzt ganz sicher. Ich setzte mich auf den Stuhl neben ihrem Bett.

»Annie, ich habe Henry, Lizzie und Baldwin mitgebracht«, sagte ich und platzierte die inzwischen trockenen Figuren auf dem Kopfteil ihres Bettes.

»Wie du feststellen kannst, sehen sie etwas zerzaust aus. Sie riechen auch ein wenig nach See. Das liegt daran, dass sie ein neues Abenteuer erlebt haben. Ich war dabei und konnte es beobachten. Jetzt sind wir alle wieder hier und können dir davon erzählen.«

Ich beugte mich über meine Frau und küsste sie vorsichtig auf die Wange.

Plus X und das Glück im Leben

Der Unfall am Knockruan Loch hatte etwas in mir ganz grundlegend verändert. Bis dahin war ich überzeugt davon gewesen, dass ich zu einem Zeitpunkt null an der Nuss in meinem Kopf sterben würde. Doch dann starb ich früher, an etwas ganz anderem, und überlebte dieses Ereignis auch noch. Eigentlich hätte ich also, statt nach London zurückzukehren und neben Annie am Bett zu sitzen, tot sein müssen. Das war ich aber nicht, und für diese Tatsache konnte ich nur ein Wort finden: Wunder.

Vor dem Unfall hatte ich meine verbleibende Zeit innerlich rückwärtsgezählt und dabei richtiggehend gefühlt, wie sie zerrann. Jeder abgelaufene Tag war ein Verlust und reduzierte die Summe aller verbleibenden Tage. Ich war ständig traurig, verzweifelt und auch wütend darüber, dass das Leben mich so einfach auf null setzen durfte.

Durch das Ereignis im See war ich nun sozusagen über den Nullpunkt wieder hinaus. Jeder Tag X, den ich trotz der Nuss weiterlebte, war ein unerwartetes Plus, ein Geschenk, ein Stück Glück, über das ich mich freute. Obwohl die Nuss weiterhin ihre Arbeit machte und sich an der Welt um mich herum nichts geändert hatte. Seltsam, wie ein Gehirn tickt.

Ich habe angefangen, dieses Rätsel zu ergründen. Meiner Meinung nach freuen wir uns alle über Geschenke. Sie machen uns dankbar, und während wir dankbar sind, sind wir automatisch glücklich. Jeder Tag, den ich nach dem See weiterleben durfte, war ein Grund, dankbar zu sein.

Ich wusste, dass die Nuss in den nächsten Tagen, spätestens aber Wochen, zuschlagen würde, denn bei dem vorausgesagten

Wachstum dürfte sie inzwischen fast doppelt so groß geworden sein wie zum Zeitpunkt der Diagnose.

Was also macht man, wenn man sein Leben wirklich schätzt und erfährt, dass nur noch wenig davon übrig ist? Jetzt wusste ich es. Ich setzte mich neben den Menschen, den ich liebte, und tat das, was ich liebte. Ich fing ein neues Buch an.

Bereits am Morgen nach meiner Rückkehr begann ich die Arbeit an »Henry, Lizzie, Baldwin und das Abenteuer im blauen See«. Ich ließ die drei mit einem Auto, das wie ein U-Boot tauchen konnte, einen See erkunden, und natürlich mussten sie dort allerlei Widrigkeiten unter Wasser meistern. Sie entdeckten einen verborgenen Dom aus Licht, den man nur nachts und mit reinem Herzen sehen konnte, und wurden von einer Art Unterwasserdrachen auf die Schultern genommen und bis in den Himmel hinaufgeflogen.

Ich saß jeden Tag viele Stunden an dem kleinen Tisch neben dem Schlafzimmerfenster und schrieb, während Annie hinter mir im Bett lag und vom gleichmäßigen Pumpen ihrer Maschine am Leben gehalten wurde. Immer wieder las ich ihr vor, was ich bereits geschrieben hatte, und erzählte, was ich gerade plante. Das war neu, denn früher hatte ich alles nur mit mir selbst ausgemacht.

»Annie«, sagte ich zum Beispiel, »was hältst du davon, wenn Professor Baldwin am Ende mit seinem Rüssel gegen das Lenkrad schlägt und damit den Airbag auslöst und sich alle daran festhalten und wie an einem Heißluftballon zur Wasseroberfläche schweben?«

Wahrscheinlich hielt Annie nichts davon, weil sie gar nicht mitbekam, was ich sagte. Außerdem konnte man Airbags natürlich nicht einfach vom Lenkrad abnehmen. Aber es war ja ein Kinderbuch, und es gab schließlich auch keine Autos, die ein U-Boot waren.

»Sie könnten auch alle einen Mund voll Luft aus dem Airbag saugen«, sagte ich, »und dann durch das Schiebedach nach oben schweben. Wie findest du das?«

Insgeheim glaube ich, ein Teil von ihr bekam es doch mit und fand es ziemlich gut.

Winstons Flash #43 | Wie unsere Dankbarkeit unseren Lebenssinn erschafft

Wenn wir jeden Tag etwas finden, wofür wir dankbar sind, erleben wir jeden Tag ein Stück Lebensglück. Und dieses Glück zu spüren erzeugt unser Gefühl von Sinn im Leben. Folglich ist die Dankbarkeit immer ein guter Startpunkt.

Als Erstes geht es darum, sich aller Umstände bewusst zu werden, für die wir jetzt schon dankbar sein können. Und als Nächstes geht es darum, selbst Dinge zu tun und dankbar dafür zu sein, dass wir sie überhaupt tun dürfen. Und erst dann sollte man in die Ferne blicken auf der Suche nach neuen Ideen fürs Glück. Falls das dann noch wichtig ist.

Hell

Ich möchte Ihnen nicht das Gefühl vermitteln, das Leben wäre eine einfache Sache. Vielleicht ist Ihres so, doch soweit es mich betrifft, ist es keine spielerische Aneinanderreihung von Glückseligkeiten und wundervollen Fügungen. Aber es ist mein Leben, und ich habe entschieden, dass ich kein anderes möchte. Ich finde heraus, was es von mir will, beschwere mich nicht darüber und gebe mir alle Mühe, es gut zu machen.

Nachdem ich zurück in London war, wachte Annie nicht einfach auf, obwohl ich seit dem Erlebnis unter Wasser wusste, dass sie lebte. Es dauerte noch sechs Monate, drei Wochen und vier Tage, während derer ich nicht an der Nuss in meinem Kopf starb, sondern neben Annie saß, dankbar war und an meinem Buch arbeitete.

Es war früher Nachmittag an einem Donnerstag Anfang März. In dem Baum vor unserem Fenster zwitscherten zaghaft die ersten Vögel. Ich saß an meinem kleinen Tisch neben Annies Bett und arbeitete an den ganzseitigen Zeichnungen für die Bilderversion der U-Boot-Geschichte, als Annie ein Geräusch machte, das ich noch nie gehört hatte. Es war ihr Atem. Das gleichförmige Pumpen und Saugen der Maschine war noch da, aber etwas war hinzugekommen. Als würde eine Art Gegenbewegung den Luftstempel zurückdrücken wollen. Es hörte sich an, als würde Annie sich ein wenig verschlucken.

Ich setzte mich auf den Rand des Bettes und beobachtete sie. Das Verschluckgeräusch verschwand und kam wieder und verschwand wieder. Dann bemerkte ich ein winziges Zucken ihrer Augenlider. Ein anderer hätte es wahrscheinlich übersehen, aber

wenn man einen Menschen so viele Jahre lang Tag für Tag völlig regungslos in einem Bett liegen sieht, bemerkt man jede noch so winzige Veränderung.

Augenlider zucken oft reflektorisch, was nichts mit Aufwachen zu tun hat. Das hier aber war anders. Die Lider zuckten so, als würden die Augen darunter im Raum umherblicken.

Ich rutschte mit dem Stuhl ganz dicht an Annies Bett und schob meine Hand unter ihre. Wenn man das macht, muss man so vorsichtig sein, als wäre die Hand aus feinem Glas, damit sich die Haut über die Jahre nicht wundscheuert.

Ich hielt also ihre Hand, und plötzlich seufzte sie.

»Annie?«, sagte ich. »Ich bin hier.«

Jetzt kam der Moment, auf den ich mich lange vorbereitet hatte, doch ich wusste nicht, ob es der richtige war. Ein Laie kann einen Beatmungstubus entfernen, denn der Schlauch wird einfach ganz vorsichtig aus der Luftröhre gezogen. Aber falls das ein Fehler war, kann ein Laie ihn nicht einfach wieder einführen. Bei der Entscheidung geht es also um Leben und Tod, und man überlässt diese Arbeit lieber einem Arzt. Aber eine Stimme in mir sagte, dass der richtige Moment gekommen war. Ich zögerte noch einen Augenblick, dann schaltete ich den Alarmgeber aus, zog Annie vorsichtig den Tubus aus dem Hals und stellte die Maschine ab.

Die Stille war gespenstisch. Einige Sekunden lang geschah nichts. Ich erinnerte mich an den Apnoetest. Der Atemreflex muss von selbst einsetzen, wenn ein bestimmtes Maß an Sauerstoffmangel entsteht. Gerade als ich das »Fehler!«-Gebrüll in mir aufsteigen spürte, schnappte Annie nach Luft und hustete. Sie atmete, schniefte, röchelte und keuchte im Wechsel, aber alles so schwach, dass ich fürchtete, es könnte ihre letzte Kraft aufbrauchen. Ich stand auf, beugte mich über sie und hielt sie ganz sanft, bis sie sich beruhigt hatte.

»Alles ist gut, mein Schatz«, flüsterte ich.

»Es ist so hell«, sagte Annie. Ihre Stimme klang rau wie eine Feile, die auf einem Metallblock reibt.

Ich legte sie vorsichtig in die Kissen zurück, stand auf und zog die Vorhänge zu.

»Wie spät ist es?«, fragte sie. Ihre Augen waren noch geschlossen, aber darunter blickte sie im Raum umher.

Ich sah auf die Uhr auf ihrem Nachttisch.

»Halb drei.«

»Ich glaube, ich habe verschlafen«, sagte sie.

»Nur ein wenig«, sagte ich, während mir die Tränen warm die Wangen hinabliefen und ich keinen Gedanken daran verschwendete, welche Zusammensetzung sie gerade hatten. »Überhaupt kein Problem.«

»Ich kann mich nicht an gestern Abend erinnern«, sagte Annie. »Wie war der Film?«

Ich zuckte mit den Schultern.

»Keine Ahnung«, sagte ich. »Ich habe gewartet.«

»Worauf?«

»Dass wir ihn uns gemeinsam ansehen können.«

Sie machte eine Pause. Ich war darauf vorbereitet, weil ich gelesen hatte, dass das Wachbewusstsein oft an die letzte Erinnerung anknüpft, ganz gleich, wie lange das Koma gedauert hat. Also wartete ich still und sah sie an. Wie schön sie war trotz der langen Zeit im Bett. Für mich war sie in jeder Sekunde schön gewesen, ich glaube, weil sie ein so schönes Herz hat.

Ich konnte schließlich durch die Tränen nichts mehr sehen, deshalb kramte ich nach einem Taschentuch und schnäuzte mich. Als mein Blick wieder klar wurde, erkannte ich, dass Annie mich ansah.

»Winston?«

»Ja, Annie.«

»Du weinst ja.«

Ich nickte.

»Das hast du lange nicht mehr gemacht.«

Ich schüttelte den Kopf.

»Warum denn?«, fragte sie.

»Weil ich mich freue«, sagte ich.

»Dann ist es gut.«

Ich atmete tief durch. Wenn Annie das sagte, war es auch gut.

Die Wahrscheinlichkeit des Unmöglichen

Die Art, wie ein Gedächtnis zurückkommt, ist vergleichbar mit einem abgestürzten Computer. Das Gehirn repariert sich zu einem guten Teil selbst, aber dafür braucht es Zeit und externe Unterstützung. Ein Teil dieser Unterstützung waren natürlich Gespräche, die mit zunehmender Genesung immer länger wurden. Ich berichtete Annie in vielen kleinen Episoden, wie es mir ergangen war, und es überraschte mich, dass auch sie mir aus der Welt berichten konnte, in der sie die letzten Jahre verbracht hatte. Eine Welt, die für sie so real gewesen war, wie meine für mich, und dennoch ganz anders. Genügend spannender Stoff für ein eigenes Buch. Vielleicht schreibe ich es eines Tages auf.

Natürlich erzählte ich Annie auch von meiner Diagnose.

»Und wie geht es der Nuss jetzt?«, fragte Annie, während sie, im Bett sitzend, mit einem flexiblen Strohhalm an der Kartoffelsuppe schlürfte, die ich ihr gemacht hatte.

»Ich habe sie noch mal scannen lassen«, sagte ich. »Vor zwei Monaten.«

»Und?«

»Sie ist kleiner geworden. Um siebenundfünfzig Prozent.«

»Ach, Winston«, sagte Annie. »Wie wundervoll!«

»Dr. Littlefair sagt, er versteht nicht, wie das sein kann«, sagte ich. »Ich habe beschlossen, es nicht mehr messen zu lassen.«

»Ich verstehe dich, Schatz.«

»Wirklich? Dr. Littlefair sagte, ich wäre verrückt.«

»Das bist du auch, aber genau dafür liebe ich dich.«

Es war sehr schön, wenn sie solche Dinge sagte. Das hatte ich so vermisst.

»Annie, ich habe ein Rätsel in meinem Kopf«, sagte ich.

»Wie schön«, sagte Annie. »Was ist es?«

»Es hat mit Statistik und Beweisen zu tun. Und mit Glaube«, erklärte ich. »Statistisch gesehen müsste ich am Grund von Knockruan Loch liegen. Statistisch gesehen gehen Airbags nicht auf, während Autos am Boden von Gewässern herumstehen. Laut Aussage eines angesehenen Gehirnchirurgen müsste ich statistisch gesehen tot sein, nicht nur wegen des Sauerstoffmangels im See, sondern auch wegen der Nuss in meinem Kopf. Statistisch gesehen – und gemäß der Empfehlung von Dr. Williamson – hätte ich entscheiden müssen, dich sterben zu lassen, weil nichts dafür sprach, auf Genesung zu hoffen. Annie, wir beide sind etwas, das es nach allen Gesetzen dieser Welt nicht geben dürfte, und dennoch sitzen wir hier und freuen uns darüber, am Leben zu sein. Das ist für mich ein sehr großes Rätsel.«

Annie sagte lange nichts. Ich fragte mich schon, ob ich zu viel geredet hätte, aber das Thema bewegte mich nun einmal.

»Ich finde auch, dass es ein großes Rätsel ist«, sagte Annie schließlich. »Aber vielleicht kommen die Ereignisse unseres Lebens nicht zu uns, nur weil sie wahrscheinlich oder unwahrscheinlich sind. Vielleicht kommen sie, weil wir sie brauchen, um etwas zu erkennen.«

Ich liebe es, mich mit Annie auszutauschen.

Was für ein gutes Leben!

Was denn nun?

Jetzt fragen Sie sich vielleicht, warum ich Ihnen dies alles unter dem Motto »Sinn des Lebens« erzählt habe. Es ging doch um mich und Annie, um Henry, Lizzie und Professor Baldwin. Um einen Autounfall mit viel Wasser und darum, ob jemand im Koma eigentlich noch lebt, und falls ja, was man dann tun soll. Sie könnten fragen: »Winston, was ist denn nun ganz genau der Sinn des Lebens?«

Ich habe ziemlich lange darüber nachgedacht, denn das ist ein ernsthaftes und lohnenswertes Problem, wo doch so viele Menschen nach dem Sinn suchen.

Manchmal stelle ich mir vor, dass meine kleinen Klienten aus der Praxis irgendwann groß werden und ihre erste Beziehungskrise haben und dass dann noch immer Professor Baldwin am Kopfende ihres Bettes klemmt oder auf einem Regalbord sitzt oder in der Heckablage ihres ersten Autos mitfährt und gütig auf sie blickt. Also habe ich Professor Baldwin gefragt, was er antworten würde, wenn ein erwachsen gewordenes Kind fragt, warum der Liebeskummer gerade so wehtun muss; wenn es fragt, worin der Sinn liegt, dass gerade wieder mal alles schwer geht oder so viele schlechte Gefühle da sind.

Professor Baldwin würde seinen schwarzen Hut zurechtrücken, an seiner Brille ruckeln und mit seiner tiefen, schnupfigen Stimme antworten, dass es zwei Arten von Sinn gebe.

Die erste Art, so sagt der Professor, ist der kleine, ganz individuelle Sinn des Lebens. Er besteht aus unseren Erlebnissen und Erkenntnissen, aus den Wünschen und den Dingen, mit denen wir sie uns erfüllen; aus den Zielen, die uns motivieren, und aus

Ergebnissen, die uns beglücken. Der kleine Sinn gilt nicht automatisch auch für unseren Nachbarn, er gilt nur für uns selbst.

Würde Professor Baldwin ein Notizbuch führen, so wie ich, dann würde er vielleicht hineinschreiben:

Der kleine Sinn des Lebens ist, möglichst viele bunte Freudebonbons und funkelnde Erinnerungssterne für das eigene Lebensglas auf dem Nachttisch zu sammeln.

Die zweite Art ist der große Sinn des Lebens. Der, nach dem die Religionen und die Philosophien suchen, wenn sie fragen: Warum sind wir als Mensch überhaupt hier?

Diese Frage ist ein wenig so, als würde ein Außerirdischer nach dem Sinn eines Fußballspiels fragen. Man könnte ihm erklären, der Sinn sei, dass Menschen mit identischer T-Shirtfarbe einen Ball innerhalb einer vorgegebenen Zeit möglichst oft in einen herumstehenden Rahmen schießen und gleichzeitig verhindern, dass Menschen mit andersfarbigen Shirts ihn in den anderen Rahmen bugsieren.

Aber das ist nicht der Sinn von Fußball, das ist nur eine Regel. Regeln einzuhalten ist niemals der Sinn, weil Regeln nur die Werkzeuge sind. Der Sinn ist, was man erlebt, während man mit den Regeln umgeht. Was man aus den Geschenken und Begrenzungen des Lebens macht und auf welche Weise man es macht.

Professor Baldwin würde sich das wahrscheinlich so notieren:

Der große Sinn des Lebens ist, Leid bringende Grenzen immer wieder zu überwinden, um immer weiter – in größere Freiheit und Erkenntnis und Freude hinein – zu wachsen.

Soweit ich es herausgefunden habe, hat alles immer einen kleinen Sinn und einen größeren Sinn gleichzeitig. Dass man mit einem Hammer einen Nagel in ein Brett schlagen kann, ist der kleine Sinn des Hammers. Manche würden jetzt schon sagen: Das ist der einzige Sinn, nur dafür wurde der Hammer gemacht. Doch ich finde, das stimmt nicht. Wenn man mit Ham-

mer und Nägeln und Brettern ein Haus baut, in dem es sich mit einer Familie gut leben lässt, bekommt der Hammer einen größeren Sinn. Dann ist er nicht »nur« ein Hammer, sondern gerade das wichtigste Werkzeug der Welt für ein gutes Leben.

So weit war ich mit meinen Überlegungen gekommen. Doch das allerletzte Puzzleteil zur Lösung dieses Rätsels bekam ich von Annie, als wir gestern Abend bei unserem Italiener saßen und der Kellner gerade zwei Sektgläser brachte.

Der Sinn des Lebens

»Annie, ich glaube, ich habe ein wichtiges Rätsel gelöst«, sagte ich zu ihr.

»Tatsächlich? Wie spannend«, sagte Annie und fasste ihr Glas am Stiel. »Hat es etwas mit uns zu tun oder mit dem Universum?«

Ich überlegte kurz. »Mit beidem«, sagte ich dann. »Mich hat lange beschäftigt, ob man etwas über den Sinn des Lebens sagen kann, das für alle Menschen gilt, die sich diese Frage stellen.«

»Das ist ein sehr schweres Rätsel, denke ich«, sagte Annie. Sie hielt mir ihr Glas über den Tisch hinweg entgegen.

»Genau«, sagte ich und stieß ganz sanft mit ihr an. Ich mag es, wenn die Töne leise sind.

»Auf das Leben!«, sagte sie. »Und auf jeden Tag, den es uns noch gemeinsam schenkt.«

»Das ist ein guter Wunsch«, sagte ich, nahm einen Schluck und wollte mit meinem Bericht fortfahren. Doch plötzlich, ohne dass ich etwas dagegen tun konnte, schossen mir Tränen in die Augen, und mein Herz krampfte sich zusammen. Aber nicht, weil ich traurig war. Annies Worte hatten das ausgelöst, zusammen mit der ganzen Situation – als hätten wir zusammen einen langen, schweren Sturm überstanden, einen der schwersten, den zwei Menschen erleben können. Vielleicht hatte mich am Ende doch noch die Romantik erwischt.

Annie sah mich an und lächelte, wie sie es immer macht, wenn sie mich besonders liebt.

»Deshalb habe ich als Erstes untersucht, warum das Rätsel so schwer ist«, fuhr ich fort, nachdem sich mein Herz beruhigt hat-

te. »Es liegt daran, dass der Sinn eine sehr persönliche Sache ist, aber die Antwort soll für alle gelten. Das widerspricht sich, deshalb klappt es nicht.«

»Aber du hast es dennoch gelöst?«, fragte sie.

»Vielleicht schon.«

»Und wie?«

»Das Problem liegt in einer Gedankenschleife«, sagte ich. »In einem Paradoxon. Man findet keinen Sinn im Leben, also fragt man sich: Was ist der Sinn meines Lebens? Weil die Antwort aber in einem selbst liegt und es sich dort gerade alles sinnlos anfühlt, findet man sie nicht. In einem dunklen Raum finde ich niemals Licht. Weil er eben dunkel ist.«

»Das verstehe ich«, sagte Annie und nippte an ihrem Sekt. »Und weiter?«

»Damit man eine Antwort findet, die immer gilt, muss man zwei Dinge beschließen. Erstens gibt es nur eine Antwort für die Menschen, die diese Frage wirklich ernsthaft in sich tragen.«

»Warum?«

»Weil man die Antwort zu einer so großen Frage sonst nicht fühlen würde. Man würde nur die Worte hören und dann mit den Schultern zucken. Aber man muss es tief in sich spüren können.«

Annie hob einen Finger. »Wie bei der Suche nach dem passenden Menschen fürs Leben«, sagte sie. »Nur wenn man wirklich offen dafür ist, erkennt man ihn auch.«

»Genau«, sagte ich. »Und zweitens muss man aufhören, der Antwort abzufordern, dass am Ende irgendetwas mit Glück herauskommen muss. Da lag all die Jahre mein Gedankenfehler.«

»Warum das?«

»Weil sich eine Wahrheit nicht frei zeigen kann, wenn man ihr ein Ergebnis vorschreibt«, sagte ich. »Es ist so, als gäbe man einem Koch ein Kilo Nudeln und sagte ihm, er dürfe seiner Fanta-

sie freien Lauf lassen, machte aber zur Bedingung, dass er am Ende ein Steak serviert. Ich glaube, man kann ein überaus sinnerfülltes Leben haben, auch wenn es nicht ständig von Glück durchflutet ist. Das Leben kann hart sein, mit schwierigen Phasen, die manchmal endlos und ungerecht erscheinen. Und dennoch kann man wissen, dass alles daran letztlich richtig ist. Die Frage nach dem Weg zum Glück ist ganz einfach eine andere Frage als die nach dem Sinn des Lebens.«

Annie sah mich mit nach oben gezogenen Augenbrauen an und nickte auffordernd: »Und was ist jetzt dein Ergebnis?«

»Ich habe es am Grund des Sees gefunden«, sagte ich. »Als ich die Armaturenbeleuchtung vor mir sah – wie das letzte Symbol aus einer Welt, in der man ein schönes Leben haben kann.«

»Winston, nun sag es schon!«

»Der Sinn des Lebens ist herauszufinden, was man liebt, und dies dann auch möglichst zu tun – ohne sich davon abhängig zu machen, ob und wie sehr man gerade selbst geliebt wird.«

Annie ließ den Satz einen Moment lang über dem Tisch schweben, als würde sie ihn in Ruhe drehen und von allen Seiten betrachten.

»Das ist ziemlich gut«, sagte sie dann und lächelte. »Wirklich.«
Ich entspannte mich und wusste, dass es tatsächlich gut war.

Der rätselhafte Erfolg

Wenn man beschlossen hat, was man erreichen will, und nicht zweifelt und sehr fleißig ist, kann man viel schaffen. Vielleicht nicht alles, aber zumindest eine ganze Menge von dem, was man sich vorgenommen hat. Es gelang mir, meinen Rückstand bei den Büchern so weit aufzuholen, dass Annie und ich in unserem Haus wohnen bleiben konnten.

Die Geschichte »Henry, Lizzie, Baldwin und das Abenteuer im blauen See« wurde der größte Erfolg von allen meinen Büchern bisher – und das, obwohl ich es nie für den Erfolg geschrieben hatte. Die Frage, warum das so ist, bleibt ein großes Rätsel für mich. Annie meint, weil es die erste Geschichte ist, durch die man voll und ganz in meinen Kopf und in mein Herz blicken kann. Sie sagt, die Menschen mögen es, wenn sie in jemanden hineinschauen dürfen. Weil sie dann gleichzeitig ein Stück von sich selbst sehen.

Sechzehn Minuten. Vielleicht

Alles, was ich Ihnen jetzt erzählt habe, lief in Wahrheit innerhalb von geschätzten sechzehn Minuten ab.

Zehn Sekunden von der zu schnellen Fahrt in die Kurve bis zum Aufprall im Wasser. Vielleicht vier Minuten im »Boot«, bis das Auto vollgelaufen war. Dann etwa vier Minuten im »U-Boot« mit der Restluftblase am Seegrund. Und dann noch mal höchstens acht Minuten, bis mein Licht ganz und gar ausging. Macht insgesamt sechzehn.

Das klingt so wenig. Und dennoch passte mein ganzes Leben hinein. Und noch ein Stück darüber hinaus.

Wenn ich heute zurückdenke, finde ich es nicht mehr schlimm. Nachträglich sucht unser Verstand ja immer gerne auch das, was gut war an den schlechten Zeiten, weil sich das restliche Leben mit guten Erinnerungen besser lebt als mit schlechten. Ich weiß um diesen Trick, aber ich denke, in meinem Fall war es anders. Ich habe erkannt, dass die Dinge im Leben so geschehen, weil am Ende etwas ganz Bestimmtes dabei herauskommen soll. Und das zu wissen, macht manches weniger schlimm.

Vielleicht ist es das, was die Menschen Schicksal nennen. Außerhalb jeder Berechenbarkeit. Außerhalb jeder Erklärbarkeit. Aber wir können es verstehen, wenn wir später darauf zurückblicken, weil sich dann vor unserem Auge eine wundersame, fehlerlose Logik entfaltet.

Wenn dies das berühmte Schicksal ist, muss ich es unbedingt näher erforschen.

@schreib-winston

So viele Rätsel sind noch offen. Wenn Sie im Laufe meiner Geschichte Antworten gefunden haben, an denen ich vorbeigeschlittert bin, oder wenn Sie sich etwas fragen, das ich übersehen habe, wenn Sie finden, dass etwas noch näher untersucht werden sollte, oder auch, wenn Sie glauben, dass ich irgendwo ganz und gar auf dem Holzweg bin, dann schicken Sie mir bitte gerne Ihre Gedanken an: *winston@winstonflash.com*

Sie füllen damit meine Kisten und verhelfen mir zu neuen Fragen und Antworten. Und das liebe ich.

Inhalt